PONS

Reisewörterbuch
BULGARISCH

PONS GmbH, Stuttgart

PONS Reisewörterbuch
Bulgarisch

bearbeitet von: Valentina Aleksieva

Bildquellen
Innentitel: oben links: Fotosearch; oben rechts: Avenue Images; unten: Fotolia LLC, Maria Fürhacker.
Kapitel: Valentin Kirov, Donka Zlatanova, Zhivko Arabov, Sofia; Bundesverband Selbsthilfe Körperbehinderter, Krautheim: 75; Cycleurope Industries S.A., Romilly sur Seine: 58; Fordwerke AG: 56; Wolpert Fotodesign, Stuttgart: 102–108, 150
Umschlag: Thinkstock

Warenzeichen, Marken und gewerbliche Schutzrechte
Wörter, die unseres Wissens eingetragene Warenzeichen oder Marken oder sonstige gewerbliche Schutzrechte darstellen, sind als solche – soweit bekannt – gekennzeichnet. Die jeweiligen Berechtigten sind und bleiben Eigentümer dieser Rechte. Es ist jedoch zu beachten, dass weder das Vorhandensein noch das Fehlen derartiger Kennzeichnungen die Rechtslage hinsichtlich dieser gewerblichen Schutzrechte berührt.

1. Auflage 2011 (1,02 – 2012)
© PONS GmbH, Stuttgart 2011
Alle Rechte vorbehalten

Onlinewörterbuch: www.pons.eu
Shop: www.pons.de
E-Mail: info@pons.de

Projektleitung: Christiane Mackenzie, Stuttgart
Redaktion: Valentina Aleksieva, Nina Boteva, Sofia
Umschlaggestaltung: Tanja Haller, Petra Schnur, Stuttgart
Logoentwurf: Erwin Poell, Heidelberg
Logoüberarbeitung: Sabine Redlin, Ludwigsburg
Satz: KKP advertising, Sofia
Druck: L.E.G.O. S.P.A., Lavis
Printed in Italy

ISBN: 978-3-12-518138-0

Aussprache	**6**
Alphabet	**8**
Abkürzungen	**8**

Andere Länder, andere Sitten — 9

Interkulturelle Tipps — 10

Reisevorbereitungen — 13

Hotelbuchung per E-Mail — 14
Mietwagen per E-Mail — 14
Allgemeine Fragen — 15
Fragen zur Unterkunft — 15

Allgemeines — 17

Das Wichtigste in Kürze — 18
Zahlen – Maße – Gewichte — 20
Zeitangaben — 22
Wetter — 22
Farben — 28

Zwischenmenschliches — 29

Begrüßung und Verabschiedung — 30
Höflichkeit — 31
Meinungen und Gefühle — 33
Körpersprache — 38
Komplimente — 40
Smalltalk — 41
Verabredung — 44
Flirten — 44
Verständigungsschwierigkeiten — 45

Unterwegs — 47

Fragen nach dem Weg — 48
An der Grenze — 50
Auto und Motorrad — 51
Flugzeug — 60
Eisenbahn — 62
Schifffahrt — 66
Nahverkehrsmittel — 67
Taxi — 69

Reisen mit Kindern	**71**
Nützliche Fragen	72
Unterwegs	72
Im Restaurant	73
Gesundheit	74
Unterwegs mit Handicap	**75**
Unterwegs	76
Unterkunft	77
Museen, Sehenswürdigkeiten, Theater …	77
Unterkunft	**81**
Auskunft	82
Hotel – Pension – Privatzimmer	82
Ferienhäuser und Ferienwohnungen	88
Camping	90
Gastronomie	**93**
Essen gehen	94
Im Restaurant	94
Bestellung	95
Beanstandungen	97
Die Rechnung	97
Café	98
Zeigefotos	102
Speisekarte	109
Getränke	116
Besichtigungen und Ausflüge	**119**
Im Fremdenverkehrsamt	120
Sehenswürdigkeiten – Museen	120
Ausflüge	125
Bade-, Aktiv- und Kreativurlaub	**127**
Badeurlaub	128
Aktivurlaub und Sport	130
Kreativurlaub	137
Unterhaltung	**139**
Theater – Konzert – Kino	140
Nachtleben	142
Feste und Veranstaltungen	143

Einkaufen — 145

Fragen	146
Geschäfte	147
Bücher, Zeitschriften und Schreibwaren	148
CDs und Kassetten	149
Zeigefoto	150
Drogeartikel	151
Elektroartikel	152
Fotoartikel	153
Frisör	154
Haushaltswaren	155
Lebensmittel	156
Mode	161
Optiker	163
Schuhe und Lederwaren	164
Souvenirs	165
Tabakwaren	165
Uhren und Schmuck	166

Gesundheit — 167

In der Apotheke	168
Arztbesuch	170
Im Krankenhaus	173
Beim Zahnarzt	179

Wichtiges von A bis Z — 181

Bank	182
Filmen und Fotografieren	183
Fundbüro	184
Polizei	184
Post	186
Telefonieren	188
Toilette und Bad	190

Kurzgrammatik — 191

Wörterbuch Bulgarisch – Deutsch — 201

Wörterbuch Deutsch – Bulgarisch — 246

Aussprache

a	Betont wie *dt.* **a**, als Kurzform des bestimmten Artikels und als Konjugationsendung wie ъ: [ə]; unbetont geschlossener, fast wie ъ
b	Wie *dt.* **b**
w	Wie *dt.* **w**
g	Wie *dt.* **g**
d	Wie *dt.* **d**
e	Betont wie offenes *dt.* **e** in B**e**tt; unbetont geschlossener, fast wie *dt.* **e** in B**ee**t
sch	Stimmhaftes **sch** wie *dt./frz.* Gara**g**e
s	Stimmhaftes **s** wie in *dt.* Ro**s**e
i	Wie *dt.* **i**
j	Wie *dt.* **j**
k	Wie *dt.* **k**, jedoch ohne Aspiration (Behauchung), wie geflüstertes **g**
l	Vor e, и, ь, ю, я wie *dt.* **l**, sonst mit hinten angehobener Zunge wie in der Kölner Mundart und *engl.* fu**ll**
m	Wie *dt.* **m**
n	Wie *dt.* **n**
o	Wie offenes *dt.* **o** in **o**ffen; unbetont geschlossener, fast wie *dt.* **o** in **O**fen
p	Wie *dt.* **p**, jedoch ohne Aspiration (Behauchung), wie geflüstertes **b**
r	Zungenspitzen-r, immer hörbar gerollt (auch am Wortende), wie *span.* guita**rr**a
ß	Stimmloses **s** wie in *dt.* Stra**ß**e
t	Wie *dt.* **t**, jedoch ohne Aspiration (Behauchung), wie geflüstertes **d**
u	Wie *dt.* **u**
f	Wie *dt.* **f**
ch	Wie *dt.* **ch** in a**ch**
z	Wie *dt.* **z**
tsch	Wie *dt.* **tsch** in deu**tsch**

sch	Wie *dt.* **sch**
scht	Wie *dt.* **st** in **St**ange
ə	Zentralvokal wie **e** in *dt.* Kann**e**. Kommt auch betont vor.
j	Wie *dt.* **j** (kommt nur vor o vor)
ju	Wie *dt.* **ju**
ja	Wie *dt.* **ja**, als Kurzform des bestimmten Artikels und als Konjugationsendung wie j + ъ: [jə]; unbetont geschlossener, fast wie j + ъ

Beachten Sie folgende Besonderheiten:
- Die bulgarischen Vokale kennen keinen Längenunterschied. Sie sollen alle ziemlich kurz gesprochen werden. Aufeinanderfolgende Vokale werden jeder für sich artikuliert, z.B. wird ие [ie] nicht als langes i, sondern i-e ausgesprochen.
- Wichtig ist die Einhaltung der Betonungsstelle, die in diesem Buch immer durch das Akzentzeichen [´] markiert ist. Normalerweise sind in bulgarischen Texten die Betonungsstellen nicht gekennzeichnet.
- [ə] ist ein Laut, den es im Deutschen nur als unbetonte Variante von e gibt, zum Beispiel in Kanne. Im Bulgarischen kommt der Laut auch betont vor.
- [sch] ist ein stimmhaftes sch wie in *dt./frz.* Garage
- [ß] ist ein stimmloses s wie in *dt.* Straße, [s] immer ein stimmhaftes s wie in *dt.* Rose.
- Wörter, die in der Umschrift mit Bindestrich verbunden sind, sollen zusammengezogen wie ein Wort ausgesprochen werden.
- Wenn ein stimmhafter und ein stimmloser Konsonant aufeinander folgen, so nimmt oft der erste die Eigenschaft des zweiten an (Assimilation). Dieser Erscheinung trägt die Umschrift in diesem Buch Rechnung.

Alphabet

А	а	[a]	К	к	[kə]	Ф	ф	[f]
Б	б	[bə]	Л	л	[lə]	Х	х	[ch]
В	в	[wə]	М	м	[mə]	Ц	ц	[z]
Г	г	[gə]	Н	н	[nə]	Ч	ч	[tsch]
Д	д	[də]	О	о	[o]	Ш	ш	[sch]
Е	е	[e]	П	п	[pə]	Щ	щ	[scht]
Ж	ж	[schə]	Р	р	[rə]	Ъ	ъ	[ə, er goljam]
З	з	[sə]	С	с	[ßə]	ь	ь	[er malək]
И	и	[i]	Т	т	[tə]	Ю	ю	[ju]
Й	й	[i kratko]	У	у	[u]	Я	я	[ja]

Abkürzungen im Reisewörterbuch

adj	Adjektiv, Eigenschaftswort	прилагателно
adv	Adverb, Umstandswort	наречие
etw	etwas	нщ, нещо
f	Femininum, weiblich	форма за женски род
fam	Umgangssprache, familiär	разговорно
fig	bildlich, übertragen	преносно
jdm	jemandem	нкг, някого
jdn	jemanden	нкг, някого
m	Maskulinum, männlich	форма за мъжки род
n	Neutrum, sächlich	форма за среден род
pl	Plural, Mehrzahl	множествено число
s.	sich	се
sg	Singular, Einzahl	единствено число
u.	und	и

Andere Länder, andere Sitten

Interkulturelle Tipps

Begrüßung

Zur Begrüßung sagt man bis zur Mittagszeit **"Добрò ỳтро!"** [dobro utro!] *(Guten Morgen!)*, danach bis etwa 18 Uhr - man richtet sich gewöhnlich danach, ob es draußen hell oder dunkel ist - **"Дòбър ден!"** [dobər den!] *(Guten Tag!)* und darauf folgt **"Дòбър вèчер!"** [dobər wetscher!] *(Guten Abend!)*.
"Лèка нощ!" [leka noscht!] *(Gute Nacht!)* sagt man erst bevor man ins Bett geht oder sich spät am Abend verabschiedet.
Informell kann man zu jeder Tageszeit **"Здравèй!"** [sdrawej!] oder **"Здрàсти!"** [sdraßti!] *(Hallo!)* sagen. Wenn man Bekannte trifft, fragt man wie es ihnen geht: **"Как си?"** [kak ßi?]. Auf diese Frage antwortet man generell **"Добрè!"** [dobre!] oder **"Гòре-дòлу!"** [gore-dolu!] und stellt die Gegenfrage **"А ти?"** [a ti?].
Man verabschiedet sich mit einem **"Чàо!"** [tschao!] *(Tschüss!)* oder **"Довѝждане!"** [dowischdane!] *(Auf Wiedersehen!)*. Für das deutsche *„Mach's gut!"* gibt es keine richtige Entsprechung.

Willkommensgruß

„Willkommen!" sagt man, wenn man jemanden empfängt. Die Form richtet sich dabei nach der angesprochenen Person:
Добрè дошъл! (*m*) [dobre doschəl!]
Добрè дошлà! (*f*) [dobre doschla!]
Добрè дошлѝ! (*pl*) [dobre doschli!]
Das heißt wörtlich: *„gut gekommen!"* Die Antwort darauf lautet *„gut angetroffen!"* und richtet sich nach der Person, die antwortet:
Добрè завàрил! (*m*) [dobre sawaril!]
Добрè завàрила! (*f*) [dobre sawarila!]
Добрè завàрили! (*pl*) [dobre sawarili!]

Händeschütteln

Früher war es nur in formellen Situationen üblich, sich mit einem Händedruck zu begrüßen. Heutzutage begrüßen sich immer mehr Leute entweder mit einem Handschlag, einer kurzen Umarmung oder sie geben sich Küsschen auf die Wangen.

Kopfschütteln

Kopfschütteln heißt *„ja"* und Nicken bedeutet *„nein"*. Da die Bulgaren wissen, dass diese Gesten in vielen Ländern die gegenteilige Bedeutung haben, werden sie manchmal im Umgang mit Ausländern „richtigherum" gebraucht. Um Missverständnisse zu vermeiden, sollte man niemals nur mit einer Kopfgeste antworten und sich umgekehrt auch nicht mit einer Kopfgeste als Antwort zufrieden geben, sondern lieber nachfragen.

Sich bedanken

Wenn man um etwas bittet, sagt man: **Мо̀ля.** [molja.] oder **А̀ко обѝчате.** [ako obitschate.]. Wenn man etwas anbietet, heißt es: **Заповя̀дай!** [sapowjadaj!]. Die Antwort auf „danke" ist wiederum **Мо̀ля.** [molja.].

Uhrzeit

Man muss bei der Uhrzeit genau aufpassen, denn mit *halb zehn* ist NICHT, wie im Deutschen, *9.30*, sondern *10.30* gemeint.

Telefonieren

Beim Abnehmen des Hörers meldet man sich in Bulgarien mit einem **"А̀ло!"** [alo!] oder mit einem einfachen **"Да!"** [da!]. Die Zahlen einer Telefonnummer werden nicht einzeln, sondern paarweise gesprochen, z.B. 87 14 65 осемдесѐт и сѐдем четиринàйсет шейсѐт и пет [oßemdeßet i ßedem tschetirinajßet schejßet i pet].
Einige wichtige Telefonnummern:

Бъ̀рза по̀мощ [bərsa pomoscht] (Notarzt/Rettungsdienst)	150/112
Пожа̀рна [poscharna] (Feuerwehr)	160
Полѝция [polizija] (Polizei)	166

Diese Nummern sind kostenlos und man kann sie von überall aus wählen.

Telefonkarten

Es gibt zwei private Telefongesellschaften, die untereinander nicht kompatible Kartentelefone betreiben:
Бетком® (Betkom) - Karten mit Magnetstreifen
Булфон® (Bulfon) - Karten mit Microchip
Mit Betkom sind Auslandsgespräche nur möglich, wenn mindestens noch 2 Einheiten (40 Zählimpulse) auf der Karte sind. Bei Bulfon sollte man die Karte erst bei Ertönen des Pieptons aus dem Apparat ziehen. Von Münzfernsprechern aus sind nur Ortsgespräche möglich.

Namen

Die Namen der Bulgaren setzen sich aus dem Vornamen (z.B. Vassil/Maria), dem Namen des Vaters (z.B. Ivanov/Ivanova) und dem Familiennamen (z.B. Petrov/Petrova) zusammen. Der Name des Vaters (z.B. Ivan) besteht aus dem Vornamen des Vaters, dem die Nachsilben *-ov/-ev* bei Männern und *-ova/-eva* bei Frauen hinzugefügt werden. Wenn eine Frau heiratet, nimmt sie gewöhnlich den Familiennamen ihres Ehemannes an.

ANDERE LÄNDER, ANDERE SITTEN

Essen

Früher bestand das bulgarische Frühstück aus **"бàница"** [baniza] und **"бозà"** [bosa]. Heute beginnt man den Tag gewöhnlich mit Kaffee und Sandwiches mit Butter oder Margarine und Wurst oder Käse.

Mittags und auch abends essen die Bulgaren als Vorspeise meistens eine **Овчàрска салàта** [oftscharßka ßalata] *(griechischer Salat)* und als Hauptgericht wählt man fast immer Fleisch – **"шнѝцел"** [schnizel] *(ein Hackbraten)* oder **"скàра"** [ßkara] *(ein Grillgericht)*. Als Beilage nimmt man **"пържени картòфи със сѝрене"** [pərscheni kartofi ßəß ßirene] *(Pommes frites mit Weißkäse)*. Dazu trinkt man gewöhnlich **"бѝра"** [bira] *(Bier)* oder "**ракѝя**" [rakija] *(Schnaps)*.

Die meisten Restaurants bieten auch ein Tagesmenü an, so dass Berufstätige in der Mittagspause nicht nach Hause fahren müssen um etwas Warmes zu essen.

Heiligabend

Бъдни вèчер [bədni wetscher] *(der Heiligabend)* ist eines der wichtigsten bulgarischen Familienfeste. Am Heiligabend versammelt sich die Familie um die Festtafel, auf der 7, 9 oder 12 verschiedene vegetarische Gerichte stehen müssen. Gefüllte Weinblätter, Bohnen und Kompott aus Backpflaumen sind dabei ein Muss. Zur Reinigung des Hauses wird überall Weihrauch angezündet.

Reisevorbereitungen

> **Wenn einer eine Reise tut ...**
> Per Mausklick erfahren Sie unter **www.marcopolo.de** das Wissenswerteste über Ihr Reiseziel. Zusätzlich zu den Reiseführerinfos finden Sie online:
> - täglich aktuelle Reisenews und interessante Reportagen
> - regelmäßig Themenspecials und Gewinnspiele
> - Miniguides zum Ausdrucken

Hotelzimmer per E-Mail

Sehr geehrte Damen und Herren,
vom 24. bis 26. Juni hätte ich gern für zwei Nächte ein Einzel-/Doppel-/Zweibettzimmer. Bitte teilen Sie mir mit, ob Sie ein Zimmer frei haben und was es pro Nacht, einschließlich Frühstück, kostet.
Mit freundlichen Grüßen

Уважаеми господине/госпожо,
искам да запазя една единична стая/двойна стая/стая с две легла за периода от 24 до 26 юни. Моля да ми изпратите информация, дали имате свободна стая и колко струва една нощувка с включена закуска.

С уважение

Mietwagen per E-Mail

Sehr geehrte Damen und Herren,
für die Zeit vom 20. – 25. Juli möchte ich gern ab Flughafen XXX einen Kleinwagen/einen Mittelklassewagen/eine Luxuslimousine/einen Kleinbus mieten. Mein Rückflug geht ab YYY und deshalb möchte ich das Auto dort zurückgeben. Bitte teilen Sie mir Ihre Tarife mit und welche Unterlagen ich benötige.
Mit freundlichen Grüßen

Уважаеми господине/госпожо,
бих искал да наема една кола/лимузина/микробус от летище XXX за периода 20 – 25 юли. Обратният ми полет е от летище YYY и затова искам да оставя колата там. Моля да ми изпратите информация за цените и необходимите документи.

С уважение

Allgemeine Fragen

Ich habe vor, meinen Urlaub in … zu verbringen. Können Sie mir bitte Informationen über Unterkünfte in der Gegend geben?
Смя̀там да прека̀рам о̀тпуската си в … Мо̀жете ли да ми предоста̀вите информа̀ция за райо̀на? [ßmjatam da prekaram otpußkata ßi w … moschete li da mi predoßtawite informazija sa rajona?]

An welche Art von Unterkunft haben Sie gedacht?
Къдѐ предпочѝтате да отсѐднете?
[kəde pdetpotschitate da otßednete?]

    ein Hotel
    хотѐл [chotel]
    eine Pension
    пансио̀н [panßion]
    ein Fremdenzimmer
    стая̀ за го̀сти [ßtaja sa goßti]
    eine Ferienwohnung
    вѝла [wila]

Fragen zur Unterkunft

Hotel – Pension – Privatzimmer

Ich suche ein Hotel, jedoch nicht zu teuer – etwas in der mittleren Preislage.
Тъ̀рся хотѐл, ко̀йто да не е мно̀го скъп – нѐщо срѐдно.
[tərßja chotel, kojto da ne e mnogo skəp - neschto ßredno.]

Ich suche ein Hotel mit Hallenbad/Golfplatz/Tennisplätzen.
Тъ̀рся хотѐл със закрѝт басѐйн/игрѝще за голф/игрѝще за тѐнис.
[tərßja chotel ßəß sakrit baßejn/igrischte sa golf/igrischte sa tenis.]

Können Sie mir ein schönes Fremdenzimmer mit Frühstück empfehlen?
Мо̀жете ли да ми препоръ̀чате ху̀бава стая̀ със заку̀ска под на̀ем?
[moschete li da mi preporətschate chubawa ßtaja ßəß sakußka pod naem?]

Für wie viele Leute soll es sein?
За ко̀лко човѐка? [sa kolko tschoweka?]

Sind dort Hunde erlaubt?
Разрешѐно ли е во̀денето на ку̀чета?
[rasrescheno li e wodeneto na kutscheta?]

Ist es möglich, ein weiteres Bett in einem der Zimmer aufzustellen?
Мо̀же ли да се сло̀жи допълнѝтелно леглò в една̀ от ста̀ите?
[mosche li da se ßloschi dopəlnitelno leglo w edna ot ßtaite?]

Wie viel kostet das pro Woche?
Ко̀лко ще стру̀ва това̀ на сѐдмица?
[kolko schte ßtruwa towa na ßedmiza?]

REISEVORBEREITUNGEN

Ferienhäuser/Ferienwohnungen

Ich suche eine Ferienwohnung oder einen Bungalow.
Търся квартѝра или бунгàло. [tərßja kwartira ili bungalo.]

Können Sie mir einen kinderfreundlichen Ferienbauernhof empfehlen?
Мòжете ли да ми препорѝчате дѐтски лàгер?
[moschete li da mi preporətschate detßki lager?]

Gibt es …?
Ѝма ли …? [ima li …?]

    ein Kinderbett
    дѐтско леглò [detßko leglo]
    einen Hochstuhl
    дѐтско стòлче [detßko ßtoltsche]
    einen Fernseher
    телевѝзор [telewisor]
    ein Telefon
    телефòн [telefon]
    eine Waschmaschine
    перàлня [peralnja]
    eine Spülmaschine
    миялна машѝна [mijalna maschina]
    eine Mikrowelle
    микровълнова пѐчка [mikrowəlnowa petschka]

Sind die Stromkosten im Preis eingeschlossen?
Рàзходите за ток вклю̀чени ли са в ценàта?
[raßchodite sa tok fkljutscheni li ßa f zenata?]

Werden Bettwäsche und Handtücher gestellt?
Ѝма ли спàлно бельò и кърпи за бàня?
[ima li ßpalno beljo i kərpi sa banja?]

Wie viel muss ich anzahlen und wann ist die Anzahlung fällig?
Какъ̀в е размерът на пъ̀рвата внòска и докогà е срòкът за плàщане?
[kakəf e rasmerət na pərwata wnoßka i dokoga e ßrokət sa plaschtane?]

Wo und wann kann ich die Schlüssel abholen?
Къдѐ и когà мòга да полу̀ча клю̀човете?
[kəde i koga moga da polutscha kljutschowete?]

Camping

Ich suche einen kleinen Campingplatz in … Können Sie mir irgendetwas empfehlen?
Търся мя̀сто за къ̀мпинг в … Мòжете ли да ми препорѝчате някое?
[tərßja mjaßto sa kəmping w … moschete li da mi preporətschate njakoe?]

Allgemeines

> **Der erste Schritt**
> Das folgende Kapitel enthält Begriffe, die Ihnen auf Ihrer Reise immer wieder begegnen. Insbesondere alles, um sich über das Wetter unterhalten zu können – eine wichtige Voraussetzung für Smalltalk in Bulgarien!

Das Wichtigste in Kürze

Ja.
Да. [da.]

Nein.
Не. [ne.]

Bitte.
Мо̀ля. [molja.]

Danke!
Благодаря̀!/Мерсѝ! [blagodarja!/merßi!]

Vielen Dank!
Мно̀го благодаря̀! [mnogo blagodarja!]

Danke, gleichfalls!
Благодаря̀, подо̀бно! [blagodarja, podobno!]

Bitte!/Gern geschehen!
Мо̀ля!/Пак заповя̀дайте! [molja!/pak sapowjadajte!]

Nichts zu danken!
Ня̀ма защо̀! [njama saschto!]

Wie bitte?
Мо̀ля? [molja?]

Selbstverständlich!
Разбѝра се! [rasbiraße!]

Einverstanden!
Съгла̀сен *m*/Съгла̀сна *f* съм! [ßəglaßen/ßəglasna ßəm!]

Okay!
Ста̀ва! [ßtawa!]

In Ordnung!
Добрѐ! [dobre!]

Entschuldigung!/Verzeihung!
Извинѐте! [iswinete!]

Einen Augenblick, bitte!
Един момѐнт, мòля! [edin moment, molja!]

Das reicht jetzt!
Достàтъчно! [doßtatətschno!]

Hilfe!
Пòмощ! [pomoscht!]

Wer?
Кой? [koj?]

Was?
Каквò? [kakwo?]

Welcher?/Welche?/Welches?
Кой?/Коя̀?/Коѐ? [koj?/koja?/koe?]

Wem?
На когò? [na kogo?]

Wen?
Когò? [kogo?]

Wo?
Къдѐ? [kəde?]

Wo ist …?/Wo sind …?
Къдѐ е …?/Къдѐ са …? [kəde e …?/kəde ßa …?]

Warum?/Weshalb?/Wozu?
Защò?/Защò?/За каквò? [saschto?/saschto?/sa kakwo?]

Wie?
Как? [kak?]

Wie viel?
Кòлко? [kolko?]

Wie lange?
Кòлко врѐме? [kolko wreme?]

Wann?
Когà? [koga?]

Um wie viel Uhr?
В кòлко часà? [f kolko tschaßa?]

Ich hätte gern …
Бих ѝскал/а … [bich ißkal/a …]

Gibt es …?
Ѝма ли …? [ima li …?]

ALLGEMEINES

Zahlen – Maße – Gewichte

0. . . . . нỳла [nula]
1. . . . . едѝн *m*/еднà *f*/еднò *n* [edin/edna/edno]
2. . . . . два *m*/две *f u. n* [dwa/dwe]
3. . . . . три [tri]
4. . . . . чѐтири [tschetiri]
5. . . . . пет [pet]
6. . . . . шест [scheßt]
7. . . . . сѐдем [ßedem]
8. . . . . òсем [oßem]
9. . . . . дèвет [dewet]
10. . . . . дèсет [deßet]
11. . . . . единàйсет [edinajßet]
12. . . . . дванàйсет [dwanajßet]
13. . . . . тринàйсет [trinajßet]
14. . . . . четиринàйсет [tschetirinajßet]
15. . . . . петнàйсет [petnajßet]
16. . . . . шестнàйсет [scheßtnajßet]
17. . . . . седемнàйсет [ßedemnajßet]
18. . . . . осемнàйсет [oßemnajßet]
19. . . . . деветнàйсет [dewetnajßet]
20. . . . . двàйсет [dwajßet]
21. . . . . двàйсет и едѝн *m*/еднà *f*/еднò *n* [dwajßet i edin/edna/edno]
22. . . . . двàйсет и два *m*/две *f u. n* [dwajßet i dwa/dwe]
23. . . . . двàйсет и три [dwajßet i tri]
24. . . . . двàйсет и чѐтири [dwajßet i tschetiri]
25. . . . . двàйсет и пет [dwajßet i pet]
26. . . . . двàйсет и шест [dwajßet i scheßt]
27. . . . . двàйсет и сèдем [dwajßet i ßedem]
28. . . . . двàйсет и òсем [dwajßet i oßem]
29. . . . . двàйсет и дèвет [dwajßet i dewet]
30. . . . . трѝйсет [trijßet]
31. . . . . трѝйсет и едѝн *m*/еднà *f*/еднò *n* [trijßet i edin/edna/edno]
32. . . . . трѝйсет и две [trijßet i dwe]
40. . . . . четѝрийсет [tschetirijßet]
50. . . . . петдесèт [pedeßet]
60. . . . . шестдесèт [scheßtdeßet]
70. . . . . седемдесèт [ßedemdeßet]
80. . . . . осемдесèт [oßemdeßet]

90	деветдесѐт	[dewedeßet]
100	сто	[ßto]
101	сто и едѝн *m*/еднà *f*/еднò *n*	[ßto i edin/edna/edno]
200	двѐста	[dweßta]
300	трѝста	[trißta]
1000	хилàда	[chiljada]
2 000	две хѝляди	[dwe chiljadi]
10 000	дѐсет хѝляди	[deßet chiljadi]
100 000	сто хѝляди	[ßto chiljadi]
1 000 000	(едѝн) милиòн	[(edin) milion]
1.	първи *m*/първа *f*/първо *n*	[pərwi/pərwa/pərwo]
2.	втòри	[ftori]
3.	трѐти	[treti]
4.	четвърти	[tschetwərti]
5.	пѐти	[peti]
6.	шѐсти	[scheßti]
7.	сѐдми	[ßedmi]
8.	òсми	[oßmi]
9.	девѐти	[deweti]
10.	десѐти	[deßeti]
1/2	половѝн	[polowin]
1/3	еднà трѐта	[edna treta]
1/4	(еднà) чѐтвърт	[(edna) tschetwərt]
3/4	три чѐтвърти	[tri tschetwərti]
3,5 %	три цàло и пет процѐнта	[tri zjalo i pet prozenta]
27 °C	двàйсет и сѐдем грàдуса	[dwajßet i ßedem gradußa]
–5 °C	мѝнус пет грàдуса	[minuß pet gradußa]
1999	хилàда дѐветстотин деветдесѐт и дѐвета	[chiljada dewetßtotin dewetdeßet i deweta]
2004	две хѝляди и четвърта	[dwe chiljadi I tschetwərta]
Millimeter	милимѐтър	[milimetər]
Zentimeter	сантимѐтър	[ßantimetər]
Meter	мѐтър	[metər]
Kilometer	киломѐтър	[kilometər]
Quadratmeter	квадрàтен мѐтър	[kwadraten metər]
Liter	лѝтър	[litər]
Gramm	грам	[gram]
Pfund	половѝн килогрàм	[polowin kilogram]
Kilogramm	килогрàм	[kilogram]

ALLGEMEINES

Zeitangaben

Die Uhrzeit

Wie viel Uhr ist es bitte?
Извинѐте, кòлко е часъ̀т? [iswinete, kolko e tschaßət?]

Es ist (genau/ungefähr) …
Сегà е (тòчно/òколо) … [ßega e (totschno/okolo) …]

> **3 Uhr.**
> **три часà.** [tri tschaßa.]
>
> **5 nach 3.**
> **три и пет.** [tri i pet.]
>
> **3 Uhr 10.**
> **три (часà) и дèсет (минỳти).** [tri (tschaßa) i deßet (minuti).]
>
> Viertel nach 3.
> **три и петнàйсет.** [tri i petnajßet.]
>
> **halb 4.**
> **три и половѝна.** [tri i polowina.]
>
> **Viertel vor 4.**
> **чèтири без петнàйсет.** [tschetiri beß petnajßet.]
>
> **5 vor 4.**
> **чèтири без пет.** [tschetiri beß pet.]
>
> **12 Uhr mittag/Mitternacht.**
> **дванàйсет (часà) на обя̀д/полунòщ.**
> [dwanajßet (tschaßa) na objat/polunoscht.]

Um wie viel Uhr?/Wann?
В кòлко часà?/Когà? [f kolko tschaßa?/koga?]

Um 1 Uhr.
В едѝн часà. [w edin tschaßa.]

Um 2 Uhr.
В два часà. [w dwa tschaßa.]

Gegen 4 Uhr.
Òколо чèтири часà. [okolo tschetiri tschaßa.]

In einer Stunde.
След едѝн час. [ßled edin tschaß.]

In zwei Stunden.
След два чàса. [ßled dwa tschaßa.]

Nicht vor 9 Uhr morgens.
Не преди̍ дѐвет часа̀ сутринта̀. [ne predi dewet tschaßa ßutrinta.]

Nach 8 Uhr abends.
След о̀сем часа̀ вечерта̀. [ßled oßem tschaßa wetscherta.]

Zwischen 3 und 4.
Мѐжду три и чѐтири (часа̀). [me<u>sch</u>du tri i tschetiri (tschaßa).]

Wie lange?
Ко̀лко врѐме? [kolko wreme?]

Zwei Stunden (lang).
Два ча̀са. [dwa tschaßa.]

Von 10 bis 11.
От дѐсет до едина̀йсет. [ot deßet do edinajßet.]

Bis 5 Uhr.
До пет часа̀. [do pet tschaßa.]

Seit wann?
От кога̀? [ot koga?]

Seit 8 Uhr morgens.
От о̀сем часа̀ сутринта̀. [ot oßem tschaßa ßutrinta.]

Seit einer halben Stunde.
От полови̍н час. [ot polowin tschaß.]

Seit acht Tagen.
От о̀сем дѐна. [ot oßem dena.]

ab und zu	понякога	[ponjakoga]
abends	вѐчер	[wetscher]
am Sonntag	в недѐля	[w nedelja]
am Wochenende	през уѝкенда	[pres uikenda]
bald	ско̀ро	[ßkoro]
diese Woche	та̀зи сѐдмица	[tasi ßedmiza]
früh	ра̀но	[rano]
früher	по̀-ра̀но	[po-rano]
gegen Mittag	към обя̀д	[kəm objat]
gestern	вчѐра	[ftschera]
heute	днес	[dneß]
heute Morgen/	днес сутринта̀/довѐчера	
heute Abend	[dneß ßutrinta/dowetschera]	
in 14 Tagen	след четирина̀йсет дни	[ßlet tschetirinajßet dni]

ALLGEMEINES

in einer Woche	след еднà сèдмица	[ßled edna ßedmiza]
innerhalb einer Woche	до еднà сèдмица	[do edna ßedmiza]
jeden Tag	всèки ден	[fßeki den]
jetzt	сегà	[ßega]
kürzlich	(на)скòро	[(na)ßkoro]
letzten Montag	мѝналия понедèлник	[minalija ponedelnik]
manchmal	понякога	[ponjakoga]
mittags	по òбед	[po obet]
morgen	ỳтре	[utre]
morgen früh/ morgen Abend	ỳтре сỳтрин/ỳтре вèчер	[utre ßutrin/utre wetscher]
morgens	сỳтрин	[ßutrin]
nachmittags	следòбед	[ßledobet]
nächstes Jahr	догодѝна	[dogodina]
nachts	през нощтà	[pres noschta]
spät	късно	[kəßno]
später	пò-късно	[po-kəßno]
stündlich	на всèки час	[na fßeki tschaß]
täglich	ежеднèвно	[eschednewno]
tagsüber	през деня	[pres denja]
übermorgen	вдрỳгиден	[wdrugiden]
um diese Zeit	по товà врème	[po towa wreme]
vor zehn Minuten	предѝ дèсет минỳти	[predi deßet minuti]
vorgestern	зàвчера	[saftschera]
vormittags	предѝ обяд	[predi objat]

Die Wochentage

Montag	понедèлник	[ponedelnik]
Dienstag	втòрник	[ftornik]
Mittwoch	срядa	[ßrjada]
Donnerstag	четвъртък	[tschetwərtək]
Freitag	пèтък	[petək]
Samstag	събота	[ßəbota]
Sonntag	недèля	[nedelja]

Die Monate

Januar	януàри	[januari]
Februar	февруàри	[fewruari]
März	март	[mart]

April	апри́л [april]
Mai	май [maj]
Juni	ю́ни [juni]
Juli	ю́ли [juli]
August	а́вгуст [awgust]
September	септе́мври [ßeptemwri]
Oktober	окто́мври [oktomwri]
November	ное́мври [noemwri]
Dezember	деке́мври [dekemwri]

Die Jahreszeiten

der Frühling	про̀лет f [prolet]
der Sommer	ля́то n [ljato]
der Herbst	е́сен f [eßen]
der Winter	зи́ма f [sima]

Die Feiertage

Neujahr	Но̀ва годи́на [nowa godina]
Dreikönigstag	Богоявлѐние [bogojawlenie]
Karneval	Карнава̀л [karnawal]
Hl. Trifonstag	Три́фон Зареза̀н [trifon saresan]
Nationalfeiertag: Tag der Befreiung Bulgariens (3. März)	Национа́лен пра̀зник: Освобождѐнието на Бълга̀рия [nazionalen praznik: oßwoboschdenieto na bəlgarija]
(Internationaler) Frauentag (8. März)	(Междунаро̀ден) ден на жена̀та [(meschdunaroden) den na schenata]
Hl. Lazarustag, Zwetniza (folkloristische Feriertage: Samstag und Sonntag vor Ostern)	Ла̀заровден [lasarowden], Цвѐтница [zwetniza]
Gründonnerstag	Вели́ки четвъ̀ртък [weliki tschetwərtək]
Karfreitag	Разпѐти пѐтък [raßpeti petək]
Ostern (Sonntag und Montag)	Вели́кден [welikden]
Tag der Arbeit, Erster Mai	Ден на труда̀ [den na truda], Пъ̀рви май [pərwi maj]

Hl. Georgstag (6. Mai)	Гергьòвден [gergjowden]
Hl. Kyrill und Method: Tag der bulgarischen Kultur und des slavischen Schrifttums (24. Mai)	Светѝ Светѝ Кѝрил и Метòдий: Ден на бъ̀лгарската просвѐта и култу̀ра и на славя̀нската пѝсменост [ßweti ßweti kiril i metodij: den na bəlgarßkata proßweta i kultura i na ßlawjanßkata pißmenoßt]
Christi Himmelfahrt	Възнесèние Госпòдне [wəsneßenie goßpodne]
Pfingsten	Петдесе́тница [pedeßetniza]
Mariä Himmelfahrt (15. August)	Успèние Богорòдично [ußpenie bogoroditschno]
Nikolaus (6. Dezember)	Нику̀лден [nikulden]
Heiliger Abend (24. Dezember)	Бъ̀дни вèчер [bədni wetscher]
Weihnachten (25. und 26. Dezember)	Кòледа [koleda]
Silvesterabend	Новогодѝшна вèчер [nowogodischna wetscher]

Das Datum

Können Sie mir bitte sagen, den Wievielten wir heute haben?
Кажèте ми, мòля, коя̀ дàта сме днес?
[kaschete mi, molja, koja data ßme dneß?]

Heute ist der 4. August.
Днес е четвъ̀рти àвгуст. [dneß e tschetwərti awgußt.]

Wetter

Was für ein herrliches/schreckliches Wetter!
Кòлко е ху̀баво/лòшо врèмето! [kolko e chubawo/loscho wremeto!]

Es ist sehr kalt/heiß/schwül.
Мнòго е студèно/горèщо/заду̀шно.
[mnogo e ßtudeno/goreschto/saduschno.]

Es ist neblig/windig.
Мъглѝво е./Ветровѝто е. [məgliwo e./wetrowito e.]

Es bleibt schön/schlecht.
Врèмето ще се задържѝ ху̀баво/лòшо.
[wremeto schte ße sadərschi chubawo/loscho.]

Es wird wärmer/kälter.
Ще се затòпли./Ще захладнèе. [schte ße satopli./schte sachladnee.]

Es wird regnen/schneien.
Ще валѝ дъжд/сняг. [schte wali dəscht/ßnjak.]

Die Straßen sind glatt.
Пътищата са хлъзгави. [pətischtata ßa chləsgawi.]

Die Sicht beträgt nur 20 m/weniger als 50 m.
Видимосттà е càмо двàйсет мèтра/пò-мàлко от петдесèт мèтра.
[widimoßta e ßamo dwajßet metra/po-malko ot pedeßet metra.]

Schneeketten sind erforderlich.
Колѝте трѝбва да се двѝжат с верѝги (за сняг).
[kolite trjabwa da ße dwischat ß werigi (sa ßnjak).]

bewölkt	òблачно	[oblatschno]
Blitz	светкàвица	[ßwetkawiza]
Bö	пòрив на вятъра	[poriw na wjatəra]
Donner	гръм	[grəm]
Ebbe	òтлив	[otlif]
Eis	лед	[let]
Flaute	безвèтрие	[beswetrie]
Flut	прѝлив	[prilif]
Frost	мраз	[mraß]
Gewitter	бỳря	[burja]
Glatteis	полèдица	[poledica]
heiß	горèщо	[goreschto]
Hitze	жèга	[schega]
Hitzewelle	горèща вълнà	[goreschta wəlna]
kalt	студèно	[ßtudeno]
Luft	въздух	[wəsduch]
nass	мòкро	[mokro]
Nebel	мъглà	[məgla]
Regen	дъжд	[dəscht]
Regenschauer	кràтък пролѝвен дъжд	[kratək proliwen dəscht]
regnerisch	дъждòвен	[dəschdowen]
Schnee	сняг	[ßnjak]
schwül	задỳшно	[saduschno]
Sonne	слънце	[ßlənze]
sonnig	слънчев	[ßləntschef]
Sturm	бỳря	[burja]
Temperatur	температỳра	[temperatura]
warm	тòпло	[toplo]

ALLGEMEINES

wechselhaft	промѐнливо [promenliwo]
Wetterbericht	метеорологѝчен бюлетѝн [meteorologitschen bjuletin]
Wettervorhersage	прогнòза за врèмето [prodnosa sa wremeto]
Wind	вя̀тър [wjatər]
Windstärke	сѝла на вя̀търа [ßila na wjatəra]
Wolke	о̀блак [oblak]

Farben

beige	бѐжов [beschof]
blau	син [ßin]
braun	кафя̀в [kafjaf]
einfarbig	едноцвѐтен [ednozweten]
farbig	цвѐтен [zweten]
gelb	жълт [schəlt]
goldfarben	златѝст [slatißt]
grau	сив [ßif]
grün	зелѐн [selen]
lila	лила̀в [lilaf]
orange	ора̀нжев [oranschef]
rosa	ро̀зов [rosof]
rot	червѐн [tscherwen]
schwarz	чѐрен [tscheren]
silberfarben	сребрѝст [ßrebrißt]
türkis	тюркоа̀зен [tjurkoasen]
violett	виолѐтов [wioletof]
weiß	бял [bjal]
hellblau/hellgrün	свѐтлосѝн/свѐтлозелѐн [ßwetloßin/ßwetloselen]
dunkelblau/ dunkelgrün	тъ̀мносѝн/тъ̀мнозелѐн [təmnoßin/təmnoselen]

Zwischenmenschliches

Begrüßung und Verabschiedung

Immer höflich

In Kreisen, in denen auf Etikette geachtet wird, sollte man nicht übereilt zum "du" wechseln. Unbekannte kann man mit **Господѝн X** [goßpodin X] *(Herr X)*, **Госпожà Y** [goßposcha Y] *(Frau Y)* ansprechen. Auch junge Leute und Studenten siezen sich, solange sie keine Freundschaft geschlossen haben.

Unter Bekannten begrüßt man sich mit **Здравèйте!** [sdrawejte!] *(Hallo!)*. Wenn man sich duzt sagt man **Здравèй!** [sdrawei!] *(Hallo!)*.

Man begrüßt sich auch mit einem Händedruck oder gibt sich ein Küsschen auf die Wange.

„Auf geht's!" lässt sich am besten mit **Хàйде!** [chajde!] übersetzen. Man sagt es auch um jemanden zu etwas aufzufordern, um Widerspruch oder Unglauben auszudrücken und beim Abschied.

Die Begrüßung

Guten Morgen!
Добрò ỳтро! [dobro utro!]

Guten Tag!
Дòбър ден! [dobər den!]

Guten Abend!
Дòбър вèчер! [dobər wetscher!]

Hallo!
Здрàсти! [zdraßti!]

Grüß dich!
Здравèй! [zdrawej!]

Wie ist Ihr Name, bitte?
Как се кàзвате? [kak ße kaswate?]

Wie heißt du?
Как се кàзваш? [kak ße kaswasch?]

Ich heiße …
Кàзвам се … [kaswam ße …]

Wie geht es Ihnen?
Как сте? [kak ßte?]

Wie geht's?
Как си? [kak ßi?]

Danke. Und Ihnen/dir?
Благодарà. А вѝе/ти? [blagodarja. a wie/ti?]

Sich vorstellen

Darf ich bekannt machen?
Мо̀же ли да ви запозна̀я? [mosche li da wi saposnaja?]

Das ist …
Това̀ е … [towa e …]

> **Frau X.**
> **госпожа̀ X.** [goßposcha X.]
>
> **Herr X.**
> **господѝн X.** [goßpodin X.]
>
> **mein Mann./meine Frau.**
> **мъжъ̀т ми./жена̀ ми.** [məschət mi./schena mi.]
>
> **mein Sohn./meine Tochter.**
> **синъ̀т ми./дъщеря̀ ми.** [ßinət mi./dəschterja mi.]
>
> **mein Freund./meine Freundin.**
> **прия̀телят ми./прия̀телката ми.** [prijateljat mi./prijatelkata mi.]

Das Verabschieden

Auf Wiedersehen!
Довѝждане! [dowischdane!]

Bis bald!
Доско̀ро! [doßkoro!]

Bis morgen!
До у̀тре! [do utre!]

Bis später!
Доско̀ро! [doßkoro!]

Mach's gut! *(fam)*
Ча̀о! [tschao!]

Gute Nacht!
Лѐка нощ! [leka noscht!]

Gute Reise!
Лек път! [lek pət!]

Tschüss!
Ча̀о! [tschao!]

ZWISCHENMENSCHLICHES

Höflichkeit

Bitte und Dank

Wenn man um etwas bittet, sagt man: *Мо̀ля*. [molja.] oder *Àко обѝчате*. [ako obitschate.]. Wenn man etwas anbietet, heißt es: *Заповя̀дай!* [sapowjadaj!] Die Antwort auf "Danke" ist wiederum: *Мо̀ля*. [molja.].

Bitte.
Мо̀ля. [molja!]

Ja, bitte.
Да, мо̀ля! [da, molja!]

Nein, danke!
Не, мерсѝ! [ne, merßi!]

Gestatten Sie?
Мо̀же ли? [mosche li?]

Entschuldigen Sie bitte die Störung.
Извинѐте за безпоко̀йството. [iswinete sa beßpokojßtwoto.]

Entschuldigen Sie bitte, dürfte ich Sie etwas fragen?
Извинѐте, мо̀га ли да ви попѝтам нѐщо?
[iswinete, moga li da wi popitam neschto?]

Können Sie mir bitte helfen?
Мо̀жете ли да ми помо̀гнете? [moschete li da mi pomognete?]

Darf/Dürfte ich Sie um einen Gefallen bitten?
Мо̀га ли да ви помо̀ля за една̀ услу̀га?
[moga li da wi pomolja sa ednaußluga?]

Würden Sie bitte so freundlich sein und ...?
Ще бъ̀дете ли така̀ любѐзен *m*/любѐзна *f* да ...?
[schte bədete li taka ljubesen/ljubesna da ...?]

Vielen/Tausend Dank, Sie haben mir sehr geholfen.
Мно̀го благодаря̀/Хѝляди благода̀рности, мно̀го ми помо̀гнахте.
[mnogo blagodarja/chiljadi blagodarnoßti, mnogo mi pomognachte.]

Das war sehr lieb von Ihnen.
Това̀ бѐше мно̀го мѝло от ва̀ша страна̀.
[towa besche mnogo milo ot wascha ßtrana.]

Können Sie mir bitte sagen, ...
Мо̀же ли да ми ка̀жете, ... [mosche li da mi kaschete, ...]

Können Sie mir bitte ... empfehlen?
Ще ми препоръ̀чате ли ...? [schte mi preporətschate li ...?]

Danke!
Благодаря̀! [blagodarja!]

Danke, sehr gern!
Благодаря̀, с удово̀лствие! [blagodarja, ß udowolßtwie!]

Das ist nett, danke!
Мно̀го мѝло, благодаря̀! [mnogo milo, blagodarja!]

Bitte sehr!/Gern geschehen!
Заповя̀дайте!/Ня̀ма за какво̀! [sapowjadajte!/njama sa kakwo!]

Entschuldigung

Entschuldigung!
Извинѐте! [iswinete!]

Das tut mir sehr Leid!
Мно̀го съжаля̀вам! [mnogo ßəschaljawam!]

Es war nicht so gemeint.
Ня̀мах това̀ предвѝд. [njamach towa predwit.]

Keine Ursache!/Macht nichts!
Ня̀ма защо̀!/Ня̀ма нѝщо! [njama saschto!/njama nischto!]

Das ist leider nicht möglich.
За съжалѐние това̀ е невъзмо̀жно.
[sa ßəschalenie towa e newəsmoschno.]

Wünsche

Herzlichen Glückwunsch!
Честѝто! [tscheßtito!]

Alles Gute zum Geburtstag!
Честѝт рождѐн ден! [tscheßtit roschden den!]

Viel Glück!/Viel Erfolg!
Успѐх! [ußpech!]

Ich drücke Ihnen die Daumen.
Стѝскам Ви па̀лци! [ßtißkam wi palzi!]

Gesundheit! *(nach Niesen)*
Наздра̀ве! [nasdrawe!]

Gute Besserung!
Ско̀рошно оздравя̀ване! [ßkoroschno osdrawjawane!]

ZWISCHENMENSCHLICHES

Meinungen und Gefühle

Zustimmung und Gesprächsfortführung

Gut.
Добрè. [dobre.]

Richtig.
Прàвилно. [prawilno.]

Einverstanden!/Abgemacht!
Съглàсен *m*!/съглàсна *f*! [ßəglaßen!/ßəglaßna!]

Geht in Ordnung!
Добрè! [dobre!]

Okay!/o.k.!/O.K.!
Окèй! [okej!]

Genau!
Тòчно такà! [totschno taka!]

Ach!
Ах! [ach!]

Ach, so!
Такà ли! [taka li!]

Wirklich?
Нàистина ли? [naißtina li?]

Interessant!
Интерèсно! [intereßno!]

Wie schön!
Кòлко хỳбаво! [kolko chubawo!]

Ich verstehe.
Разбѝрам. [rasbiram.]

So ist es eben.
Такà е. [taka e.]

Ganz Ihrer Meinung.
Напълно съм съглàсен с Вас. [napəlno ßəm ßəglaßen ß waß.]

Das stimmt.
Такà е. [taka e.]

Das finde ich (sehr) gut.
Товà е (мнòго) добрè. [tova e (mnogo) dobre.]

Gern.
С удовòлствие. [ß udowolßtwie.]

Ablehnung

Ich habe keine Zeit.
Нямам врème. [njamam wreme.]

Dazu habe ich keine Lust.
Нямам желàние за товà. [njamam schelanie sa towa.]

Damit bin ich nicht einverstanden.
Не съм съглàсен с товà. [ne ßəm ßəglaßen ß towa.]

Das kommt gar nicht in Frage!
За товà не мòже да стàва и дỳма!
[sa towa ne mosche da ßtawa i duma!]

Auf gar keinen Fall!
В нùкакъв слỳчай! [w nikakəf slutschaj!]

Ohne mich! *(fam)*
Без мен! [bes men!]

Das gefällt mir gar nicht.
Товà изòбщо не ми харèсва. [towa isopschto ne mi chareßwa.]

Vorlieben

Das gefällt mir./Das gefällt mir nicht.
Товà ми харèсва./Товà не ми харèсва.
[towa mi chareßwa./towa ne mi chareßwa.]

Ich möchte lieber …
Предпочùтам … [pretpotschitam …]

Am liebsten wäre mir …
Нàй-мнòго бих ùскал … [naj-mnogo bich ißkal …]

Darüber würde ich gerne mehr erfahren.
Бих ùскал да разберà пòвече за товà.
[bich ißkal da rasbera powetsche sa towa.]

Nichtwissen ausdrücken

Das weiß ich nicht.
Не знам. [nesnam.]

Keine Ahnung. *(fam)*
Нямам предстàва. [njamam pretßtawa.]

Das weiß ich leider nicht.
За съжалèние не знам. [sa ßəschalenie nesnam.]

ZWISCHENMENSCHLICHES

Unentschlossenheit

Das ist mir egal.
Всѐ ми е еднò. [fße mi e edno.]

Ich weiß noch nicht.
Не знам òще. [nesnam oschte.]

Vielleicht.
Мòже би. [mosche bi.]

Wahrscheinlich.
Веройтно. [werojatno.]

Freude – Begeisterung

Großartig!
Страхòтно! [ßtrachotno!]

Prima!
Сỳпер!/Чудèсно! [ßuper!/tschudeßno!]

Toll!
Страхòтно! [ßtrachotno!]

Super!
Сỳпер! [ßuper!]

Wahnsinn!
Страхòтно! [ßtrachotno!]

Zufriedenheit

Ich bin voll und ganz zufrieden.
Напълно съм довòлен. [napəlno ßəm dowolen.]

Ich kann mich nicht beklagen.
Не мòга да се оплàча. [ne moga da ße oplatscha.]

Das hat hervorragend geklappt.
Всѝчко мѝна чудèсно. [fßitschko mina tschudeßno.]

Langeweile

Wie langweilig!/So etwas von langweilig!
Кòлко скỳчно!/Кòлко досàдно! [kolko ßkutschno!/kolko doßadno!]

... ist total öde.
... е пълна скỳка. [... e pəlna ßkuka.]

Erstaunen – Überraschung

Ach so!
Такà ли? [taka li?]

Wirklich?
Наѝстина ли? [naißtina li?]

Das ist ja nicht zu fassen!
Не е за вя̀рване! [ne e sa wjarwane!]

Unglaublich!
Невероя̀тно! [newerojatno!]

Erleichterung

Ein Glück, dass …!
Какъ̀в късмѐт, че …! [kakəf kəßmet, tsche …!]

Gott sei Dank!
Слàва бòгу! [ßlawa bogu!]

Endlich!
Нàй-сѐтне! [naj-ßetne!]

Gelassenheit

Nur keine Panik/Aufregung!
Без пàника! [beß panika!]

Machen Sie sich keine Sorgen.
Не се притеснявайте. [ne ße pritteßnjawajte.]

Ärger

Das ist aber ärgerlich!
Мнòго неприя̀тно! [mnogo neprijatno!]

Verflixt!
По дя̀волите! [po djawolite!]

Jetzt reicht's!
Чàшата преля̀! [tschaschata prelja!]

… geht mir auf den Geist/Wecker/Keks. *(fam)*
До гỳша ми е дошлò от … [do guscha mi e doschlo ot …]

Eine Unverschämtheit ist das!/So eine Frechheit!
Каквò нахàлство! [kakwo nachalßtwo!]

Das darf doch wohl nicht wahr sein!
Не е за вя̀рване! [ne e sa wjarwane!]

ZWISCHENMENSCHLICHES

Zurechtweisung

Was fällt Ihnen ein!
Какво́ си въобразя́вате? [kakwo ßi wəobrasjawate?]

Kommen Sie mir bloß nicht zu nahe!
Не ми се мя́ркайте пред очи́те! [ne mi ße mjarkajte pred otschite!]

Das kommt gar nicht in Frage!
За това́ не мо́же да ста́ва и ду́ма!
[sa towa ne mosche da ßtawa i duma!]

Bedauern – Enttäuschung

Oh je!
Ох! [och!]

Es tut mir Leid.
Съжаля́вам. [ßəschaljawam.]

Es tut mir richtig Leid für ....
Наи́стина съжаля́вам за ... [naïßtina ßəschaljawam sa ...]

Schade!
Жа́лко! [schalko!]

Körpersprache

Die meisten Zeichen werden auch in deutschsprachigen Ländern verstanden. Besonders verbreitet ist „den Vogel zeigen". Es gibt nur ein paar, die erklärt werden müssen:

- Der Ausdruck **Пу, че си загу́бен!** [pu, tsche ßi saguben!] bedeutet etwas ähnliches wie *„Bist du blöd!"*. Man streckt die Hand nach vorn so ähnlich wie beim Salutieren und hält sie dann schräg in der Luft.
- **Да чукам на дърво!** [da tschukam na dərwo!] bedeutet *„Gott bewahre!"*. Man klopft sich auf den Kopf oder auf einen beliebigen Holzgegenstand.
- Für *„Du hast nicht alle Tassen im Schrank!"* benutzt man den Ausdruck **Ти си луд!** [ti ßi lut!]. Man hält die Hand hinter das Ohr und bewegt sie so, als ob man eine Glühbirne ein- und ausdreht.

Gott bewahre!

Ich drück dir die Daumen!

Du hast sie nicht alle!

Ich weiß nicht!

Pssst!

Bist du blöd!

ZWISCHENMENSCHLICHES

Komplimente

Wie schön!
Кòлко хỳбаво! [kolko chubawo!]

Das ist wunderbar!
Товà е прекрàсно! [towa e prekraßno!]

Das ist sehr nett von Ihnen/dir!
Мнòго мѝло от Вàша/твòя странà!
[mnogo milo ot wascha/twoja ßtrana!]

Ich finde Sie sehr sympathisch/nett.
Вѝе сте мнòго симпатѝчен/мил. [wie ßte mnogo ßimpatitschen/mil.]

Das Essen war ausgezeichnet!
Хранàта бèше превъзхòдна! [chranata besche prewəßchodna!]

Wir haben selten so gut gegessen wie bei Ihnen.
Рядко сме хàпвали тòлкова вкỳсно!
[rjadko ßme chapwali tolkowa fkußno!]

Es ist wirklich traumhaft hier!
Тук е наѝстина прекрàсно! [tuk e naißtina prekraßno!]

Sie sprechen sehr gut Deutsch.
Говòрите мнòго добрè нèмски. [goworite mnogo dobre nemßki.]

Das sieht gut aus!
Товà изглèжда добрè! [towa isgleschda dobre!]

Das Kleid steht Ihnen/dir gut.
Рòклята Ви/ти отѝва. [rokljata wi/ti otiwa.]

angenehm	. . . . . .	приятен [prijaten]
ausgezeichnet	. . . .	отлѝчен [otlitschen]
beeindruckend	. . .	впечатляващ [fpetschatljawascht]
freundlich	. . . .	приятелски [prijatelßki]
gemütlich *(Ort)*	. . .	уютен [ujuten]
herrlich	. . . .	прекрàсен [prekraßen]
hübsch	. . . .	хỳбав [chubaf]
lecker	. . . .	вкỳсен [fkußen]
liebenswürdig	. . . .	мил [mil]
schön	. . . .	красѝв [kraßif]

Smalltalk

Angaben zur Person

Wie alt sind Sie/bist du?
На кòлко годѝни сте/си? [na kolko godini ßte/ßi?]

Ich bin 39.
На трѝйсет и дèвет. [na trijßet i dewet.]

Was machen Sie/machst du beruflich?
Каквò работите/работиш? [kakwo rabotite/rabotisch?]

Ich bin …
Аз съм … [aß ßəm…]

Ich arbeite bei …
Работя в … [rabotja w …]

Ich bin Rentner/in.
Пенсионèр/ка съм. [penßioner/ka səm.]

Ich gehe noch zur Schule.
Òще хòдя на учѝлище. [oschte chodja na utschilischte.]

Ich bin Student/in.
Студèнт/ка съм. [ßtudent/ka ßəm.]

Herkunft und Aufenthalt

Woher kommen Sie/kommst du?
Откъдè сте/си? [otkəde ßte/ßi?]

Ich komme aus Stuttgart.
Аз съм от Щỳтгарт. [as ßəm ot Schtutgart.]

Sind Sie/Bist du schon lange in …?
Отдàвна ли сте/си в …? [otdawna li ßte/ßi w …?]

Ich bin seit … hier.
Аз съм тук от … [aß ßəm tuk ot …]

Wie lange bleiben Sie/bleibst du?
Кòлко ще остàнете/остàнеш? [kolko schte oßtanete/oßtanesch?]

Sind Sie/Bist du zum ersten Mal hier?
За пъ̀рви път ли сте/си тук? [sa pərwi pət li ßte/ßi tuk?]

Gefällt es Ihnen?
Харèсва ли ви? [chareßwa li wi?]

ZWISCHENMENSCHLICHES

Familie

Sind Sie verheiratet?
Жѐнен *т* ли сте?/Омъ̀жена *f* ли сте? [schenen li ßte?/oməschena li ßte?]

Haben Sie Kinder?
Ѝмате ли децà? [imate li deza?]

Ja, aber sie sind schon erwachsen.
Да, но вѐче са порàснали. [da, no wetsche ßa poraßnali.]

Wie alt sind Ihre Kinder?
На кòлко годѝни са децàта Ви? [na kolko godini ßa dezata wi?]

Meine Tochter ist 8 (Jahre alt) und mein Sohn ist 5 (Jahre alt).
Дъщерỳ ми е на òсем (годѝни), а синъ̀т ми е на пет (годѝни).
[dəschterja mi e na oßem (godini), a ßinət mi e na pet (godini).]

Hobbys

➢ auch Aktiv- und Kreativurlaub

Haben Sie/Hast du ein Hobby?
Ѝмате ли/ѝмаш ли хòби? [imate li/imasch li chobi?]

Ich verbringe viel Zeit mit meinen Kindern.
Аз прекàрвам мнòго врѐме с децàта си.
[aß prekarvam mnogo wreme ß dezata ßi.]

Ich lese sehr gern.
Обѝчам да четà. [obitscham da tscheta.]

Ich surfe viel im Internet.
Обѝчам да сърфѝрам в интернет. [obitscham da ßərfiram w internet.]

Ich arbeite gern im Garten.
Обѝчам да рабòтя в градѝната. [obitscham da rabotja w gradinata.]

Ich male ein wenig.
Понякога рисỳвам. [ponjakoga rißuwam.]

Ich sammle Antiquitäten/Briefmarken.
Колекционѝрам антѝки/мàрки. [kolekzioniram antiki/marki.]

Wofür interessieren Sie sich so?
От каквò се интересỳвате? [ot kakwo ße intereßuwate?]

Ich interessiere mich für …
Интересỳвам се от … [intereßuwam ße ot …]

Ich bin bei … aktiv.
Занимàвам се с … [ßanimawam ße ß …]

... ist eine meiner Lieblingsbeschäftigungen.
... е едно̀ от любѝмите ми занима̀ния.
[... e edno ot ljubimite mi sanimanija.]

basteln	изработвам нѐщо [israbotwam neschto]
entspannen	отпу̀скам се [otpußkam ße]
kochen	го̀твя [gotwja]
lesen	чета̀ [tscheta]
malen	рису̀вам [rißuwam]
Musik hören	слу̀шам му̀зика [ßluscham musika]
musizieren	свѝря [ßwirja]
reisen	пъту̀вам [pətuwam]
Sprachen lernen. . .	у̀ча езѝци [utscha esizi]
töpfern	занима̀вам се с грънча̀рство [sanimavam ße ß grəntscharßtwo]
zeichnen	рису̀вам [rißuwam]

Fitness

➢ auch Aktivurlaub

Wie halten Sie sich fit?
Как се поддъ̀ржате във фо̀рма? [kak ße podərschate wəf forma?]

Ich jogge/schwimme/fahre Rad.
Тѝчам/плу̀вам/ка̀рам колело̀. [titscham/pluwam/karam kolelo.]

Ich spiele einmal die Woche Tennis/Volleyball.
Веднъ̀ж сѐдмично игра̀я тѐнис/во̀лейбол.
[wednəsch ßedmitschno igraja teniß/wolejbol.]

Ich gehe regelmäßig ins Fitnesscenter.
Редо̀вно хо̀дя на фѝтнес. [redowno chodja na fitneß.]

Welchen Sport treiben Sie?
Какво̀ спорту̀вате? [kakwo ßportuwate?]

Ich spiele …
Игра̀я … [igraja …]

Ich bin ein Fan von …
Обѝчам … [obitscham …]

Ich gehe gern …
Обѝчам да хо̀дя … [obitscham da chodja …]

Kann ich mitspielen?
Мо̀га ли да игра̀я и аз? [moga li da igraja i aß?]

ZWISCHENMENSCHLICHES

Verabredung

Haben Sie/Hast du morgen Abend schon etwas vor?
Ѝмате ли/ѝмаш ли плàнове за ỳтре вèчер? [imate li/imasch li planowe sa utre wetscher?]

Wollen wir zusammen hingehen?
Ѝскаш ли да отѝдем заèдно? [ißkasch li da otidem saedno?]

Wollen wir heute Abend etwas gemeinsam unternehmen?
Ще излèзем ли нЯкъде довèчера? [schte islesem li njakəde dowetschera?]

Darf ich Sie/dich morgen Abend zum Essen einladen?
Мòга ли да Ви/те покàня ỳтре вèчер на вечèря? [moga li da wi/te pokanja utre wetscher na wetscherja?]

Wann treffen wir uns?
Когà ще се срèщнем? [koga schte ße ßreschtnem?]

Treffen wir uns um 9 Uhr vor …/im …
Да се срèщнем в дèвет часà пред …/в … [da ße ßreschtnem w dewet tschaßa pret …/w …]

Ich hole Sie/dich ab.
Ще Ви/те взèма. [schte wi/te wsema.]

Kann ich Sie/dich wieder sehen?
Ще се вѝдим ли пак? [schte ße widim li pak?]

Das war wirklich ein netter Abend!
Прекàрах мнòго хỳбаво! [prekarach mnogo chubawo!]

Flirten

Du hast wunderschöne Augen.
Ѝмаш прекрàсни очѝ. [imasch prekraßni otschi.]

Mir gefällt, wie du lachst.
Харèсва ми как се смèеш. [chareßwa mi kak ße ßmeesch.]

Du gefällst mir./Ich mag dich.
Харèсваш ми./Харèсвам те. [chareßwasch mi/chareßwam te.]

Ich finde dich ganz toll!
Ти си страхòтен *m*/страхòтна *f*! [ti ßi ßtrachoten/ßtrachotna!]

Ich liebe dich!
Обѝчам те! [obitscham te!]

44

Hast du einen festen Freund/eine feste Freundin?
Ѝмаш ли приятел/приятелка? [imasch li prijatel/prijatelka?]

Lebst du mit jemandem zusammen?
Живѐеш ли заедно с някого? [schiweesch li saedno ß njakogo?]

Bist du verheiratet?
Жѐнен ли си? *m*/Омъ̀жена ли си? *f* [schenen li ßi?/oməschena li ßi?]

Ich bin geschieden.
Разведен/а съм. [rasweden/a ßəm.]

Wir leben getrennt.
Живѐем отдѐлно. [schiweem otdelno.]

Kommst du mit zu mir?
Ще дойдеш ли у нас? [schte dojdesch li u naß?]

Nein, das geht mir zu schnell!
Не, всичко става много бързо! [ne, fßitschko ßtawa mnogo bərso!]

Wir können kuscheln.
Можем да се погушкаме. [moschem da ße poguschkame.]

Bitte geh jetzt!
Моля те, върви си! [molja te, wərwi ßi!]

Lassen Sie mich bitte in Ruhe!
Моля Ви, оставѐте ме намира! [molja wi, oßtawete me namira!]

Hören Sie sofort damit auf!
Веднага престанете! [wednaga preßtanete!]

Verständigungsschwierigkeiten

Wie bitte?
Моля? [molja?]

Ich verstehe Sie nicht.
Не ви разбирам. [ne wi rasbiram.]

Könnten Sie das bitte wiederholen?
Може ли да повторите? [mosche li da poftorite?]

Könnten Sie bitte etwas langsamer sprechen?
Може ли да говорите по-бавно? [mosche li da goworite po-bawno?]

Ja, ich verstehe.
Да, разбирам. [da, rasbiram.]

ZWISCHENMENSCHLICHES

Sprechen Sie/Sprichst du …
Говòрите ли/Говòриш ли … [goworite li/goworisch li …]

> **Deutsch?**
> **нèмски?** [nemßki?]
>
> **Englisch?**
> **англѝйски?** [anglijßki?]
>
> **Französisch?**
> **фрèнски?** [frenßki?]

Ich spreche nur wenig …
Говòря мàлко … [goworja malko …]

Könnten Sie es mir bitte aufschreiben?
Мòже ли да ми го напѝшете? [mosche li da mi go napischete?]

Unterwegs

Durch Bulgarien reisen
Wenn man mit dem Auto durch Bulgarien reisen möchte, sollte man eine Straßenkarte haben. Denn obwohl die Straßen ständig verbessert und überall Schilder aufgestellt werden, gibt es immer noch Orte, wo man sich leicht verfahren kann. Man kann auch problemlos mit dem Bus reisen. Das Buslinnennetz ist in Bulgarien wesentlich dichter als das Eisenbahnnetz. Mit Bussen kann man fast überallhin gelangen. Es gibt auch eine Reihe privater Buslinien, die auf den Hauptstrecken und auch ins Ausland fahren.

Fragen nach dem Weg

Ortsangaben

links	наля̀во [naljawo], вля̀во [wljawo]
rechts	надя̀сно [nadjaßno], вдя̀сно [wdjaßno]
geradeaus	напра̀во [naprawo]
vor	пред [pret]
hinter	зад [sat]
neben	до [do]
gegenüber	срещу̀ [ßreschtu]
hier	тỳк(а) [tuk(a)]
dort	там [tam]
nah	блѝзо [bliso]
weit	далѐче [daletsche]
nach *(in Richtung auf)*	към [kəm]
nach *(Reihenfolge)*	след [ßlet]
Ampel	светофа̀р [ßwetofar]
Straße *(innerorts)*	у̀лица [uliza]
Straße *(Land~ etc.)*	път [pət], шосѐ [schoße]
Straßenecke	ъ̀гъл [əgəl]
Kreuzung	кръсто̀вище [krəßtowischte]
Kurve	заво̀й [sawoj]

Wegbeschreibung

Entschulden Sie bitte, wie komme ich nach …?
Извинѐте, как да стѝгна до …? [iswinete, kak da ßtigna do …?]

Immer geradeaus bis …
Все напра̀во до … [fße naprawo do …]

Dann bei der Ampel links/rechts abbiegen.
На светофа̀ра завѝйте наля̀во/надя̀сно.
[na ßwetofara sawijte naljawo/nadjaßno.]

Folgen Sie den Schildern.
Слѐдвайте табѐлките. [ßledwajte tabelkite.]

Ist das weit von hier?
Далѐче ли е от тук? [daletsche li e ot tuk?]

Es ist ganz in der Nähe.
Съвсѐм блѝзо е. [ßəfßem bliso e.]

Bitte, ist das die Straße nach …?
Извинѐте, това̀ ли е пъ̀тят за …? [iswinete, towa li e pətjat sa …?]

Bitte, wo ist …?
Извинѐте, къдѐ се намѝра …? [iswinete, kəde ße namira …?]

Tut mir Leid, das weiß ich nicht.
Съжаля̀вам, не знам. [ßəschaljawam, nesnam.]

Ich bin nicht von hier.
Не съм от тук. [ne ßəm ot tuk.]

Gehen Sie geradeaus/nach links/nach rechts.
Вървѐте напра̀во/наля̀во/надя̀сно.
[wərwete naprawo/naljawo/nadjaßno.]

Erste/Zweite Straße links/rechts.
Пъ̀рвата/Вто̀рата у̀лица вля̀во/вдя̀сно.
[pərwata/ftorata uliza wljawo/wdjaßno.]

Überqueren Sie …
Пресечѐте … [preßetschete …]

> **die Brücke.**
> **мо̀ста.** [moßta.]
>
> **den Platz.**
> **площа̀да.** [ploschtada.]
>
> **die Straße.**
> **у̀лицата.** [ulizata.]

Sie nehmen am besten den Bus Nr. …
На̀й-добрѐ вземѐте автобу̀с но̀мер…
[naj-dobre wsemete aftobuß nomer …]

UNTERWEGS

An der Grenze

Passkontrolle

Ihren Pass, bitte!
Паспо̀рта ви, мо̀ля! [paßporta wi, molja!]

Haben Sie ein Visum?
Ѝмате ли вѝза? [imate li wisa?]

Kann ich das Visum hier bekommen?
Мо̀га ли да полу̀ча вѝзата тук? [moga li da polutscha wisata tuk?]

Zollkontrolle

Haben Sie etwas zu verzollen?
Ѝмате ли нѐщо за деклари̇ране? [imate li neschto sa deklarirane?]

Fahren Sie bitte rechts/links heran!
Мо̀ля, отбѝйте вдя̀сно/вля̀во! [molja, otbijte wdjaßno/wljawo!]

Öffnen Sie bitte den Kofferraum/diesen Koffer!
Отворѐте, мо̀ля, бага̀жника/то̀зи ку̀фар!
[otworete, molja, bagaschnika/tosi kufar!]

Muss ich das verzollen?
Тря̀бва ли да платя̀ мито̀ за това̀? [trjabwa li da platja mito sa towa?]

Personalien

Familienname	фамѝлно ѝме [familno ime]
Familienstand	семѐйно положѐние [ßemejno poloschenie]
ledig	разведѐн *m*/разведѐна *f* [rasweden/raswedena]
verheiratet	жѐнен *m*/омъ̀жена *f* [schenen/oməschena]
verwitwet	вдовѐц *m*/вдовѝца *f* [wdowez/wdowiza]
Geburtsdatum	да̀та на ра̀ждане [data na raschdane]
Geburtsname	со̀бствено ѝме [ßopßtweno ime]
Geburtsort	мя̀сто на ра̀ждане [mjaßto na raschdane]
Personalien	лѝчни да̀нни [litschni danni]
Staatsangehörigkeit	гра̀жданство [graschdanßtwo]
Vorname	со̀бствено ѝме [ßopßtweno ime]
Wohnort	местожѝтелство [meßtoschitelßtwo]

Grenze

Ausreise	излѝзане [islisane]
Einreise	влѝзане [wlisane]
EU-Bürger	гра̀жданин на ЕС [graschdanin na e ßə]

Führerschein	шофьо̀рска кнѝжка [schofjorßka knischka]
Grenze	гра̀ница [graniza]
Grenzübergang	гранѝчен пропуска̀телен пункт [granitschen propußkatelen punkt]
gültig	валѝден [waliden]
internationaler Impfpass	междунаро̀ден имунизацио̀нен сертифика̀т [meschdunaroden imunisazionen ßertifikat]
Nationalitätskennzeichen	знак за национа̀лна принадлѐжност [snak sa nazionalna prinadleschnoßt]
Nummernschild	но̀мер (на автомобѝл) [nomer (na aftomobil)]
Passkontrolle	паспо̀ртна провѐрка [paßportna prowerka]
Personalausweis	лѝчна ка̀рта [litschna karta]
Reisepass	междунаро̀ден паспо̀рт [meschdunaroden paßport]
grüne Versicherungskarte	зелѐна (застрахова̀телна) ка̀рта [selena saßtrachowatelna) karta]
Visum	вѝза [wisa]
Zoll	мито̀ [mito]
zollfrei	безмѝтен [besmiten]
Zollgebühren	мѝтническа та̀кса [mitnitscheßka takßa]
zollpflichtig	подлежа̀щ на обмитя̀ване [podleschascht na obmitjawane]

Auto und Motorrad

Reisewege, Vorschriften …

Auf-/Abfahrt	ѝзход за магистра̀ла/отбѝвка от магистра̀ла [ißchot sa magißtrala/otbifka ot magißtrala]
Ausfahrt	ѝзход [ißchot]
Autobahn	(а̀вто)магистра̀ла [(afto)magißtrala]
Autobahngebühr	та̀кса за пъту̀ване по а̀втомагистра̀ла [takßa sa pətuwane po aftomagißtrala]
Bußgeld	гло̀ба [globa]
Einfahrt	вход [fchot]
Hauptstraße	гла̀вен път [glawen pət]
Landstraße	шосѐ [schoße]
Nebenstraße	страни̇чна у̀лица [ßtranitschna uliza]
Promillegrenze	гра̀ница на алкохо̀лното съдържа̀ние в кръвта̀ [graniza na alkocholnoto ßədərschanie f krəfta]
Radarkontrolle	ра̀дарен контро̀л [radaren kontrol]

Rastplatz	мя̀сто за почѝвка [mjaßto sa potschifka]
Raststätte	крайпъ̀тно заведѐние [krajpətno sawedenie]
Schnellstraße	скòростна магистрàла [ßkoroßtna magißtrala]
Stau	задръ̀стване [sadrəßtwane]
Straßenbenut- zungsgebühr	пъ̀тна тàкса [pətna takßa]
trampen	пътỳвам на àвтостòп [pətuwam na aftoßtop]
Tramper	пътỳващ на àвтостòп [pətuwascht na aftoßtop]
Wegweiser	пътепоказàтел [pətepokasatel]

Hinweise und Informationen

У = учебен	Anfänger
внимание, деца на пътя	auf Schulkinder achten
не паркирай – гараж	Ausfahrt frei halten
изход за магистрала	Autobahnausfahrt
строителен обект	Baustelle
влизането забранено	Einfahrt verboten
край на забранената за паркиране зона	Ende des Parkverbots
опасност	Gefahr
опасни завои	gefährliche Kurve
спирането забранено	Halteverbot
високо напрежение	Hochspannung
болница	Krankenhaus
зона за кратък престой	Kurzparkzone
карай бавно	langsamer fahren
камион	Lastwagen
пътна помощ	Pannenhilfe, Straßenwacht
паркинг	Parkplatz
паркирането забранено	Parkverbot
отбий вдясно (вляво)	Rechts (Links) fahren
задънена улица	Sackgasse
лош път	schlechte Fahrbahn
хлъзгав път	Schleudergefahr
опасност от срутване	starkes Gefälle
изпреварването забранено	Überholen verboten
обиколен път	Umgehungsstraße
отбивка	Umleitung
внимание	Vorsicht
пешеходна пътека	Zebrastreifen

An der Tankstelle

Wo ist bitte die nächste Tankstelle?
Извинèте, къдè се намѝра нàй-блѝзката бензиностàнция?
[iswinete, kəde ße namira naj-blißkata bensinoßtanzija?]

Ich möchte … Liter
Ѝскам … лѝтра [ißkam … litra]

    Benzin (bleifrei).
    бензѝн (безолòвен). [bensin (besolowen).]

    Super (bleifrei).
    сỳпер (безолòвен). [ßuper (besolowen).]

    Superplus.
    сỳперплюс. [ßuperpljuß.]

    Diesel.
    дѝзел. [disel.]

Super bitte, für 20 Lewa.
Сỳпер, мòля, за·20 лèва. [ßuper, molja, sa dwajßet lewa.]

Voll tanken, bitte!
Напълнèте догòре, мòля! [napəlnete dogore, molja!]

Würden Sie bitte den Ölstand prüfen?
Ще провèрите ли маслòто? [schte prowerite li maßloto?]

Ich hätte gern eine Straßenkarte dieser Gegend.
Ѝмате ли пътна кàрта на тòзи райòн?
[imate li pətna karta na tosi rajon?]

Parken

Entschuldigen Sie bitte, gibt es hier in der Nähe eine Parkmöglichkeit?
Извинèте, къдè тук наблѝзо мòже да се паркѝра?
[iswinete, kəde tuk nabliso mosche da ße parkira?]

Kann ich den Wagen hier abstellen?
Мòга ли да остàвя колàта си тук? [moga li da oßtawja kolata ßi tuk?]

Ist der Parkplatz bewacht?
Пàркингът охранявàн ли е? [parkingət ochranjawan li e?]

Wie hoch ist die Parkgebühr pro Stunde?
Кòлко е тàксата за паркѝране на час?
[kolko e takßata sa parkirane na tschaß?]

Ist das Parkhaus die ganze Nacht geöffnet?
Пàркингът денонòщен ли е? [parkingət denonoschten li e?]

Eine Panne

Ich habe eine Panne.
Стàна авàрия. [ßtana awarija.]

Gibt es hier in der Nähe eine Werkstatt?
Ѝма ли наблѝзо сервѝз? [ima li nabliso ßerwiß?]

Könnten Sie bitte für mich den Pannendienst anrufen?
Мòже ли да се обàдите вмèсто мен на пътна пòмощ?
[moschе li da ße obadite wmeßto men na pətna pomoscht?]

Würden Sie mir bitte einen Mechaniker/einen Abschleppwagen schicken?
Ще ми изпрàтите ли монтьòр/аварѝйна колà?
[schte mi ißpratite li montjor/awarijna kola?]

Könnten Sie mir mit etwas Benzin aushelfen?
Мòжете ли да ми услỳжите с мàлко бензѝн?
[moschete li da mi ußluschite ß malko bensin?]

Könnten Sie mir beim Reifenwechsel helfen?
Мòжете ли да ми помòгнете да сменя̀ гỳмата?
[moschete li da mi pomognete da ßmenja gumata?]

Würden Sie mich bis zur nächsten Werkstatt mitnehmen?
Ще ме закàрате ли до нàй-блѝзкия сервѝз?
[schte me sakarate li do naj-blißkija ßerwiß?]

Abschleppdienst	пътна пòмощ [pətna pomoscht]
abschleppen	изтèглям [ißtegljam]
Abschleppseil	теглѝч [teglitsch]
Abschleppwagen	аварѝйна колà [awarijna kola]
Benzinkanister	тỳба за бензѝн [tuba sa bensin]
Ersatzrad	резèрвна гỳма [reserwna guma]
Notrufsäule	аварѝен телефòн [awarien telefon]
Panne	авàрия [awarija]
Pannendienst	пътна пòмощ [pətna pomoscht]
Platten	спỳкана гỳма [ßpukana guma]
Starthilfekabel	контàктен кàбел за прехвъ̀рляне на ток [kontakten kabel sa prechwərljane na tok]
Wagenheber	крик [krik]
Warnblinkanlage	систèма за аварѝйни светлинѝ [ßißtema sa awarijni swetlini]
Warndreieck	аварѝен триъ̀гълник [awarien triəgəlnik]
Werkzeug	инструмèнти [inßtrumenti]

In der Werkstatt

Der Motor springt nicht an.
Моторът не иска да запали. [motorət ne ißka da sapali.]

Mit dem Motor stimmt was nicht.
Моторът не е наред. [motorət ne e naret.]

… ist/sind defekt.
… е дефектен/са дефектни. [e defekten/ßa defektni.]

Der Wagen verliert Öl.
От колата изтича масло. [ot kolata ißtitscha maßlo.]

Wann ist der Wagen/das Motorrad fertig?
Кога ще е готова колата?/Кога ще е готов моторът?
[koga schte e gotowa kolata?/koga schte e gotof motorət?]

Was wird es ungefähr kosten?
Колко приблизително ще струва това?
[kolko priblisitelno schte ßtruwa towa?]

Abblendlicht	къси светлини	[kəßi ßwetlini]
Alarmanlage	аларма	[alarma]
Anlasser	стартер	[ßtarter]
Auspuff	ауспух	[außpuch]
Automatik(getriebe)	автоматик	[aftomatik]
Benzinpumpe	помпа за бензин	[pompa sa bensin]
Blinklicht	мигач	[migatsch]
Bremse	спирачка	[ßpiratschka]
Bremsflüssigkeit	спирачно масло	[ßpiratschno maßlo]
Bremslichter	стопове	[ßtopowe]
Defekt	повреда	[powreda]
Fernlicht	дълги светлини	[dəlgi ßwetlini]
Frostschutzmittel	антифриз	[antifriß]
Gang	скорост	[ßkoroßt]
erster Gang	първа скорост	[pərwa ßkoroßt]
Leerlauf	празен ход	[prasen chot]
Rückwärtsgang	задна скорост	[sadna ßkoroßt]
Gaspedal	педал за газта	[pedal sa gaßta]
Getriebe	предавателен механизъм	[predawatelen mechanisəm]
Handbremse	ръчна спирачка	[rətschna ßpiratschka]
Hupe	клаксон	[klakßon]
Kofferraum	багажник	[bagaschnik]
Kühler	радиатор	[radiator]

UNTERWEGS

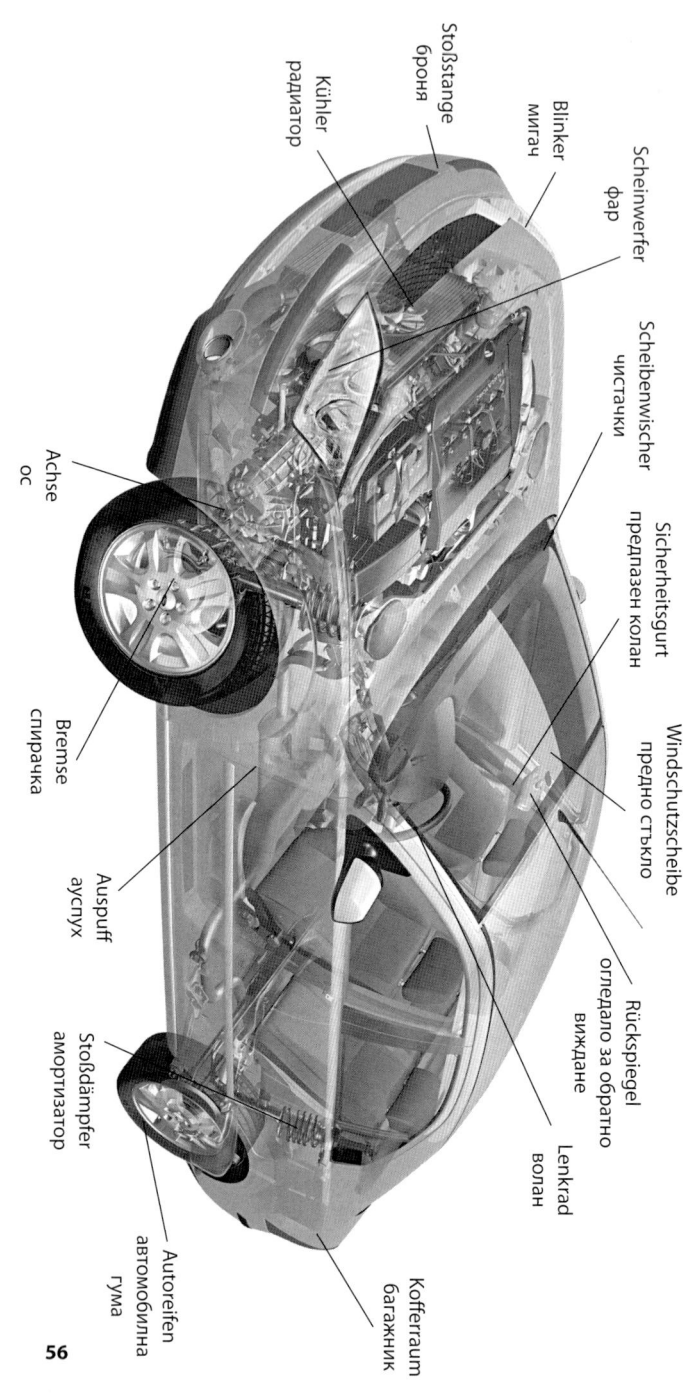

Kühlwasser	охладителна тѐчност [ochladitelna tetschnoßt]
Kupplung	съединител [ßedinitel]
Kurzschluss	късо съединѐние [kəßo ßedinenie]
Lichtmaschine	динàмо [dinamo]
Luftfilter	въздушен фѝлтър [wəsduschen filtər]
Motor	мотòр [motor]
Motorhaube	капàк (на двигàтеля) [kapak (na dwigatelja)]
Öl	маслò [maßlo]
Ölwechsel	смяна на маслòто [ßmjana na maßloto]
Rad	колелò [kolelo]
Reifen	гỳма [guma]
Rücklicht	зàдни светлинѝ [sadni ßwetlini]
Rückspiegel	огледàло за обрàтно вѝждане [ogledalo sa obratno wischdane]
Schaden	щетà [schteta]
Scheibenwischer	чистàчки [tschißtatschki]
Scheinwerfer	фàрове [farowe]
Schraube	болт [bolt]
Sicherheitsgurt	предпàзен колàн [pretpasen kolan]
Standlicht	габарѝти [gabariti]
Stoßstange	брòня [bronja]
Tachometer	километрàж [kilometrasch]
Tank	резервоàр [reserwoar]
Warnblinkanlage	систѐма за аварѝйни светлинѝ [ßißtema sa awarijni ßwetlini]
elektronische Wegfahrsperre	електрòнна бариѐра [elektronna bariera]
Werkstatt	сервѝз [ßerwiß]
Windschutzscheibe	прѐдно стъклò [predno ßtəklo]
Winterreifen	зѝмни гỳми [simni gumi]
Zündkerze	свѐщи [ßweschti]
Zündung	запàлване [sapalwane]

Verkehrsunfall

Ein Unfall ist passiert!
Стàна катастрòфа! [ßtana kataßtrofa!]

Sie haben die Vorfahrt nicht beachtet.
Не спàзихте предѝмството. [ne ßpasichte predimßtwoto.]

Sie haben nicht geblinkt.
Не дàдохте мигàч. [ne dadochte migatsch.]

UNTERWEGS

Rufen Sie bitte schnell …
Мо̀ля, повѝкайте … [molja, powikajte …]

> **einen Krankenwagen!**
> линѐйка! [linejka!]

> **die Polizei!**
> полѝция! [polizija!]

> **die Feuerwehr!**
> пожа̀рната! [poscharnata!]

Haben Sie Verbandszeug?
Имате ли превързо̀чен материа̀л? [imate li prewərsotschen material?]

Sie sind …
Вѝе … [wie …]

> **zu schnell gefahren.**
> ка̀рахте прекалѐно бъ̀рзо. [karachte prekaleno bərso.]

> **bei Rot über die Kreuzung gefahren.**
> мѝнахте на червѐно през кръсто̀вището.
> [minachte na tscherweno preß krəßrowischteto.]

Geben Sie mir bitte Ihren Namen und Ihre Anschrift.
Мо̀ля, да̀йте ми ѝмето и адрѐса си. [molja, dajte mi imeto i adreßა ßi.]

Vielen Dank für Ihre Hilfe!
Мно̀го ви благодаря̀ за помощта̀!
[mnogo wi blagodarja sa pomoschta!]

Auto-, Motorrad- und Fahrradvermietung

Sattel — седалка
Gangschaltung — смяна на скоростите
Lenker — кормило
Luftpumpe — въздушна помпа
Vorderlicht — преден фар
Rücklicht — заден фар
Bremse — спирачка
Schlauch (Reifen) — вътрешна гума
Nabe — главина
Mantel (Reifen) — външна гума
Kette — верига
Pedal — педал
Rad — колело
Speiche — спица

Ich möchte für zwei Tage/eine Woche … mieten.
Искам да наѐма за два дни/еднà сѐдмица …
[ißkam da naema sa dwa dni/edna ßedmiza …]

> **einen (Gelände-)Wagen**
> **джип.** [dschip.]
>
> **ein Motorrad**
> **мотòр.** [motor.]
>
> **einen Motorroller**
> **мòторòлер.** [motoroler.]
>
> **ein Mofa**
> **мотопѐд.** [motopet.]
>
> **ein Fahrrad**
> **колелò.** [kolelo.]

Wie viel kostet es pro Tag/Woche?
Кòлко стрỳва нàемът на ден/сѐдмица?
[kolko ßtruwa naemət na den/ßedmiza?]

Ist das einschließlich unbegrenzter Kilometerzahl?
Товà включва ли неогранѝчено колѝчество киломèтри?
[towa fkljutschwa li neogranitscheno kolitscheßtwo kilometri?]

Wie viel verlangen Sie pro gefahrenen Kilometer?
Кòлко взѝмате на киломèтър прòбег?
[kolko wsimate na kilometər probek?]

Ist das Fahrzeug vollkaskoversichert?
Превòзното срèдство има ли пълно àвтокàско?
[prewosnoto ßretßtwo ima li pəlno aftokaßko?]

Ist es möglich, das Fahrzeug in … abzugeben?
Мòга ли да върна превòзното срèдство в …?
[moga li da wərna prewosnoto ßretßtwo w …?]

Führerschein	шофьòрска книжка	[schofjorßka knischka]
hinterlegen	депозѝрам	[deposiram]
Kindersitz	дѐтска седалка	[detßka ßedalka]
Kaution	гарàнция	[garanzija]
Nierengurt	предпàзен колàн за кръста	[pretpasen kolan sa krəßta]
Papiere	докумèнти	[dokumenti]
Schiebedach	люк	[ljuk]
Sturzhelm	шлем	[schlem]
Teilkasko	àвтокàско	[aftokaßko]
grüne Versicherungskarte	зелèна (застраховàтелна) кàрта	[selena (saßtrachowatelna) karta]
Vollkasko	пълно àвтокàско	[pəlno aftokaßko]
Zündschlüssel	ключ за запàлването	[kljutsch sa sapalwaneto]

Flugzeug

Einen Flug buchen

Könnten Sie mir bitte sagen, wann die nächste Maschine nach … fliegt?
Мо̀жете ли да ми ка̀жете кога̀ е слѐдващият по̀лет за …?
[moschete li da mi kaschete koga e ßledwaschtijat polet sa …?]

Sind noch Plätze frei?
Ѝма ли свобо̀дни места̀? [ima li ßwobodni meßta?]

Ich möchte einen einfachen Flug nach …
Ѝскам еднопосо̀чен билѐт за … [ißkam ednopoßotschen bilet sa …]

Ich möchte einen Hin- und Rückflug nach … buchen.
Ѝскам да запа̀зя двупосо̀чен билѐт за …
[ißkam da sapasja dwupoßotschen bilet sa …]

Was kostet bitte der Flug Touristenklasse/1. Klasse?
Ко̀лко стру̀ва по̀летът с турѝстическа/пъ̀рва кла̀са?
[kolko ßtruwa poletət ß turißtitscheßka/pərwa klaßa?]

Raucher oder Nichtraucher?
Пуша̀чи или непуша̀чи? [puschatschi ili nepuschatschi?]

Ich möchte bitte …
Ѝскам … [iskam …]

> **einen Fensterplatz.**
> мя̀сто до прозо̀реца. [mjaßto do prosoreza.]
>
> **einen Platz am Gang.**
> мя̀сто до пътѐката. [mjaßto do pətekata.]

Ich möchte diesen Flug stornieren.
Ѝскам да анулѝрам то̀зи билѐт. [ißkam da anuliram tosi bilet.]

Ich möchte diesen Flug umbuchen.
Ѝскам да сменя̀ то̀зи по̀лет. [ißkam da ßmenja tosi polet.]

Am Flughafen

Wo ist bitte der Schalter der …-Fluggesellschaft?
Извинѐте, къдѐ е гишѐто на авиокомпа̀ния …?
[isiwinete, kəde e gischeto na awiokompanija …?]

Könnte ich bitte Ihren Flugschein sehen?
Мо̀га ли да поглѐдна билѐта ви? [moga li da pogledna bileta wi?]

Kann ich das als Handgepäck mitnehmen?
Мо̀га ли да взѐма това̀ като̀ ръ̀чен бага̀ж?
[moga li da wsema towa kato rətschen bagasch?]

An Bord

Könnten Sie mir bitte ein Glas Wasser bringen?
Ще ми донесѐте ли ча̀ша вода̀?
[Schte mi doneßete li tschascha woda?]

Könnte ich bitte noch ein Kissen/eine Decke haben?
Ще ми донесѐте ли още една̀ възгла̀вница/още еднò одея̀ло?
[schte mi doneßete li oschete edna wəsglawniza/oschte edno odejalo?]

Würde es Ihnen etwas ausmachen, mit mir den Platz zu tauschen?
Ѝмате ли нѐщо протѝв да си сменѝм места̀та?
[imate li neschto protif da ßi ßmenim meßtata?]

Ankunft

➢ auch Fundbüro
Mein Gepäck ist verloren gegangen.
Бага̀жът ми се изгу̀би. [bagaschət mi ße isgubi.]

Mein Koffer ist beschädigt worden.
Ку̀фарът ми е поврeдѐн. [kufarət mi e powreden.]

Wo fährt der Bus in Richtung … ab?
Откъдѐ тръ̀гва автобу̀сът за …? [otkəde trəgwa aftobußət sa …?]

➢ auch Eisenbahn

Abflug	заминàване	[saminawane]
Ankunft	пристѝгане	[prißtigane]
Ankunftszeit	час на пристѝгане	[tschaß na prißtigane]
Anschluss	врѐзка	[wrəßka]
Auslandsflug	международен пòлет	[meschdunaroden polet]
Bordkarte	бòрдна кàрта	[bordna karta]
einchecken	регистрѝрам се	[regißtriram ße]
Flug	пòлет	[polet]
Fluggesellschaft	àвиокомпàния	[awiokompanija]
Flughafen	летѝще	[letischte]
Flughafenbus	автобу̀с до летѝщето	[aftobuß do letischteto]
Flughafengebühr	летѝщна тàкса	[letischtna takßa]
Flugsteig	ѝзход	[ißchot]
Gepäck	багàж	[bagasch]
Gepäckabfertigung	регистрàция на багàжа	[regißtrazija na bagascha]
Gepäckausgabe	получàване на багàж	[polutschawane na bagasch]
Gepäckwagen	колѝчка за багàж	[kolitschka sa bagasch]
Inlandsflug	вътрешен пòлет	[wətreschen polet]
Landung	кàцане	[kazane]

Notausgang	аварѝен ѝзход [awarien ißchot]
Notlandung	аварѝйно кàцане [awarijno kazane]
Notrutsche	спасѝтелна (надуваема) пързàлка [ßpaßitelna (naduwaema) pərsalka]
Passagier	пътник *m*/пътничка *f* [pətnik/pətnitschka]
Pilot	пилòт [pilot]
Schwimmweste	спасѝтелна жилѐтка [ßpaßitelna schiletka]
Sicherheitsgebühr	застрахòвка [saßtrachofka]
Sicherheitskontrolle	провѐрка за безопàсност [prowerka sa besopaßnoßt]
Steward/ess	стюàрд *m*/стюардèса *f* [ßtjuart/ßtjuardeßa]
stornieren	анулѝрам [anuliram]
Terminal	терминàл [terminal]
Übergewicht	свръхбагàж [ßwrəchbagasch]
umbuchen	смѐням дàтата на билѐт [ßmenjam datata na bilet]
Verspätung	закъснѐние [sakəßnenie]
zollfreier Laden	безмѝтен магазѝн [besmiten magasin]
Zwischenlandung	междѝнно кàцане [meschdinno kazane]

Bahnfahrt

Fahrkarten kaufen

Zwei Karten nach …, einfach bitte.
Два еднопосòчни билèта за … мòля.
[dwa ednopoßotschni bileta sa … molja.]

2. Klasse/1. Klasse
втòра клàса/първа клàса [ftora klaßa/pərwa klaßa]

Nichtraucher/Raucher
непушàчи/пушàчи [nepuschatschi/puschatschi]

Bitte eine Rückfahrkarte nach …
Мòля, едѝн двупосòчен билèт за …
[molja, edin dwupoßotschen bilet sa …]

Gibt es eine Ermäßigung für Kinder/Studenten/Senioren?
Ѝма ли намалèние за децà/студèнти/пенсионèри?
[ima li namalenie sa deza/ßtudenti/penßioneri?]

Um wie viel Uhr habe ich in … Anschluss nach …?
В кòлко часà ще ѝмам връзка за … в …?
[f kolko tschaßa schte imam wrəßka sa … w …?]

Ich möchte gern zwei Nichtraucherplätze reservieren:
Искам да запазя две места за непушачи.
[ißkam da sapasja dwe meßta sa nepuschatschi.]

    am … um …Uhr
    на … в … часа [na … w … tschaßa]

    im Liegewagen
    в кушет-вагон [f kuschet-wagon]

    im Schlafwagen
    в спален вагон [f ßpalen wagon]

    im Speisewagen
    във вагон-ресторант [wəf wagon-reßtorant]

Gibt es einen Autoreisezug?
Има ли вагон, превозващ автомобили?
[ima li wagon, prewoswascht aftomobili?]

Wie oft muss ich da umsteigen?
Колко пъти трябва да се прекачвам?
[kolko pəti trjabwa da ße prekatschwam?]

Im Bahnhofsgebäude

Ich möchte diesen Koffer als Reisegepäck aufgeben.
Искам да дам този куфар на багаж.
[ißkam da dam tosi kufar na bagasch.]

Wo kann ich mein Fahrrad aufgeben?
Къде мога да дам велосипеда си на багаж?
[kəde moga da dam weloßipeda ßi na bagasch?]

Entschuldigen Sie bitte, von welchem Gleis fährt der Zug nach … ab?
Извинете, от кой коловоз тръгва влакът за …?
[iswinete, ot koj kolowoß trəgwa wlakət sa …?]

Der IC … aus … hat voraussichtlich 10 Minuten Verspätung.
Влакът … от … ще има десет минути закъснение.
[wlakət … ot … schte ima deßet minuti sakəßnenie.]

Im Zug

Ist dieser Platz noch frei?
Мястото свободно ли е? [mjaßtoto ßwobodno li e?]

Darf ich bitte das Fenster aufmachen/schließen?
Може ли да отворя/затворя прозореца?
[moschе li da otworja/satworja prosoreza?]

Entschuldigen Sie, ich glaube, das ist mein Platz.
Извинѐте, товà е мòето мя̀сто. [iswinete, towa e moeto mjaßto.]

Hier ist meine Platzreservierung.
Èто билèта ми за запàзено мя̀сто. [eto bileta mi sa sapaseno mjaßto.]

➢ **auch Flugzeug**

Abfahrt	заминàване [saminawane]
Abteil	купѐ [kupe]
Ankuft	пристѝгане [prißtigane]
Aufenthalt	престòй [preßtoj]
aussteigen	слѝзане [ßlisane]
Autoreisezug	вагòн превòзващ автомобѝли [wagon prewoswascht aftomobili]
Bahnhof	гàра [gara]
Begleitperson	придружѝтел [pridruschitel]
Bistrowagen	вагòн-ресторàнт [wagon-reßtorant]
EC (EuroCity)	ЕС (èвро сѝти) [e ßə (ewro ßiti)]
einsteigen	кàчване [katschwane]
entwerten	перфорѝрам [perforiram]
Ermäßigung	намалèние [namalenie]
Fahrkarte	билèт [bilet]
Fahrkartenkontrolle	кондỳктор [konduktor]
Fahrkartenschalter	(билèтно) гишè [(biletno) gische]
Fahrplan	разписàние [raßpißanie]
Fahrpreis	ценà [zena]
Fensterplatz	мя̀сто до прозòреца [mjaßto do prosoreza]
Gang	коридòр [koridor]
Gepäck	багàж [bagasch]
Gepäckaufbewahrung	гардерòб за багàж [garderob sa bagasch]
Gepäckschalter	багàжно отделèние [bagaschno otdelenie]
Gleis	коловòз [kolowoß]
Großraumwagen	вагòн без отдèлни купетà [wagon beß otdelni kupeta]
Hauptbahnhof	центрàлна гàра [zentralna gara]
IC (InterCity)/ICE (InterCityExpress)	ИС (ѝнтерсѝти)/ИСЕ (ѝнтерсѝти-експрèс) [i ßə (interßiti)/iße (interßiti-ekßpreß)]
Interrail	пътуване с намалèние по железопътните лѝнии на Еврòпа [pətuwane ß namalenie po schelesopətnite linii na ewropa]
Kinderfahrkarte	дèтски билèт [detßki bilet]
Liegewagenplatz	кушèт-вагòн [kuschet-wagon]

Minibar	мѝнибàр	[minibar]
Nichtraucherabteil	купѐ за непушàчи	[kupe sa nepuschatschi]
Platzreservierung	запазѐно мя̀сто	[sapaseno mjaßto]
Raucherabteil	купѐ за пушàчи	[kupe sa puschatschi]
Reservierung	резервàция	[reserwazija]
Rollstuhlfahrer/in	пътник с инвалѝдна колѝчка	[pǝtnik ß inwalidna kolitschka]
Rückfahrkarte	двупосо̀чен билèт	[dwupoßotschen bilet]
Schaffner/in	кондỳктор/ка	[konduktor/ka]
Schließfach	шкàфче	[schkaftsche]
Schwerbehinderte	инвалѝд	[inwalit]
Speisewagen	вагòн-ресторàнт	[wagon-reßtorant]
Wagennummer	номèр на вагòна	[nomer na wagona]
Wartesaal	чакàлня	[tschakalnja]
Werktag	рабòтен ден	[raboten den]
Zug	влак	[wlak]
Zugbegleiter/in	придружѝтел/ка	[pridruschitel/ka]
Zugbegleitpersonal	персонàл	[perßonal]
Zugchef/in	начàлник влак	[natschalnik wlak]
Zuschlag	доплàщане	[doplaschtane]

Hinweise und Informationen

разписание на влаковете	Fahrplanauskunft
тръгване/пристигане	Abfahrt/Ankunft
информация	Auskunft/Service-Point
служба за носачи	Gepäckträgerservice
дамска тоалетна	Damentoilette
мъжка тоалетна	Herrentoilette
заето/свободно	besetzt/frei
туристическа агенция	Reisezentrum/Reisebüro
стоянка за такси	Taxistand
метро/градска железница	U-Bahn/S-Bahn
шкафчета	Schließfächer
количка за багаж	Gepäckwagen/Trolley
чакалня	Wartesaal
полиция	Bahnpolizei

Schifffahrt

Auskunft

Könnten Sie mir bitte sagen, wann das nächste Schiff/die nächste Fähre nach … abfährt?
Мòжете ли да ми кàжете, когà трỳгва слèдващият кòраб/фèрибòт за …? [mo_sch_ete li da mi ka_sch_ete, koga trəgwa ßledwaschtijat korap/feribot sa …?]

Wie lange dauert die Überfahrt?
Кòлко трàе пътỳването? [kolko trae pətuwaneto?]

Wann legen wir in … an?
Когà ще пристѝгнем в …? [koga schte prißtignem w …?]

Wie lange haben wir in … Aufenthalt?
Кòлко ще трàе престòят в …? [kolko schte trae preßtojat w …?]

Ich möchte bitte …
Мòля, ѝскам … [molja, ißkam …]

    eine Schiffskarte nach …
    едѝн билèт за кòраба до … [edin bilet sa koraba do …]

    1. Klasse
    пъ̀рва клàса [pərwa klaßa]

    Touristenklasse
    туристѝческа клàса [turißtitscheßka klaßa]

    eine Einzelkabine
    единѝчна кабѝна [editschna kabina]

    eine Zweibettkabine
    двòйна кабѝна [dwojna kabina]

Ich möchte eine Karte für die Rundfahrt um … Uhr.
Ѝскам билèт за обикòлката в … часà.
[ißkam bilet sa obikolkata w … tschaßa.]

An Bord

Wo ist bitte der Speisesaal/der Aufenthaltsraum?
Извинèте, къдè е столовàта/каюткомпанѝята?
[iswinete, kəde e ßtolowata/kajutkompanijata?]

Ich fühle mich nicht wohl.
Не се чỳвствам добрè. [ne ße tschußtwam dobre.]

Könnten Sie bitte den Schiffsarzt rufen?
Извикайте корабния лекар, моля! [iswikajte korabnija lekar, molja!]

Könnten Sie mir bitte ein Mittel gegen Seekrankheit geben?
Моля, дайте ми лекарство за морска болест.
[molja, dajte mi lekarßtwo sa morßka boleßt.]

anlegen in	акостирам в [akoßtiram w]
Buchung	резервация [reserwazija]
Dampfer	параход [parachot]
Deck	палуба [paluba]
Fähre	ферибот [feribot]
Fahrkarte	билет [bilet]
Festland	суша [ßuscha]
Hafen	пристанище [prißtanischte]
Kabine	кабина [kabina]
Kai	кей [kej]
Kapitän	капитан [kapitan]
Kreuzfahrt	круиз [kruiß]
Küste	бряг [brjak]
Landausflug	слизане на сушата [ßlisane na ßuschata]
Luftkissenboot	надуваема лодка [naduwaema lotka]
Rettungsboot	спасителна лодка [ßpaßitelna lotka]
Rettungsring	спасителен пояс [ßpaßitelen pojaß]
Rundfahrt	екскурзия [ekßkursija]
Schwimmweste	спасителна жилетка [ßpaßitelna schiletka]
Seegang	морско вълнение [morßko wəlnenie]
seekrank sein	страдам от морска болест [ßtradam ot morßka boleßt]
Tragflügelboot	комета [kometa]

Nahverkehrsmittel

In Sofia kauft man die Fahrkarten in speziellen Kiosken an größeren Haltestellen (dort gibt es auch Ein- und Fünftageskarten), an Zeitungskiosken oder beim Fahrer. Es gibt nur einen Tarif. Die Fahrkarte entwertet man dann selbst. Wenn man umsteigt, braucht man wieder einen neuen Fahrschein. In anderen Städten fahren Schaffner mit, die den Fahrpreis kassieren.

Bitte, wo ist die nächste …
Извинѐте, къдѐ е нaй-блѝзката … [iswinete, kəde e naj-bližkata ...]

Bushaltestelle?
автобу̀сна спѝрка? [aftobußna špirka?]

Straßenbahnhaltestelle?
трамва̀йна спѝрка? [tramwajna špirka?]

U-Bahnstation?
метростaнция? [metroßtanzija?]

Welche Linie fährt nach …?
Кой нòмер пътỳва за …? [koj nomer pətuwa sa ...?]

Wann fährt die erste/letzte U-Bahn nach …?
В кòлко часà е пъ̀рвото/послѐдното метро̀ за …?
[f kolko tschaßa e pərwoto/poßlednoto metro sa ...?]

Entschuldigen Sie, ist das der Bus nach …?
Извинѐте, товà ли е автобу̀сът за …?
[iswinete, towa li e aftobußət sa ...?]

Wie viel Haltestellen sind es bis …?
Кòлко спѝрки ѝма до …? [kolko špirki ima do ...?]

Entschuldigen Sie, wo muss ich aussteigen/umsteigen?
Извинѐте, къдѐ трябва да сля̀за/да се прекачà?
[iswinete, kəde trjabwa da ßljasa/da ße prekatscha?]

Könnten Sie mir bitte Bescheid geben, wenn ich aussteigen muss?
Мòже ли да ми кàжете когà да сля̀за?
[mosche li da mi kaschete koga da ßljasa?]

Bitte, einen Fahrschein nach …
Едѝн билѐт за … мòля! [edin bilet sa ... molja!]

Abfahrt	тръ̀гване	[trəgwane]
Bus	автобу̀с	[aftobuß]
Busbahnhof	àвтогàра	[aftogara]
einsteigen	кàчвам се	[katschwam ße]
Endstation	послѐдна спѝрка	[poßledna špirka]
entwerten	перфорѝрам	[perforiram]
Fahrplan	разписàние	[raßpißanie]
Fahrpreis	ценà на билѐта	[zena na bileta]
Fahrschein	билѐт	[bilet]
Fahrscheinentwerter	апарàт за самотаксỳване	[aparat sa ßamotakßuwane]
Haltestelle	спѝрка	[špirka]
Kontrolleur	контрольòр	[kontroljor]

Mehrfahrtenkarte . .	кàрта за две и пòвече пътỳвания [karta sa dwe i powetsche pətuwanija]
Nahverkehrszug. . .	влак за къси разстояния [wlak sa kəßi raßtojanija]
Obus	тролèй [trolej]
Richtung	посòка [poßoka]
S-Bahn	грàдска желèзница [gratßka schelesniza]
Schaffner	кондỳктор [konduktor]
Stadtbus	грàдски автобỳс [gratßki aftobuß]
Straßenbahn	трамвàй [tramwaj]
Tageskarte	едноднèвна кàрта за пътỳване [ednodnewna karta sa pətuwane]
U-Bahn	метрò [metro]
Überlandbus	междусèлищен автобỳс [meschdußelischten aftobuß]
Wochenkarte	сèдмична кàрта [ßedmitschna karta]
Zahnradbahn	зъбчàта желèзница [səptschata schelesniza]

Taxi

Entschuldigen Sie bitte, wo ist denn der nächste Taxistand?
Извинèте, къдè е нàй-блìзката стоянка за таксì?
[iswinete, kəde e naj-blißkata ßtojanka sa takßi?]

Zum Bahnhof, bitte.
Към гàрата, мòля. [kəm garata, molja.]

Zum … Hotel, bitte.
Към хотèл … мòля. [kəm chotel … molja.]

In die …-Straße, bitte.
На … ỳлица, мòля. [na … uliza, molja.]

Nach … bitte.
За … мòля. [sa … molja.]

Wie viel kostet es nach …?
Кòлко ще стрỳва до …? [kolko schte ßtruwa do …?]

Könnten Sie bitte hier halten?
Мòже ли да спрèте тук? [moschhe li da ßprete tuk?]

Könnten Sie mir bitte eine Quittung ausstellen?
Мòжете ли да ми дадèте кàсова белèжка?
[moschhe li da mi dadete kaßowa beleschka?]

Das ist für Sie.
Товà е за вас. [towa e sa waß.]

anhalten	спѝрам [ßpiram]
anschnallen	слàгам предпàзен колàн [ßlagam pretpasen kolan]
Hausnummer	нòмер на блòка [nomer na bloka]
Kilometerpreis	ценà на киломѐтър [zena na kilometər]
Pauschalpreis	òбща ценà [opschta zena]
Quittung	кàсова белѐжка [kaßowa beleschka]
Sicherheitsgurt	предпàзен колàн [pretpasen kolan]
Taxifahrer/in	шофьòр на таксѝ [schofjor na takßi]
Taxistand	стоя̀нка за таксѝ [ßtojanka sa takßi]
Trinkgeld	бакшѝш [bakschisch]

Reisen mit Kindern

> **Kinder, Kinder ...**
> Einige Hotels in Bulgarien bieten eine Kinderbetreuung *(грижа за децата)* an und es gibt dort oft auch Wickelräume *(стаи за повиване)*. Man sollte vorher aber nachfragen. Für Fahr- und Eintrittskarten sind Kinderermäßigungen *(намаление за деца)* üblich.

Nützliche Fragen

Könnten Sie mir bitte sagen, ob es hier einen Kinderspielplatz gibt?
Мо̀же ли да ми ка̀жете, далѝ тук ѝма дѐтска площа̀дка?
[mosche li da mi kaschete, dali tuk ima detßka ploschtatka?]

Gibt es hier eine Kinderbetreuung?
Ѝма ли тук детегледа̀чки? [ima li tuk detegledatschki?]

Ab welchem Alter?
На каква̀ въ̀зраст тря̀бва да са деца̀та?
[na kakwa wəsraßt trjabwa da ßa dezata?]

Kennen Sie jemanden, der bei uns babysitten könnte?
Позна̀вате ли ня̀кой, ко̀йто мо̀же да глѐда детѐто ни?
[posnawate li njakoj, kojto mosche da gleda deteto ni?]

Haben Sie ein Babyfon?
Ѝмате ли бѐйбифо̀н? [imate li bejbifon?]

Gibt es eine Ermäßigung für Kinder?
Ѝма ли намалѐние за деца̀? [ima li namalenie sa deza?]

Könnten Sie mir bitte sagen, wo ich Windeln bekommen kann?
Мо̀же ли да ми ка̀жете, откъ̀де мо̀га да ку̀пя па̀мперси?
[mosche li da mi kaschete, otkəde moga da kupja pamperßi?]

Unterwegs

Wir reisen mit einem Kleinkind. Könnten wir Plätze ganz vorn bekommen?
Нѝе пъту̀ваме с ма̀лко детѐ. Мо̀же ли да ни дадѐте места̀ на̀й-отпрѐд?
[nie pətuwame ß malko dete. mosche li da ni dadete meßta naj-otpret?]

Haben Sie vielleicht Stifte und Papier/ein Malbuch?
Ѝмате ли мо̀ливи и хартѝя/блок за рису̀ване?
[imate li moliwi i chartija/blok sa rißuwane?]

Verleihen Sie Kinderautositze?
Да̀вате ли дѐтски седа̀лки под на̀ем?
[dawate li detßki ßedalki pod naem?]

Im Restaurant

Könnten Sie bitte noch einen Kinderstuhl bringen?
Ще донесѐте ли òще еднò дèтско стòлче?
[schte doneßete li oschte edno detßko ßtoltsche?]

Gibt es auch Kinderportionen?
Ѝма ли дèтски пòрции? [ima li detßki porzii?]

Könnten Sie mir bitte das Fläschchen warm machen?
Бѝхте ли ми стòплили бутѝлката? [bichte li mi ßtoplili butilkata?]

Könnten Sie mir bitte sagen, wo ich hier stillen kann?
Мòжете ли да ми кàжете, къдè мòга да накъ̀рмя детèто си?
[moschete li da mi kaschete, kəde moga da nakərmja deteto ßi?]

Babyfon	бèйбифòн	[bejbifon]
Babynahrung	хранà за бèбета	[chrana sa bebeta]
Babyschale	дèтска седàлка	[detßka ßedalka]
(fürs Auto)		
Babysitter	детегледàчка	[detegledatschka]
Junge	момчѐ	[momtsche]
Kinderbecken	дèтско корѝтце	[detßko koritze]
Kinderbett	дèтско леглò	[detßko leglo]
Kinderermäßigung	намалèние за децà	[namalenie sa deza]
Kinderkleidung	дèтски дрèхи	[detßki drechi]
Kindersitz	дèтска седàлка	[detßka ßedalka]
Kindersitzkissen	дèтска възглàвничка	[detßka wəsglawnitschka]
(fürs Auto)		
Mädchen	момѝче	[momitsche]
Malbuch	кнѝжка за рисỳване	[knischka sa rißuwane]
Mütze	шàпка	[schapka]
Planschbecken	плѝтък басèйн	[plitək baßejn]
Sandburg	пясъ̀чна кỳла	[pjaßətschna kula]
Sandkasten	пясъ̀чник	[pjaßətschnik]
Sauger	биберòн	[biberon]
Saugflasche	шишѐ с биберòн	[schische ß biberon]
Schnuller	биберòн	[biberon]
Schwimmflügel	надувàеми пòяси за ръцѐ	[naduwaemi pojaßi sa rəze]
Schwimmkurs	курс по плỳване	[kurß po pluwane]
Schwimmring	(надувàем) пòяс	[(naduwaem) pojaß]
Sonnenschutz	лосиòн протѝв слъ̀нце	[loßion protif ßlənze]
Spielplatz	дèтско игрѝще	[detßko igrischte]

REISEN MIT KINDERN

Spielsachen	играчки [igratschki]
Trinkflasche	шише за пиене [schische sa piene]
Vergnügungspark	увеселителен парк [uweßelitelen park]
Wickeltisch	маса за повиване [maßa sa powiwane]
Windeln	памперси [pamperßi]

Gesundheit

Könnten Sie mir bitte sagen, ob es hier einen Kinderarzt gibt?
Можете ли да ми кажете, дали тук има детски лекар?
[moschete li da mi kaschete, dali tuk ima detßki lekar?]

Mein Kind hat …
Детето ми има … [deteto mi ima …]

Es ist allergisch gegen …
Алергично е към … [alergitschno e kəm …]

Es hat erbrochen.
Повърна. [powərna.]

Es hat Durchfall.
Има диария. [ima diarija.]

Es ist gestochen worden.
Ужилено е. [uschileno e.]

Allergie	алергия [alergija]
Ausschlag	обрив [obrif]
Erkältung	настинка [naßtinka]
Fieber	температура [temperatura]
Impfpass	имунизационен картон [imunisazionen karton]
Insektenstich	ухапване [uchapwane]
Keuchhusten	магарешка кашлица [magareschka kaschliza]
Kinderkrankenhaus	детска болница [detßka bolniza]
Kinderkrankheit	детска болест [detßka boleßt]
Masern	морбили [morbili]
Mittelohr-entzündung	възпаление на средното ухо [wəßpalenie na ßrednoto ucho]
Mumps	заушка [sauschka]
Röteln	рубеола [rubeola]
Scharlach	шарка [scharka]
Schnupfen	хрема [chrema]
Windpocken	варицела [warizela]

Unterwegs mit Handicap

> **Immer mit Begleitperson dabei**
> Für Menschen mit Behinderungen ist das Reisen in Bulgarien sehr problematisch. Denn obwohl in den letzten Jahren immer öfter über vereinfachtes Reisen für Menschen mit Behinderungen gesprochen wird, hat sich nur wenig verändert. Wenn auch die Leute in Bulgarien sehr freundlich und hilfsbereit sind, so sollte man es doch vermeiden, ohne eine Begleitperson durch Bulgarien zu reisen.
> Der bulgarische Behindertenverband hat seinen Sitz in Stara Sagora in der K. Gantschev Str. 62.
> Fachkundige Auskünfte zum barrierefreien Reisen bietet der deutsche „Bundesverband Selbsthilfe Körperbehinderter e.V." kostenlos an unter **www.bsk-ev.de** oder per E-Mail: **reiseservice@bsk-ev.de**.

Ich bin …
Ѝмам … [imam …]

> **körperbehindert.**
> телèсни уврèждания. [teleßni uwreschdanija.]
>
> **sehbehindert.**
> уврèждане на зрèнието. [uwreschdane na srenieto.]

Ich habe eine Gehbehinderung.
Не мòга да хòдя. [ne moga da chodja.]

Ich habe multiple Sklerose.
Ѝмам склерòза. [imam ßklerosa.]

Unterwegs

Kann ich einen eigenen (faltbaren) Rollstuhl im Flugzeug mitnehmen?
Мòга ли да взèма в самолèта сòбствена (сгъвàема) инвалѝдна колѝчка? [moga li da wsema f ßamoleta ßopßtwena (ßgəwaema) inwalidna kolitschka?]

Wird ein Rollstuhl am Abflug-/Zielflughafen bereitgestellt?
Ще ѝма ли инвалѝдна колѝчка на летѝщето? [schte ima li inwalidna kolitschka na letischteto?]

Könnte ich einen Sitz am Gang haben?
Мòга ли да полỳча мàсто до пътèката? [moga li da polutscha mjaßto do pətekata?]

Gibt es eine Behindertentoilette?
Ѝма ли тоалèтна за инвалѝди? [ima li toaletna sa inwalidi?]

Gibt es einen Behindertenwaschraum?
Ѝма ли бàня за инвалѝди? [ima li banja sa inwalidi?]

Könnte mir jemand beim Umsteigen behilflich sein?
Мо̀же ли ня̀кой да ми помо̀гне при прека̀чването?
[mosche li njakoj da mi pomogne pri prekatschwaneto?]

Ist der Einstieg in die Wagen ebenerdig?
Вхо̀дът нара̀вно със земя̀та ли е? [fchodət narawno ßəß semjata li e?]

Gibt es Niederflurbusse?
Има ли автобу̀си, пригодѐни за инвалѝди?
[ima li aftobußi, prigodeni sa inwalidi?]

Gibt es für Körperbehinderte Leihwagen mit Handgas?
Има ли колѝ под на̀ем с ръ̀чно управлѐние за инвалѝди?
[ima li koli pod naem ß rətschno uprawlenie sa inwalidi?]

Vermieten Sie rollstuhlgerechte Wohnmobile?
Да̀вате ли под на̀ем карава̀ни, пригодѐни за инвалѝдни колѝчки?
[dawate li pod naem karawani, prigodeni sa inwalidni kolitschki?]

Kann man hier irgendwo Behindertenfahrräder leihen?
Мо̀же ли тук да се наѐмат велосипѐди за инвалѝди?
[mosche li tuk da ße naemat weloßipedi sa inwalidi?]

Unterkunft

Könnten Sie mir bitte Informationen senden, welche Hotels in … für Behinderte geeignet sind.
Мо̀жете ли да ми изпра̀тите информа̀ция, кой хотѐли в … са обору̀двани за инвалѝди? [moschete li da mi ißpratite informazija, koi choteli w … ßa oborudwani sa inwalidi?]

Könnten Sie mir bitte sagen, welche Hotels und Campingplätze behindertengerechte Einrichtungen haben?
Мо̀жете ли да ми ка̀жете, кой хотѐли и къ̀мпинги са обору̀двани за инвалѝди? [moschete li da mi kaschete, koi choteli i kəmpingi ßa oborudwani sa inwalidi?]

Was für einen Bodenbelag hat das Zimmer?
Какво̀ по̀дово покрѝтие ѝма стая̀та?
[kakwo podowo pokritie ima ßtajata?]

Museen, Sehenswürdigkeiten, Theater …

Ist die Ausstellung für Gehbehinderte über Aufzüge erreichbar?
Мо̀гат ли инвалѝдите със затруднѐния при хо̀денето да посетя̀т изложѐнието като̀ по̀лзват асансьо̀ра? [mogat li inwalidite ßəß satrudnenija pri chodeneto da poßetjat isloschenieto kato polswat aßanßjora?]

UNTERWEGS MIT HANDICAP

Gibt es spezielle Führungen für Behinderte/Stadtführungen für Gehörlose?

Има ли специàлни прогрàми за инвалѝди/разглèждане на градà за глухонèми? [ima li ßpezialni programi sa inwalidi/rasgleschdane na grada sa gluchonemi?]

Gibt es Museumsführungen/Theateraufführungen für Taubstumme/Blinde?

Има ли разглèждане на музèи/театрàлни постанòвки за глухонèми/слèпи? [ima li rasgleschdane na musei/teatralni poßtanofki sa gluchonemi/ßlepi?]

Auffahrtrampe	ràмпа за изкàчване [rampa sa ißkatschwane]
barrierefrei	без барièри [bes barieri]
Begleitperson	придружѝтел [pridruschitel]
Behindertenausweis	докумèнт за инвалѝдност [dokument sa inwalidnoßt]
behindertengerecht	пригодèн за инвалѝди [prigoden sa inwalidi]
Behindertenparkplatz	пàркинг за инвалѝди [parking sa inwalidi]
Behindertentoilette	тоалèтна за инвалѝди [toaletna sa inwalidi]
Behindertenverband	Съюз на инвалѝдите [ßəjuß na inwalidite]
blind	сляп [ßljap]
Blinde/r	слепèц [ßlepez]
Blindenhund	кỳче-водàч [kutsche-wodatsch]
Braille	Брàйлова àзбука [brailowa asbuka]
Breite	ширинà [schirina]
Duschsitz	седàлка за душ [ßedalka sa dusch]
ebenerdig	ràвен със земята [rawen ßəß semjata]
Einstiegshilfe	пòмощ при кàчването [pomoscht pri katschwaneto]
Epilepsie	епилèпсия [epilepßija]
Fahrdienst	слỳжба за прèвоз [ßluschba sa prewoß]
Flurbreite	ширинà на пòда [schirina na poda]
gehörlos	глух [gluch]
Gehörlose/r	глух/а [gluch/a]
geistig behindert	бàвноразвиващ се [bawnoraswiwascht ße]
Haltegriff	дръжка [drəschka]
Handbike	ръчно колелò [rətschno kolelo]
Handgas (Auto)	ръчно управлèние [rətschno uprawlenie]
Handlauf	перилà [perila]
Höhe	височинà [wißotschina]
hörgeschädigt	с увредèн слух [ß uwreden ßluch]
Kopfhörer	слушàлки [ßluschalki]

Körperbehinderung	инвалѝдност [inwalidnoßt]
Krücke	пàтерица [pateriza]
Lenkrad-Drehknopf (Auto)	бутòн за управлèние на волàна [buton sa uprawlenie na wolana]
pflegebedürftig	нуждàещ се от специàлни грѝжи [nuschdaescht ße ot ßpezialni grischi]
ambulante Pflegestation	амбулатòрно отделèние [ambulatorno otdelenie]
querschnittsgelähmt	парализѝран от гръбнàчния стълб надòлу [paralisiran ot grəbnatschnija ßtəlp nadilu]
Rampe	рàмпа [rampa]
Rollstuhl	инвалѝдна колѝчка [inwalidna kolitschka]
Elektrorollstuhl	електрѝческа инвалѝдна колѝчка [elektritscheßka inwalidna kolitschka]
Bordrollstuhl	бордовà инвалѝдна колѝчка [bordowa inwalidna kolitschka]
Faltrollstuhl	сгъвàема инвалѝдна колѝчка [ßgəwaema inwalidna kolitschka]
Rollstuhlfahrer	инвалѝд в колѝчка [inwalit f kolitschka]
rollstuhlgängiger Wagen (Zug)	вагòн достъпен за инвалѝдни колѝчки [wagon, doßtəpen sa inwalini kolitschki]
rollstuhlgerecht	пригодèн за инвалѝдна колѝчка [prigoden sa inwalidna kolitschka]
Rollstuhlkabine (Schiff)	кабѝна за инвалѝдна колѝчка [kabina sa inwalidna kolitschka]
Sanitäreinrichtungen	санитàрни съоръжèния [ßanitarni ßəorəschenija]
Schreibtelefon	телефòн за хòра с увредèн слух [telefon sa chora ß uwreden ßluch]
Schwerstbehinderte/r	инвалѝд *m u. f* [inwalit]
sehbehindert	с увредèно зрèние [ß uwredeno srenie]
Sehbehinderte/r	мъж *m*/женà *f* с увредèно зрèние [məsch/schena ß uwredeno srenie]
sozialer Hilfsdienst	социàлна пòмощ [ßozialna pomoscht]
Sozialstation	социàлна слу̀жба [ßozialna ßluschba]
Steigung	нанагòрнище [nanagornischte]
Stufe	стъ̀пало [ßtəpalo]
stufenloser Zugang	дòстъп без стъпалà [doßtəp beß ßtəpala]
stumm	ням [njam]
Taststock	бастỳн за хòра с увредèно зрèние [baßtun sa chora ß uwredeno srenie]
taub	глух [gluch]

UNTERWEGS MIT HANDICAP

taubstumm	глухоня̀м [gluchonjam]
Taubstumme/r	глухоня̀м/а [gluchonjam/a]
automatische Tür	автоматѝчна врата̀ [aftomatitschna wrata]
Türbreite	широчина̀ на врата̀та [schirotschina na wratata]
automatische Türöffnung	автоматѝчно отва̀ряне на врата̀та [aftomatitschno otwarjane na wratata]
Türschwelle	праг [prak]
Zeichensprache	езѝк на жѐстовете [esik na scheßtowete]
Zugänglichkeit	достъ̀пност [doßtəpnoßt]

Unterkunft

> **Wie man sich bettet …**
> Das Spektrum an Hotels reicht von luxuriösen 5-Sterne-Hotels bis zu bescheidenen Motels, die Preise und Leistungen variieren entsprechend. Wer sich im Urlaub selbst versorgen möchte, kann ein Apartment oder eine Villa mieten. Ein großes Netz an Herbergen, besonders in Wandergebieten, und zahlreiche Campingplätze am Meer bieten preiswerte Unterkünfte an.

Auskunft

Können Sie mir bitte … empfehlen?
Мòжете ли да ми препоръ̀чате … [mo<u>sch</u>ete li da mi preporətschate …]

    ein gutes Hotel
    добъ̀р хотѐл? [dobər chotel?]

    ein einfaches Hotel
    ѐвтин хотѐл? [eftin chotel?]

    eine Pension
    пансиòн? [panßion?]

    ein Privatzimmer
    чàстна квартѝра? [tschaßtna kwartra?]

Ist es zentral/ruhig/in Strandnähe gelegen?
На центрàлно/тѝхо мя̀сто ли се намѝра?/Блѝзо ли е до градà?
[na zentralno/ticho mjaßto li ße namira?/bliso li e do grada?]

Gibt es hier auch …
Тук ѝма ли съ̀що … [tuk ima li bəschto …]

    einen Campingplatz?
    къ̀мпинг? [kəmping?]

    eine Jugendherberge?
    туристѝчески дом за младѐжи? [turißtitscheßki dom sa mlade<u>sch</u>i?]

Hotel – Pension – Privatzimmer

An der Rezeption

Ich habe ein Zimmer reserviert. Mein Name ist …
Резервѝрал съм стàя. Кàзвам се … [reserwiral ßəm ßtaja. kaswam ße …]

Haben Sie noch … ein Zimmer frei?
Ѝмате ли свобòдна стàя … [imate li ßwobodna ßtaja …]

... für eine Nacht
за еднà нощ? [sa edna noscht?]

... für zwei Tage
за два дни? [sa dwa dni?]

... für eine Woche
за еднà сèдмица? [sa edna ßedmiza?]

Nein, leider nicht.
за съжалèние, не. [sa ßəs̲c̲h̲alenie, ne.]

Ja, was für ein Zimmer wünschen Sie?
Да, каквà стàя ìскате? [da, kakwa ßtaja ißkate?]

Ich hätte gern ...
Бих ìскал ... [bich ißkal ...]

ein Einzelzimmer
единìчна стàя. [editschna ßtaja.]

ein Doppelzimmer
двòйна стàя. [dwojna ßtaja.]

ein ruhiges Zimmer
тìха стàя. [ticha ßtaja.]

mit Dusche.
с душ. [ß dusch.]

mit Bad.
с бàня. [ß banja.]

mit Balkon./Terrasse.
с балкòн./терàса. [ß balkon./teraßa.]

mit Blick aufs Meer.
с ìзглед към морèто. [ß isglet kəm moreto.]

um Innenhof gelegen.
към вътрешния двор. [kəm wətreschnija dwor.]

Kann ich das Zimmer ansehen?
Мòга ли да вìдя стàята? [moga li da widja ßtajata?]

Kann ich bitte noch ein anderes sehen?
Мòга ли да вìдя и дрỳга стàя? [moga li da widja i druga ßtaja?]

Dieses Zimmer nehme ich.
Ще взèма тàзи стàя. [schte wsema tasi ßtaja.]

Könnten Sie bitte noch ein drittes Bett/ein Kinderbett dazustellen?
Мòжете ли да слòжите трèто леглò/дèтско леглò?
[mos̲c̲h̲ete li da ßlos̲c̲h̲ite treto leglo/detßko leglo?]

UNTERKUNFT

Was kostet das Zimmer mit …, bitte?
Кòлко стрỳва стàята … [kolko ßtruwa ßtajata …]

> **Frühstück?**
> със закỳска? [ßəß sakußka?]
>
> **Halbpension?**
> на полỳпансиòн? [na polupanßion?]
>
> **Vollpension?**
> на цял пансиòн? [na zjal panßion?]

Wollen Sie bitte den Anmeldeschein ausfüllen?
Ще попълните ли адрèсната кàрта?
[schte popəlnite li adreßnata karta?]

Darf ich Ihren Reisepass/Personalausweis sehen?
Мòже ли да вѝдя паспòрта ви/лѝчната ви кàрта?
[mosche li da widja paßporta wi/litschnata wi karta?]

Könnten Sie bitte mein Gepäck auf das Zimmer bringen lassen?
Мòже ли да занесèте багàжа ми до стàята?
[mosche li da saneßete bagascha mi do ßtajata?]

Wo kann ich den Wagen abstellen?
Къдè мòга да остàвя колàта? [kəde moga da oßtawja kolata?]

In unserer Garage.
В нàшия гарàж. [w naschija garasch.]

Auf unserem Parkplatz.
На нàшия пàркинг. [na naschija parking.]

Fragen und Bitten

Ab wann gibt es Frühstück?
От кòлко часà се сервѝра закỳската?
[ot kolko tschaßa ße ßerwira sakußkata?]

Wann sind die Essenszeiten?
В кòлко часà са обя̀дът и вечèрята?
[f kolko tschaßa ßa objadət i wetscherjata?]

Wo ist der Speisesaal?
Къдè е столовàта? [kəde e ßtolowata?]

Könnten Sie mich bitte morgen früh um 7 Uhr wecken?
Мòже ли да ме събỳдите ỳтре в сèдем часà?
[mosche li da me ßəbudite utre f ßedem tschaßa?]

Wie funktioniert …?
Как рабòти …? [kak raboti …?]

Würden Sie mir bitte … bringen?
Ще ми донесѐте ли … [schte mi doneßete li …]

> **ein Badetuch**
> хавлия? [chawlija?]

> **noch eine Decke**
> òще еднò одеяло? [oschte edno odejalo?]

Zimmernummer 24, bitte!
Стàя нòмер двàйсет и чѐтири, мòля!
[ßtaja nomer dwajßet i tschetiri, molja!]

Ist Post für mich da?
Има ли пòща за мен? [ima li poschta sa men?]

Wo kann ich …
Къдѐ мòга да … [kəde moga da …]

> **hier etwas trinken?**
> пѝя нѐщо? [pija neschto?]

> **ein Auto mieten?**
> наѐма колà? [naema kola?]

> **hier telefonieren?**
> телефонѝрам? [telefoniram?]

Kann ich meine Wertsachen bei Ihnen in den Safe geben?
Мòга ли да остàвя цѐнностите си във вàшия сѐйф?
[moga li da oßtawja zennoßtite ßi wəf waschija ßejf?]

Kann ich mein Gepäck hier lassen?
Мòга ли да остàвя багàжа си тук? [moga li da oßtawja bagascha ßi tuk?]

Beanstandungen

Das Zimmer ist heute nicht geputzt worden.
Днес стàята не е изчѝстена. [dneß ßtajata ne e istschißtena.]

Die Klimaanlage funktioniert nicht.
Климатѝкът не рабòти. [klimatikət ne raboti.]

Der Wasserhahn tropft.
Чешмàта кàпе. [tscheschmata kape.]

Es kommt kein (warmes) Wasser.
Няма (тòпла) водà. [njama (topla) woda.]

Die Toilette/Das Waschbecken ist verstopft.
Тоалѐтната/Мѝвката е запу̀шена. [toaletnata/mifkata e sapuschena.]

Ich hätte gern ein anderes Zimmer.
Бих ѝскал дру̀га стàя. [bich ißkal druga ßtaja.]

Abreise

Ich reise heute Abend/morgen um … Uhr ab.
Заминàвам довèчера/ỳтре в … часà.
[saminawam dowetschera/utre w … tschaßa.]

Bis wann müssen wir das Zimmer räumen?
До кòлко часà трябва да освободѝм стàята?
[do kolko tschaßa trjabwa da oßwobodim ßtajata?]

Könnten Sie bitte die Rechnung fertig machen?
Мòже ли да пригòтвите смèтката? [moschei da prigotwite ßmetkata?]

Nehmen Sie Kreditkarten?
Взѝмате ли крèдитни кàрти? [wsimate li kreditni karti?]

Könnten sie mir bitte ein Taxi rufen?
Ще ми повѝкате ли таксѝ? [schte mi powikate li takßi?]

Vielen Dank für alles! Auf Wiedersehen!
Мнòго ви благодаря за всѝчко! Довѝждане!
[mnogo wi blagodarja sa fßitschko! dowischdane!]

Abendessen . . . . вечèря [wetscherja]
Abfalleimer . . . . кòшче [koschtsche]
Anmeldung . . . . регистрàция [regißtrazija]
Aschenbecher . . . . . пепелнѝк [pepelnik]
Aufenthaltsraum . . . фоайè [foje]
Aufzug . . . . асансьòр [aßanßjor]
Badetuch . . . . хавлѝя [chawlija]
Badewanne . . . . вàна [wana]
Badezimmer . . . . . . бàня [banja]
Balkon . . . . балкòн [balkon]
Becher . . . . чàша [tschascha]
Bett . . . . леглò [leglo]
Bettdecke . . . . завѝвка [sawifka]
Bettwäsche . . . . спàлно бельò [ßpalno beljo]
Bidet . . . . бидè [bide]
Briefpapier . . . . хартѝя за писмà [chartija sa pißma]
Dusche . . . . душ [dusch]
Duschvorhang . . . . . завèса за бàня [saweßa sa banja]
Empfangshalle . . . . . рецèпция [rezepzija]
Etage . . . . етàж [etasch]
Fenster . . . . прозòрец [prosorez]
Fernseher . . . . телевѝзор [telewisor]
Fernsehraum . . . . . . телевизиòнна зàла [telewisionna sala]

Frühstück	закỳска [sakußka]
Frühstücksbüfett	закỳска на швѐдска мàса [sakußka na schwetßka maßa]
Frühstücksraum	столовà [ßtolowa]
Garage	гарàж [garasch]
Gedeck *(für das Frühstück)*	прѝбори [pribori]
Glas	стъ̀клена чàша [ßtəklena tschascha]
Glühbirne	крỳшка [kruschka]
Halbpension	полỳпансиòн [polupanßion]
Handbrause	ръ̀чен душ [rətschen dusch]
Handtuch	къ̀рпа [kərpa]
Hauptsaison	(актѝвен) сезòн [(aktiwen) ßeson]
Heizung	отоплѐние [otoplenie]
Kleiderbügel	закачàлка [sakatschalka]
Klimaanlage	климатѝк [klimatik]
Kopfkissen	възглàвница [wəsglawniza]
Lampe	лàмпа [lampa]
Licht	светлинà [ßwetlina]
Lichtschalter	(електрѝчески) ключ [(elektritscheßki) kljutsch]
Matratze	матрàк [matrak], дюшѐк [djuschek]
Minibar	мѝнибàр [minibar]
Mittagessen	обя̀д [objat]
Motel	мотѐл [motel]
Nachsaison	край на сезòна [kraj na ßesona]
Nachttisch	нòщна мàсичка [noschtna maßitschka]
Nachttischlampe	нòщна лàмпа [noschtna lampa]
Notizblock	тефтѐр [tefter]
Parkplatz	пàркинг [parkink]
Pension	пансиòн [panßion]
Portier	портиѐр [portier]
Preisliste *(z.B. für die Minibar)*	ценорàзпис [zenoraspiß]
Radio	рàдио [radio]
reinigen	почѝствам [potschißtwam]
reparieren	попрàвям [poprawjam]
Reservierung	резервàция [reserwazija]
Rezeption	рецѐпция [rezepzija]
Safe	сейф [ßejf]
Schiebetür	вратà на дỳша [wrata na duscha]
Schlüssel	ключ [kljutsch]

UNTERKUNFT

Deutsch	Bulgarisch	Transkription
Schrank	шкаф	[schkaf]
Schuhputzzeug	срѐдство за почѝстване на обу̀вки	[ßretßtwo sa potschißtwane na obufki]
Sessel	фотьо̀йл	[fotjol]
Speisesaal	столова̀	[ßtolowa]
Spiegel	огледа̀ло	[ogledalo]
Steckdose	конта̀кт	[kontakt]
Stecker	щѐпсел	[schtepßel]
Stuhl	стол	[ßtol]
Swimmingpool	басѐйн	[baßejn]
Terrasse	тера̀са	[teraßa]
Tisch	ма̀са	[maßa]
Toilette	тоалѐтна	[toaletna]
Toilettenpapier	тоалѐтна хартѝя	[toaletna chartija]
Transferbus	(фѝрмен) маршрутен автобу̀с	[(firmen) marschruten aftobuß]
Türcode	код на врата̀та на стаята	[kod na wratata na ßtajata]
Übernachtung	нощу̀вка	[noschtufka]
Ventilator	вентила̀тор	[wentilator]
Vollpension	пъ̀лен пансио̀н	[pəlen panßion]
Vorsaison	нача̀ло на сезо̀на	[natschalo na ßesona]
Waschbecken	мѝвка	[mifka]
Wäschewechsel	смя̀на на бельо̀	[ßmjana na beljo]
Wasser	вода̀	[woda]
kaltes Wasser	студѐна вода̀	[ßtudena woda]
warmes Wasser	то̀пла вода̀	[topla woda]
Wasserglas	во̀дна ча̀ша	[wodna tschascha]
Wasserhahn	чешма̀	[tscheschma]
Wolldecke	одея̀ло	[odejalo]
Zimmer	ста̀я	[ßtaja]
Zimmermädchen	камериѐрка	[kamerjerka]
Zimmertelefon	телефо̀н	[telefon]
Zwischenstecker	ада̀птор	[adaptor]

Ferienhäuser und Ferienwohnungen

Ist der Strom-/Wasserverbrauch im Mietpreis enthalten?
Стойността̀ на то̀ка/вода̀та влѝза ли в цена̀та на на̀ема?
[ßtojnoßtta na toka/wodata wlisa li f zenata na naema?]

Sind Haustiere erlaubt?
Позволѐно ли е вòденето на домàшни любѝмци?
[poswoleno li e wodeneto na domaschni ljubimzi?]

Wo befinden sich die Mülltonnen?
Къдѐ се намѝрат кòфите за боклỳк?
[kəde ße namirat kofite sa bokluk?]

Müssen wir die Endreinigung selbst übernehmen?
Нѝе ли трябва да почѝстим предѝ да тръгнем?
[nie li trjabwa da potschißtim predi da trəgnem?]

➢ auch Hotel – Pension - Privatzimmer

Anreisetag	ден на пристѝгане [den na prißtigane]
Apartment	апартамѐнт [apartament]
Bauernhof	сèлски имòт [ßelßki imot]
Bungalow	бунгàло [bungalo]
Endreinigung	почѝстване (предѝ заминàване) [potschißtwane (predi saminawane)]
Etagenbett	двуетàжно леглò [dwuetaschno leglo]
Ferienanlage	почѝвна стàнция [potschiwna ßtanzija]
Ferienhaus	вѝла [wila]
Geschirr	съдове [ßədowe]
Geschirrtuch	кърпа за чинѝи [kərpa sa tschinii]
Geschirrspülmaschine	миялна машѝна [mijalna maschina]
Hausbesitzer	сòбственик [ßopßtwenik]
Haustiere	домàшни любѝмци [domaschni ljubimzi]
Herd	пèчка (за гòтвене) [petschka (sa gotwene)]
Elektroherd	електрѝческа пèчка [elektritscheßka petschka]
Gasherd	гàзова пèчка [gasowa petschka]
Kaffeemaschine	кафевàрка [kafewarka]
Kochnische	(кỳхненски) бокс [(kuchnenßki) bokß]
Küche	кỳхня [kuchnja]
Kühlschrank	хладѝлник [chladilnik]
Miete	нàем [naem]
Mikrowelle	микровълнова пèчка [mikrowəlnowa petschka]
Müll	смет [ßmet], боклỳк [bokluk]
Nebenkosten	допълнѝтелни ràзходи [dopəlnitelni raßchodi]
Schlafcouch	(разгъвàем) дивàн [(rasgəwaem) diwan]
Schlafzimmer	спàлня [ßpalnja]
Schlüsselübergabe	предàване/дàване на ключовете [predawane/dawane na kljutschowete]
Strom	ток [tok]
Strompauschale	òбща тàкса за ток [opschta takßa sa tok]

UNTERKUNFT

Stromspannung....	(електри́ческо) напреже́ние [(elektritscheßko) napreschenie]
Studio.........	сту́дио [ßtudio]
Toaster.........	то̀стер [toßter]
vermieten.......	да̀вам под на̀ем [dawam pod naem]
Waschmaschine....	пера̀лня [peralnja]
Wasserverbrauch...	ра̀зход на вода̀ [raßchod na woda]
Wohnzimmer.....	хол [chol]
Zentralheizung....	центра̀лно отоплѐние [zentralno otoplenie]

Camping

Könnten Sie mir bitte sagen, ob es in der Nähe einen Campingplatz gibt?
Мо̀жете ли да ми ка̀жете, далѝ тук наблѝзо и́ма къ́мпинг?
[moschete li da mi kaschete, dali tuk nabliso ima kəmpink?]

Haben Sie noch Platz für einen Wohnwagen/ein Zelt?
И́мате ли мя̀сто за една̀ карава̀на/една палатка?
[imate li mjaßto sa edna karawana/edna palatka?]

Wie hoch ist die Gebühr pro Tag und Person?
Ко̀лко е днѐвната та̀кса на човѐк?
[kolko e dnewnata rakßa na tschowek?]

Wie hoch ist die Gebühr für …
Ко̀лко е та̀ксата за … [kolko e takßata sa …]

    das Auto?
    кола̀та? [kolata?]

    den Wohnwagen?
    карава̀ната? [karawanata?]

    das Wohnmobil?
    фурго̀на? [furgona?]

    das Zelt?
    пала̀тката? [palatkata?]

Vermieten Sie stationäre Wohnwagen?
Да̀вате ли под на̀ем стациона̀рни карава̀ни?
[dawate li pod naem ßtazionarni karawani?]

Wir bleiben … Tage/Wochen.
Ще стоѝм … дѐна/сѐдмици. [schte ßtoim … dena/ßedmizi.]

Gibt es hier Stromanschluss?
Тук и́ма ли конта̀кт за електрѝчество?
[tuk ima li kontakt sa elektritscheßtwo?]

Wo sind …
Къдѐ са … [kəde ßa …]

> **die Toiletten?**
> **тоалѐтните?** [toaletnite?]
>
> **die Waschräume?**
> **бàните?** [banite?]
>
> **die Duschen?**
> **дỳшовете?** [duschowete?]

Wo kann ich Gasflaschen umtauschen?
Къдѐ мòга да сменя̀ гàзови бутѝлки?
[kəde moga da ßmenja gasowi butilki?]

Ist der Campingplatz bei Nacht bewacht?
Охраня̀ва ли се къмпингът през нощтà?
[ochranjawa li ße kəmpingət pres noschta?]

Camping	къмпинг [kəmping]
Campingausweis	прòпуск за къмпинг [propußk sa kəmping]
Campingführer	кàрта на къмпингите [karta na kəmpingite]
Campingplatz	къмпинг [kəmping]
Gasflasche	гàзова бутѝлка [gasowa butilka]
Gaskartusche	флакòн за газ [flakon sa gaß]
Gaskocher	гàзов котлòн [gasof kotlon]
Geschirrspülbecken	мѝвка [mifka]
Hammer	чỳк [tschuk]
Hering	кòлче за палàтка [koltsche sa palatka]
Kocher	котлòн [kotlon]
Petroleumlampe	гàзена лàмпа [gasena lampa]
Propangas	пропàн [propan]
Steckdose	контàкт [kontakt]
Stecker	щèпсел [schtepßel]
Strom	ток [tok]
Stromanschluss	електрѝчески контàкт [elektritscheßki kontakt]
Trinkwasser	питèйна водà [pitejna woda]
Voranmeldung	предварително запѝсване [predwaritelno sapißwane]
Waschraum	бàня [banja]
Wäschetrockner	сушѝлня за дрèхи [ßuschilnja sa drechi]
Wasser	водà [woda]
Wasserkanister	бидòн (за водà) [bidon (sa woda)]
Wohnmobil	фургòн [furgon]

UNTERKUNFT

Wohnwagen	каравàна [karawana]
Zelt	палàтка [palatka]
zelten	на палàтка съм [na palatka ßəm]
Zeltschnur	въжè на палàтка [wəsche na palatka]
Zeltstange	рèйка [rejka]

> **Wo essen wir heute?**
> In Bulgarien gibt es eine große Auswahl an Gaststätten, in denen man gut essen und trinken kann:
> - **Ресторàнт** – Restaurant
> - **Крỳчма** – Kneipe
> - **Пицарѝя** – Pizzeria
> - **Бирàрия** – Bierhalle
> - **Механà** – rustikal eingerichtetes Lokal mit den typischen Gerichten der Region
> - **Гостѝлница** – Gaststätte
> - **Тавèрна** – volkstümliches Esslokal mit Livemusik
> - **Капàнче** – einfaches Straßenlokal mit Sitzplätzen nur im Freien
> - **Скàра-бѝра** – Bierlokal mit Grill
> - **Закусвàлня, Бърза закỳска, Баничàрница** – Imbissstube
> - **Кафенè** – Café
> - **Сладкàрница** – Konditorei

Essen gehen

Wo gibt es hier …
Къдè ѝма ... [kəde ima …]

ein gutes Restaurant?
добър ресторàнт? [dobər reßtorant?]

ein nicht zu teures Restaurant?
не мнòго скъп ресторàнт? [ne mnogo ßkəp reßtorant?]

einen Schnellimbiss?
закусвàлня? [sakußwalnja?]

Wo kann man hier in der Nähe gut/preiswert essen?
Къдè наблѝзо мòжем да хàпнем добрè/èвтино?
[kəde nabliso moschem da chapnem dobre/eftino?]

Im Restaurant

Ich möchte für heute Abend einen Tisch für 4 Personen reservieren.
Ѝскам да запàзя мàса за четирѝма за тàзи вèчер.
[ißkam da sapasja maßa sa tschetirima sa tasi wetscher.]

Ist dieser Tisch noch frei?
Тàзи мàса свобòдна ли е? [tasi maßa ßwobodna li e?]

Einen Tisch für zwei/drei Personen, bitte.
Еднà мàса за двàма/трѝма дỳши, мòля.
[edna maßa sa dwama/trima duschi, molja.]

Wo sind bitte die Toiletten?
Извинѐте, къдѐ е тоалѐтната? [iswinete, kəde e toaletnata?]

Darf ich rauchen?
Мо̀же ли да запа̀ля? [mosche li da sapalja?]

Bestellung

Es ist nicht üblich, das Personal mit „Herr Ober" oder Ähnlichem anzusprechen. Man macht auf sich aufmerksam, indem man **Мо̀же ли?** [mosche li?] *(Kann man?)* **Извинѐте!** [iswinete!] *(Entschuldigung!)* sagt.

Herr Ober/Bedienung, ...
Извинѐте, ... [iswinete, ...]

> **die Speisekarte, bitte!**
> **меню̀то, мо̀ля!** [menjuto, molja!]

> **die Getränkekarte, bitte!**
> **ка̀ртата с вина̀та, мо̀ля!** [kartata ß winata, molja!]

Was können Sie mir empfehlen?
Какво̀ ще ми препоръ̀чате? [kakwo schte mi preporətschate?]

Haben Sie vegetarische Gerichte/Diätkost?
Ѝмате ли вегетариа̀нски я̀стия/диетѝчна храна̀?
[imate li wegetarianßki jaßtija/dietitschna chrana?]

Gibt es auch Kinderportionen?
Ѝма ли дѐтски по̀рции? [ima li detßki porzii?]

Haben Sie schon gewählt?
Избра̀хте ли вѐче? [isbrachte li wetsche?]

Ich nehme ...
Ще взѐма ... [schte wsema ...]

Als Vorspeise/Hauptgericht/Nachtisch nehme ich ...
За предя̀стие/За осно̀вно/За десѐрт ще взѐма ...
[sa predjaßtie/sa oßnowno/sa deßert schte wsema ...]

Ich möchte keine Vorspeise, danke.
Не ѝскам предя̀стие, благодаря̀. [ne ißkam predjaßtie, blagodarja.]

Wir haben leider kein/e ... (mehr).
За съжалѐние ... свъ̀рши *sg***/свъ̀ршиха** *pl.*
[sa ßəschalenie ... ßwərschi/ßwərschicha.]

Dieses Gericht servieren wir nur auf Bestellung.
Товà ястие се приготвя сàмо по предварѝтелна заявка.
[towa jaßtie ße prigotvja ßamo po predwaritelna sajafka.]

Könnte ich statt … … haben?
Мòже ли вмèсто … да взèма …? [mosche li wmeßto … da wsema …?]

Ich vertrage kein/e … Könnten Sie das Gericht ohne … zubereiten?
Не ми понàся sg/понàсят pl … Мòже ли да приготвите ястието без …?
[ne mi ponaja/ponaßjat … mosche li da prigotwite jaßtieto beß …?]

Wie möchten Sie Ihr Steak haben?
Как ѝскате пържòлата? [kak ißkate pərscholata?]

> **gut durch**
> добрè изпèчена [dobre ißpetschena]
>
> **halb durch**
> полуѝзпèчена [poluißpetschena]
>
> **englisch**
> аланглè [alangle]

Was möchten Sie trinken?
Нèщо за пѝене? [neschto sa piene?]

Bitte ein Glas …
Чàша … мòля. [tschascha … molja.]

Bitte eine Flasche/eine halbe Flasche …
Еднà/Половѝн бутѝлка … мòля. [edna/polowin butilka … molja.]

Mit Eis, bitte.
С лед, мòля. [ß let, molja.]

Guten Appetit!
Добър апетѝт! [dobər apetit!]

Zum Wohl!
Наздрàве! [nasdrawe!]

Haben Sie noch einen Wunsch?
Ще желàете/ѝскате ли òще нèщо?
[schte schelaete/ißkate li oschte neschto?]

Bitte bringen Sie uns …
Донесèте ни … мòля. [doneßete ni … molja.]

Könnten Sie uns noch etwas Brot/Wasser/Wein bringen?
Мòже ли òще хляб/водà/вѝно?
[mosche li oschte chljap/woda/wino?]

Beanstandungen

Hier fehlt ein/e …
Тук лѝпсва едѝн *m*/еднà *f*/еднò *n* … [tuk lipßwa edin/edna/edno …]

Haben Sie mein/e … vergessen?
Забрàвихте ли мòя *m*/мòята *f*/мòето *n* …?
[sabrawichte li moja/mojata/moeto …?]

Das habe ich nicht bestellt.
Не съм поръ̀чвал товà. [ne ßəm porətschwal towa.]

Die Suppe ist kalt/versalzen.
Сỳпата е студèна/пресолèна. [ßupata e ßtudena/preßolena.]

Das Fleisch ist zäh/zu fett.
Месòто е жѝлаво/прекалèно тлъ̀сто.
[meßoto e schilawo/prekaleno tləßto.]

Der Fisch ist nicht frisch.
Рѝбата не е прясна. [ribata ne e prjaßna.]

Nehmen Sie es bitte zurück.
Вземèте товà обрàтно, мòля. [wsemete towa obratno, molja.]

Holen Sie bitte den Chef.
Повѝкайте упрàвителя, мòля. [powikajte uprawitelja, molja.]

Die Rechnung

Die Rechnung/Bezahlen, bitte!
Смèтката, мòля! [ßmetkata, molja!]

Bitte alles zusammen.
Всѝчко на еднà смèтка, мòля. [fßitschko na edna ßmetka, molja.]

Könnten Sie bitte getrennte Rechnungen machen?
Мòже ли да пригòтвите смèтката по отдèлно?
[mosche li da prigotwite ßmetkata po otdelno?]

Ist die Bedienung inklusive?
Обслỳжването влѝза ли в ценàта? [opßluschwaneto wlisa li f zenata?]

Die Rechnung scheint mir nicht zu stimmen.
Мѝсля, че ѝма грèшка в смèтката.
[mißlja, tsche ima greschka f ßmetkata.]

Das habe ich nicht gehabt. Ich hatte …
Не съм поръ̀чвал товà. Бях поръ̀чал …
[ne ßəm porətchwal towa. bjach porətschal …]

GASTRONOMIE

Hat es geschmeckt?
Хареса ли ви? [chareßa li wi?]

Das Essen war ausgezeichnet.
Яденето беше превъзходно. [jadeneto besche prewəßchodno.]

Das ist für Sie.
Товà е за Вас. [towa e sa waß.]

Es stimmt so.
Всичко е точно. Благодаря. [fßitschko e totschno. blagodarja.]

Café

In Bulgarien trinkt man gern Kaffee. Überall gibt es kleine Cafés, wo man zum Kaffee auch Gebäck oder ein Stück Torte essen kann.

Was trinken Sie?
Какво ще пиете? [kakwo schte piete?]

Einen frisch gepressten Orangensaft.
Един прясно изцеден портокалов сок.
[edin prjaßno ißzeden portokalof ßok.]

Ich hätte gern einen Tee mit Milch/mit Zitrone.
Бих искал чай с мляко/с лимон. [bich ißkal tschaj ß mljako/ß limon.]

Ich möchte einen Kaffee, bitte.
Едно кафе, моля. [edno kafe, molja.]

   … einen schwarzen Kaffee
   …нескафе […neßkafe]

   … einen Espresso
   еспресо […eßpreßo]

   … einen Milchkaffee
   …мляко с нес […mljako ß neß]

   … einen Kaffee mit Sahne
   …кафе със сметана […kafe ßəß ßmetana]

Ein Bier vom Fass, bitte.
Една наливна бира, моля. [edna naliwna bira, molja.]

Das ist meine Runde.
Аз черпя. [aß tscherpja.]

Das Gleiche noch einmal, bitte.
Още веднъж същото, моля. [oschte wednəsch ßəschtoto, molja.]

Was gibt es bei Ihnen zu essen?
Какво имате за ядене? [kakwo imate sa jadene?]

➢ **auch Lebensmittel**

Abendessen	вечѐря	[wetscherja]
alkoholfrei	безалкохо̀лен	[besalkocholen]
Aschenbecher	пепелнѝк	[pepelnik]
Besteck	прѝбори	[pribori]
Bestellung	поръ̀чка	[porətschka]
Diabetiker	диабетѝк	[diabetik]
Dressing	сос	[ßoß]
Essig	оцѐт	[ozet]
vom Fass	налѝвен	[naliwen]
Fleck	петно̀	[petno]
Frühstück	закỳска	[sakußka]
Gabel	вѝлица	[wiliza]
Gang	(пъ̀рво/вто̀ро/трѐто) ястие	[(pərwo/ftoro/treto) jaßtie]
Gedeck	прѝбори	[pribori]
Gericht	ястие	[jaßtie]
Getränk	напѝтка [napitka], питиѐ	[pitie]
Gewürz	подпра̀вка	[potprafka]
Glas	ча̀ша	[tschascha]
Wasserglas	во̀дна ча̀ша	[wodna tschascha]
Weinglas	ча̀ша за вѝно	[tschascha sa wino]
Gräte	рѝбена кост	[ribena koßt]
hart	твърд	[twərt]
Hauptspeise	осно̀вно ястие	[oßnowno jaßtie]
hausgemacht	дома̀шно приго̀твен	[domaschno prigotwen]
heiß	горѐщ	[gorescht]
hungrig sein	гла̀ден	[gladen]
Karaffe	ка̀на	[kana]
Kellner/in	кѐлнер/ка	[kelner/ka]
Ketschup	кѐтчуп	[kettschup]
Kinderteller	дѐтска чинѝя	[detßka tschinija]
Knochen	ко̀кал	[kokal]
Koch	готва̀ч	[gotwatsch]
Korkenzieher	отвара̀чка (за бутѝлки)	[otwaratschka (sa butilki)]
Löffel	лъжѝца	[ləschiza]
Teelöffel	ча̀ена лъжѝчка	[tschaena ləschitschka]
Mayonnaise	майонѐза	[majonesa]
Menü	меню̀	[menju]
Messer	нож	[nosch]

GASTRONOMIE

Mittagessen	обя̀д [objat]
Nachtisch	десѐрт [deßert]
Ober	кѐлнер [kelner]
Öl	о̀лио [olio]
Pfannengericht	я̀стие на тига̀н [jaßtie na tigan]
Pfeffer	пипѐр [piper]
Pfefferstreuer	чѐрен пипѐр [tscheren piper]
Portion	по̀рция [porzija]
Rost	ска̀ра [ßkara]
Salatbüfett	сала̀тен бюфѐт [ßalaten bjufet]
Salz	сол [ßol]
Salzstreuer	со̀лница [ßolniza]
Scheibe	рѐзен [resen]
Schonkost	лѐка храна̀ [leka chrana]
Schüssel	ку̀па [kupa]
Senf	горчѝца [gortschiza]
Serviette	салфѐтка [ßalfetka]
Soße	сос [ßoß]
Speisekarte	меню̀ [menju]
Spezialität	специалитѐт [ßpezialitet]
Strohhalm	сла̀мка [ßlamka]
Suppe	су̀па [ßupa]
Suppenteller	чинѝя за су̀па [tschinija sa ßupa]
Süßstoff	подсладѝтел [potßladitel]
Tagesgericht	я̀стие за деня̀ [jaßtie sa denja]
Tasse	(порцела̀нова) ча̀ша [(porzelanova) tschascha]
Untertasse	чинѝйка [tschinijka]
Teller	чинѝя [tschinija]
Tischtuch	покрѝвка [pokrifka]
Trinkgeld	бакшѝш [bakschisch]
trocken *(Wein)*	су̀хо [ßucho]
vegetarisch	вегетариа̀нски [wegetarianßki]
Vorspeise	предя̀стие [predjaßtie]
Wasser	вода̀ [woda]
würzen	подпра̀вям [potprawjam]
Zahnstocher	клѐчки за зъ̀би [kletschki sa səbi]
Zucker	за̀хар [sachar]

Zubereitung

durchgebraten	добрѐ изпѐчен [dobre ißpetschen]
gar	опѐчен [opetschen]
gebacken	изпѐчен [ißpetschen]
gebraten	пъ̀ржен [pərschen]
am Spieß	на шиш [na schisch]
vom Grill	на скàра [na ßkara]
in der Pfanne	на тигàн [na tigan]
gedämpft	на пàра [na para]
gedünstet	задушѐн [saduschen]
gefüllt	пъ̀лнен [pəlnen]
gekocht	сварѐн [ßwaren]
geräuchert	пу̀шен [puschen]
geröstet	препѐчен [prepetschen]
geschmort	задушѐн [saduschen]
mager	крѐхък [krechək]
roh	суро̀в [ßurof]
saftig	со̀чен [ßotschen]
sauer	кѝсел [kißel]
scharf	лют [ljut]
süß	слàдък [ßladək]
überbacken	запѐчен [sapetschen]
zäh	жѝлав [schilaf]
zart	крѐхък [krechək]

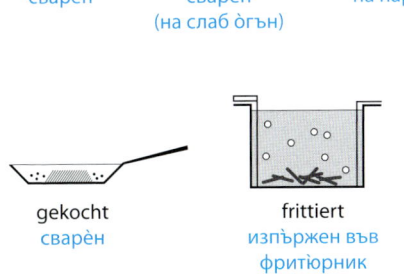

gekocht
сварѐн

gegart
сварѐн
(на слаб о̀гън)

gedämpft
на пàра

im Wasserbad
на во̀дна бàня

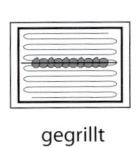

gekocht
сварѐн

frittiert
изпържен във
фритю̀рник

gegrillt
на грил

GASTRONOMIE

Ingwer
джинджифил [dschindschifil]

Knoblauch
чѐсън [tscheßən]

Zwiebel
лук [luk]

Dill
кòпър [kopər]

Lorbeer
дафѝнов лист
[dafinof lißt]

Rosmarin
рòзмарин
[rosmarin]

Majoran/Oregano
рѝган [rigan]

Koriander
кориàндър
[koriandər]

Petersilie
магданòз
[magdanoß]

Basilikum
босѝлек [boßilek]

Muskatnuss
индѝйско òрехче [indijßko orechtsche]

Chili
чѝли [tschili]

Peperoni
лю̀ти чу̀шки
[ljuti tschuschki]

Schnittlauch
див лук [dif luk]

Salbei
градѝнски чай
[gradinßki tschaj]

Kerbel
цѐлина [zelina]

Thymian
мѐщерка
[maschterka]

Bohnenkraut
чу̀брица
[tschubriza]

Liebstöckl
селѝм [ßelim]

Ich hätte gern ...
Бих ѝскал ...

Ich hätte gern ...
Бих ѝскал ...

Ich hätte gern ...
Бих ѝскал ...

Меню	**Speisekarte**

Предястия	**Vorspeisen**
Асорти [аßorti]	Vorspeisenteller (gemischt)
Кьопоолу [kjopolu]	kalte Auberginencreme
Лютеница [ljuteniza]	kalte Tomaten-Paprika-Creme
Маслини [maßlini]	Oliven
(лозови) сарми [(losowi) ßərmi]	gefüllte Weinblätter
Хайвер [chajwer]	weisse Fischeiercreme
Люти чушки [ljuti tschuschki]	Peperoni

Кисело мляко [kißelo mljako] (Joghurt) ist ein bulgarisches Nationalprodukt, das schon zur Zeit der Thraker entstand. Typisch für ihn sind die Milchsäurebakterien „lactobacterium bulgaricum", mit deren Hilfe die Frischmilch bei einer Temperatur von 40^0 bis 45^0 C fermentiert. So entsteht der einzigartige Geschmack des bulgarischen Joghurts.

Салати	**Salate**
Салата от домати [ßalata ot domati]	Tomatensalat
Салата от зеле (с моркови) [ßalata ot sele (ß morkowi)]	Krautsalat (mit Karotten)
Зелена салата [selena ßalata]	Grüner (gemischter) Salat
Италианска салата [italjanßka ßalata]	Italienischer Salat: Gemüse mit Majonöse, Schinken und Äpfel
Картофена салата [kartofena ßalata]	Kartoffelsalat
Мексиканска салата [mekßikanßka ßalata]	Mexikanischer Salat: Mais, gegrillte Paprika, Dill, etc.
Мешана салата [meschana ßalata]	Gemischter Salat: Gurke, Tomate etc.
Снежанка/млечна салата [ßneschanka/mletschna ßalata]	Tzatziki
Овчарска салата [oftscharßka ßalata]	Griechischer Salat: Gurke, Tomate, Weißkäse, Oliven, Pilze, Ei, gegrillte Paprik

GASTRONOMIE

Рỳска салàта [rußka ßalata]	Russischer Salat: Gemüse mit Majonäse und Schinken
Салàта от кр̀аставици [ßalata ot kraßtawizi]	Gurkensalat
Шòпска салàта [schopßka ßalata]	Schopska Salat: Gurke, Tomate, geriebener Weißkäse etc.

Сỳхи мезèта	**Kleine kalte Happen**
Кашкавàл [kaschkawal]	Hartkäse
Лукàнка [lukanka]	Hartwurst
Пастèт [paßtet]	Pastete
Пастърмà [paßtərma]	Dörrfleisch
Салàм [ßalam]	Wurst
Сѝрене [ßirene]	Weißkäse
Кòзе сѝрене [kose ßirene]	Ziegenkäse
Крàве сѝрене [krawe ßirene]	Kuhkäse
Òвче сѝрене [oftsche ßirene]	Schafskäse
Пỳшено сѝрене [puscheno ßirene]	geräucherter Käse
Суджỳк [ßudschuk]	flache Hartwurst

Сỳпи	**Suppen**
Боб чорбà [bop tschorba]	Bohnensuppe
Гъ̀бена сỳпа [gəbena ßupa]	Pilzsuppe
Домàтена сỳпа [domatena ßupa]	Tomatensuppe
Зèлева сỳпа [selewa ßupa]	Kohlsuppe
Зеленчỳкова сỳпа [selentschukowa ßupa]	Gemüsesuppe
Картòфена сỳпа [kartofena ßupa]	Kartoffelsuppe
Пѝлешка сỳпа [pileschka ßupa]	Hühnersuppe
Рѝбена сỳпа [ribena ßupa]	Fischsuppe
Сỳпа тòпчета [ßupa toptscheta]	Fleischklößchensuppe
Таратòр [tarator]	kalte Joghurtsuppe mit Gurke etc.
Шкембè чорбà [schkembe tschorba]	Rinder- oder Schweinebauchsuppe

Тòпли предя̀стия, Аламинỳти	**Warme Vorspeisen**
Бъ̀ркани яйцà (със сѝрене) [bərkani jajza (ßəß ßirene)]	Rührei (mit Weißkäse)

Гъби с масло [gəbi ß maßlo]	Pilze mit Butter
Макарони [makaroni]	Nudeln
Омлет [omlet]	Omelette
със сирене [ßəß ßirene]	mit Weißkäse
с кашкавал [ß kaschkawal]	mit Hartkäse
с гъби [ß gəbi]	mit Pilzen
с шунка [ß schunka]	mit Schinken
асорти [aßorti]	mit gemischten Zutaten
Сирене по шопски [ßirene po schopßki]	Weißkäse mit Tomate und Ei im Tontöpfchen gebacken
Спагети [ßpageti]	Spaghetti
Яйца на очи [jajza na otschi]	Spiegeleier

Карантия — Innereien

Агнешки дреболии [agneschki drebolii]	Lamminnereien
Дреболии асорти [drebolii aßorti]	Gemischte Innereien
Бъбреци [bəbrezi]	Nieren
Дробчета (пържени) [droptscheta (pərscheni)]	gebratene Leber
Език [esik]	Zunge
Дреболии [drebolii]	Innereien
с масло [ß maßlo]	mit Butter
натюр [natjur]	gekocht
пане [pane]	paniert
Мозък [mosək]	Hirn
Сърце [ßərze]	Herz

Постни ястия — Vegetarische Gerichte

Кашкавал пане [kaschkawal pane]	panierter Hartkäse
Пълнени чушки [pəlneni tschuschki]	gefüllte Paprika
с ориз [ß oriß]	mit Reis
Пържени тиквички [pərscheni tikwitschki]	gebratene Zucchini (mit Joghurt und Knoblauch)
Сирене пане [ßirene pane]	panierter Weißkäse
Тиквички с ориз [tikwitschki ß oriß]	Zucchini mit Reis

GASTRONOMIE

Мѐсни ястия	Fleischgerichte
Бифтѐк [biftek]	Beafsteak
Пàтица [patiza]	Ente
Филѐ (с гъ̀би) [file ß gəbi]	Filet (mit Pilzen)
Месò [meßo]	Fleisch
Гъ̀ска [gəßka]	Gans
Дроб-сармà [drop-ßarma]	gebackene Lamminnereien mit Reis
Пъ̀лнени чу̀шки (с орѝз и каймà) [pəlneni tschuschki (ß oriß i kajma)]	gefüllte Paprika mit Reis und Hackfleisch
Кавармà [kawarma]	Gulasch
Мусакà [mußaka]	Gemüseauflauf mit Kartoffeln und Hackfleisch
Кебàп [kebap]	Geschnetzeltes
Вѝнен кебàп [winen kebap]	Geschnetzeltes in Wein gedünstet mit Zwiebel und Reis
Дру̀сан кебàп [drußan kebap]	Geschnetzeltes mit Zwiebel
Гювèч [gjuwetsch]	eine Art Gulasch, das im Backofen gegart wird
Рулò Стефанѝ [rulo ßtefani]	Hackbraten mit Ei und Gurken gefüllt
Шнѝцел по виѐнски [schnizel po wienßki]	Hackbraten (paniert)
Врат [wrat]	Hals
Зàешко (месò) [saeschko (meßo)]	Hase
Пѝлешко (месò) [pileschko (meßo)]	Huhn
Тѐлешко (месò) [teleschko (meßo)]	Kalbfleisch
Бут [but]	Keule
Шол [schol]	Keule (ohne Knochen)
Зѐлеви сармѝ [selewi ßarmi]	Kohlrouladen
Пъ̀ржòла [pərschola]	Kotelette
Àгнешко (месò) [agneschko (meßo)]	Lammfleisch
Медальòн (с гъ̀би) [medaljon (ß gəbi)]	Medaillon
Пу̀йка [pujka]	Pute
Говèждо (месò) [goweschdo (meßo)]	Rindfleisch
Карѐ [kare]	Rippe
Òвнешко (месò) [owneschko (meßo)]	Schaffleisch
Свѝнско (месò) [ßwinßko (meßo)]	Schweinefleisch
Дѝвеч [diwetsch]	Wild

Скàра	**Grillgerichte**
Карнàче [karnatsche]	gewürzte Wurst am Holzspieß
Кебàпче [kebaptsche]	längliche Hackfleischfrikadelle
Кюфтè [kjufte]	gewürzte Hackfleischfrikadelle
Мèшана скàра [meschana ßkara]	gemischte Grillplatte
Нàденица [nadeniza]	Bratwurst
Пържòла [pərschola]	Kotelette
Нàденички [nadenitschki]	Würstchen
Шиш-кебàп [schisch-kebap]	Lammspieß
Шѝшче [schischtsche]	Schaschlik

Рѝба и мòрски дàрове	**Fisch und Meeresfrüchte**
Акỳла [akula]	Hai
Бяла рѝба [bjala riba]	Zander
Змийòрка [smijorka]	Aal
Калкàн [kalkan]	Scholle
Калмàри [kalmari]	Tintenfischringe
Скумрѝя [ßkumrija]	Makrele
Мѝди [midi]	Muscheln
Мòрска рѝба [morßka riba]	Seefisch
Октопòд [oktopot]	Tintenfisch
Омàр [omar]	Hummer
Паламỳд [palamut]	Bonito
Пъстърва [pəßtərwa]	Forelle
Рàци [razi]	Krebse
Рèчна рѝба [retschna riba]	Flussfisch
Рѝба [riba]	Fisch
Сафрѝд [ßafrit]	Stachelmakrele
Скарѝди [ßkaridi]	Garnelen
Сом [ßom]	Wels
Стрѝди [ßtridi]	Austern
Сьòмга [ßjomga]	Lachs
Рѝба тон [riba ton]	Thunfisch
Цàца [zaza]	Sprotte
Шарàн [scharan]	Karpfen

Гарнитỳри	**Beilagen**
Зрял боб [srjal bop]	weiße Bohnen
Варèни картòфи [wareni kartofi]	gekochte Kartoffeln
Грах [grach]	Erbsen
Зèле [sele]	Kraut
Карфиòл [karfjol]	Blumenkohl
Кѝсело зèле [kißelo sele]	Sauerkraut
Лèща [leschta]	Linsen
Орѝз [oriß]	Reis
Картòфено пюрè [kartofeno pjure]	Kartoffelpüree
Пържени картòфи (със сѝрене) [pərscheni kartofi (ßəß ßirene)]	Pommes frites (mit Weißkäse)
Спанàк [ßpanak]	Spinat
Зелèн боб [selen bop]	grüne Bohnen
Цàревица [zarewiza]	Mais

Десèрти	**Nachspeisen**
Баклавà [baklawa]	Blätterteig mit Zuckersirup
Крем карамèл [krem karamel]	Karamellpudding
Мèлба [melba]	Eis mit Früchten
Млякo с орѝз [mljako ß oriß]	Milchreis
Палачѝнка [palatschinka]	Pfannkuchen
с конфитю̀р [ß konfitjur]	mit Fruchtmus
с мармалàд [ß marmalat]	mit Marmelade
с мед [ß met]	mit Honig
с шоколàд [ß schokolat]	mit Schokoladensoße
Плодовè [plodowe]	Früchte
Рулò [rulo]	Biskuitrolle
Сладолèд [ßladolet]	Eis
ванѝлов [wanilof]	Vanilleeis
плòдов [plodof]	Fruchteis
сметàнов [ßmetanof]	Sahneeis
шоколàдов [schokoladof]	Schokoladeneis
Толу̀мбички [tolumbitschki]	Fettgebackenes mit Sirup
Тòрта [torta]	Torte
Гàраш [garasch]	Schokoladentorte
парфè [parfe]	Sahnecremetorte
плòдова [plodowa]	Obstsahnetorte
Щру̀дел [schtrudel]	Strudel
Ябълков пай [jabəlkof paj]	gedeckter Apfelkuchen

Закỳски	Imbisse
Бàница [baniza]	Blätterteiggebäck
със сѝрене [ßəß ßirene]	mit Weißkäse
със спанàк [ßəß ßpanak]	mit Spinat
с ябълки [ß jabəlki]	mit Äpfeln
Вàфла [wafla]	Waffel
Èклер [ekler]	Eclair
Кашкавàлка [kaschkawalka]	Hörnchen mit Käse
Кѝфла [kifla]	Hörnchen
с мармалàд [ß marmalat]	mit Marmelade
с шоколàд [ß schokolat]	mit Schokolade
Козунàк [kosunak]	Hefekuchen
Крèмвиршка [kremwirschka]	Hörnchen mit Würstchen
Кроасàн [kroaßan]	Croissant
Мèденка [medenka]	Lebkuchen mit Schokoladenguss
Мекѝца [mekiza]	Fettgebackenes
Пàста [paßta]	Törtchen
Пирòжка [piroschka]	Fettgebackenes mit einer Füllung
Сàндвич [ßandwitsch]	belegtes Brötchen
Сѝренка [ßirenka]	Hörnchen mit Weißkäse
Тѝквеник [tikwenik]	Brötchen mit einer Kürbisfüllung
Тỳтманик [tutmanik]	Brötchen mit einer Weißkäsefüllung
Хàмбургер [chamburger]	Hamburger
Целỳвки [zelufki]	Schaumgebäck

Ядки	Nüsse
Бадèми [bademi]	Mandeln
Кашỳ [kaschu]	(geschälte) Erdnüsse
Лèшници [leschnizi]	Haselnüsse
Òрехи [orechi]	Walnüsse
Слънчоглèдови сèмки [ßləntschogledowi ßemki]	Sonnenblumenkerne
Тѝквени сèмки [tikweni ßemki]	Kürbiskerne
Фъстъ̀ци [fəßtəzi]	Erdnüsse

GASTRONOMIE

Напѝтки	Getränke

Тòпли напѝтки — Heiße Getränke

Еспрèсо [еßpreßo]	Espresso
Кафè [kafe]	Kaffee
безкофеѝново [beßkofeinowo]	koffeinfreier Kaffee
двòйно [dwojno]	doppelter Kaffee
тỳрско [turßko]	türkischer Kaffee (mit Satz aufgekocht)
Млякò (с какàо/с нес) [mljako (ß kakao/ß neß)]	Milch (mit Kakao/ mit Instantkaffee)
Нèскафе [neßkafe]	Instantkaffee
Чай [tschaj]	Tee
бѝлков [bilkof]	Kräutertee
плòдов [plodof]	Früchtetee
чèрен [tscheren]	Schwarztee
Горèщ шоколàд [gorescht schokolat]	heiße Schokolade

Безалкохòлни напѝтки — Alkoholfreie Getränke

Газѝрана водà [gasirana woda], сòда [ßoda]	Tafelwasser (mit Kohlensäure)
Минерàлна водà [mineralna woda]	Mineralwasser
Кòла [kola]	Cola
Лимонàда [limonada]	Limonade
Сок [ßok]	Fruchtsaftgetränk
домàтен [domaten]	Tomatensaft
натурàлен [naturalen]	Fruchtsaft
портокàлов [portokalof]	Orangensaft
Тòник [tonik]	Tonic
Шèйк [schejk]	Mixgetränk
млèчен [mletschen]	Milchmixgetränk

Алкохòлни напѝтки — Alkoholische Getränke

Бѝра [bira]	Bier
бутилѝрана [butilirana]	in Flaschen
бълга̀рска [bəlgarßka]	bulgarisches

внòсна [wnoßna]	importiertes
в кутѝя [f kutija]	in Dosen
налѝвна [naliwna]	vom Fass
свèтла [ßwetla]	helles
тъ̀мна [təmna]	dunkles
Вермỳт [wermut]	Wermut
бял [bjal]	weißer
червèн [tscherwen]	roter
Вѝно [wino]	Wein
бя̀ло [bjalo]	Weißwein
налѝвно [naliwno]	offen
полусу̀хо [polußucho]	halbtrocken
сла̀дко [ßlatko]	süß
су̀хо [ßucho]	trocken
червèно [tscherweno]	Rotwein
Вòдка [wotka]	Wodka
българска [bəlgarßka]	bulgarischer
внòсна [wnoßna]	importierter
Джин [dschin]	Gin
Коктèйл [koktejl]	Cocktail
Коня̀к [konjak]	Cognak
Ликьòр [likjor]	Likör
Мастѝка [maßtika]	Anisschnaps
Мèнта [menta]	Pfefferminzlikör
Ракѝя [rakija]	Schnaps (Obstbrand)
грòздова [grosdowa]	Traubenschnaps
кайсѝева [kajßiewa]	Aprikosenschnaps
отлежàла [otleschala]	gelagerter Schnaps
плòдова [plodowa]	Obstler
слѝвова [ßliwowa]	Pflaumenschnaps
Ром [rom]	Rum
Уѝски [uißki]	Whisky
Шампа̀нско [schampanßko]	Sekt

Spirituosen werden nach Gramm ausgeschenkt: 50 g, 100 g etc. Wenn man *еднà ракѝя* [edna rakija] (einen Schnaps) bestellt, bekommt man 100 g – das entspricht fünf einfachen Schnäpsen in deutschen Lokalen. Auch *еднà мàлка ракѝя* [edna malka rakija] (ein kleiner Schnaps mit 40 g) ist mehr als ein deutscher doppelter Schnaps; *еднà двòйна ракѝя* [edna dwojna rakija] ein „doppelter Schnaps" ist mit 200 g ein Wasserglas voll.

Besichtigungen und Ausflüge

Ein Ausflug in die Geschichte …

Bulgarien hat eine sehr ereignisreiche Geschichte. Vor den Slawen lebten auf dem Gebiet des heutigen Bulgariens Thraker, Griechen, Römer und die so genannten Protobulgaren, ein Turkvolk, das sich später mit den Slawen vermischte und deren Sprache übernahm. Vom Ende des 14. Jahrhunderts bis zum russisch-türkischen Krieg 1878 war Bulgarien Teil des Osmanischen Reiches und existierte nicht als Staat. Die bulgarische Sprache und Kultur wurde im Wesentlichen in den orthodoxen Klöstern bewahrt. Bulgarien wurde als Staat erstmals 681 gegründet und um 864 christianisiert. Die ersten Hauptstädte waren Pliska und Preslav bei Schumen, später Veliko Tarnovo. Es gibt viele interessante Sehenswürdigkeiten, die viel über die Geschichte und Kultur der Bulgaren, ihre Sitten und Bräuche erzählen. Man sollte unbedingt die Aleksander-Nevski-Kathedrale in Sofia, das Batschkovo-Kloster im Rodopa-Gebirge, das Rila-Kloster im Rila-Gebirge und das Römische Theater in Plovdiv besuchen.

Im Fremdenverkehrsamt

Ich hätte gern einen Stadtplan von …
Ѝмате ли ка̀рта на …? [imate li karta na …?]

Haben Sie einen Veranstaltungskalender für diese Woche?
Ѝмате ли програ̀ма на културните събития за та̀зи сѐдмица?
[imate li programa na kulturnite ßəbitija sa tasi ßedmiza?]

Gibt es Stadtrundfahrten?
Провѐждат ли се (автобу̀сни) обико̀лки из града̀?
[proweschdat li ße (aftobußni) obikolki is grada?]

Was kostet denn die Rundfahrt, bitte?
Ко̀лко стру̀ва билѐтът за една̀ обико̀лка?
[kolko ßtruwa biletət sa edna obikolka?]

Sehenswürdigkeiten – Museen

Öffnungszeiten, Führungen, Eintrittskarten

Können Sie mir bitte sagen, welche Sehenswürdigkeiten es hier gibt?
Зна̀ете ли каквѝ забележѝтелности ѝма тук?
[znaete li kakwi sabeleschitelnoßti ima tuk?]

Sie müssen unbedingt … besichtigen/besuchen.
На всяка цена̀ тря̀бва да вѝдите/посетѝте …
[na fßjaka zena trjabwa da widite/poßetite …]

Wann ist das Museum geöffnet?
Когà рабòти музèят? [koga raboti musejat?]

Wann beginnt die nächste Führung?
Когà започва слèдващата обикòлка?
[koga sapotschwa ßledwaschtata obikolka?]

Gibt es auch eine Führung in Deutsch?
Ѝма ли екскурзовòд с нèмски езѝк? [ima li ekßkursowot ß nemßki esik?]

Darf man hier fotografieren?
Разрешèно ли е снѝманeто? [rasrescheno li e ßnimaneto?]

Zwei Eintrittskarten, bitte!
Два билèта, мòля! [dwa bileta, molja!]

Zwei Erwachsene und ein Kind.
Два за възрàстни и едѝн дèтски. [dwa sa wəsraßtni i edin detßki.]

Gibt es Ermäßigungen für …
Ѝма ли намалèние за … [ima li namalenie sa …]

> **Kinder?**
> **децà?** [deza?]
>
> **Studenten?**
> **студèнти?** [ßtudenti?]
>
> **Senioren?**
> **пенсионèри?** [penßioneri?]
>
> **Gruppen?**
> **грỳпи?** [grupi?]

Gibt es einen Katalog zur Ausstellung?
Ѝма ли каталòг на излòжбата? [ima li katalog na isloschbata?]

Besichtigung

Ist das …?
Товà ли е …? [towa li e …?]

Wann wurde dieses Gebäude erbaut/restauriert?
Когà е билà построèна/реставрѝрана тàзи сгрàда?
[koga e bila poßtroena/reßtawrirana tasi sgrada?]

Von wem ist dieses Bild?
На когò е тàзи картѝна? [na kogo e tasi kartina?]

Haben Sie das Bild als Poster/Postkarte/Dia?
Ѝмате ли я на плакàт/кàртичка/диапозитѝв?
[imate li ja na plakat/kartitschka/diapositif?]

BESICHTIGUNGEN UND AUSFLÜGE

Allgemeines

Besichtigung	посещѐние [poßeschtenie]
Fremdenführer/in	екскурзовòд/ка [ekßkursowot/ka]
Fremdenverkehrsamt	туристѝческо бюрò [turißtitscheßko bjuro]
Führung	обикòлка [obikolka]
Funde	нахòдки [nachotki]
Gasse	ỳличка [ulitschka]
Geburtsstadt	ро̀ден град [roden grat]
Geschichte	истòрия [ißtorija]
Haus	къща [kəschta]
Kaiser/in	имперàтор/императрѝца [imperator/imperatriza]
König/in	крал/кралѝца [kral/kraliza]
Kunst	изкỳство [ißkußtwo]
Markt	пазàр [pasar]
Museum	музѐй [musej]
Öffnungszeiten	рабòтно врѐме [rabotno wreme]
Park	парк [park]
rekonstruieren	реконструѝрам [rekonßtruiram]
Religion	релѝгия [religija]
restaurieren	реставрѝрам [reßtawriram]
Sehenswürdigkeiten	забележѝтелности [sabeleschitelnoßti]
Stadtrundfahrt	туристѝческа обикòлка [turißtitscheßka obikolka]
Stadtteil	квартàл [kwartal]
Stadtzentrum	цѐнтър [zentər]
Straße	ỳлица [uliza]
Überreste	остàнки [oßtanki]
Volkskundemuseum	етногрàфски музѐй [etnografßki musej]
Wachablösung	смя̀на на караỳла [ßmjana na karaula]
Wahrzeichen	запàзена мàрка [sapasena marka]

Architektur

Altar	олтàр [oltar]
Altstadt	стàрият град [ßtarijat grat]
Amphitheater	амфитеàтър [amfitjatər]
Archäologie	археолòгия [archeologija]
Architekt	архитѐкт [architekt]
Architektur	архитектỳра [architektura]
Arena	арѐна [arena]
Ausgrabungen	разкòпки [raßkopki]
Bauwerk	постròйка [poßtrojka]
Bogen	à̀рка [arka]

Brücke	мост [moßt]
Brunnen	кладенец [kladenez]
Burg	замък [samək]
Dach	покрив [pokrif]
Decke	таван [tawan]
Denkmal	паметник [pametnik]
Dom	катедрала [katedrala]
Fassade	фасада [faßada]
Fenster	прозорец [prosorez]
Festung	крепост [krepoßt]
Flügel	крило [krilo]
Friedhof	гробище [grobischte]
Gebäude	сграда [sgrada]
Gedenkstätte	мемориал [memorial]
Gewölbe	свод [ßwot]
Giebel	фронтон [fronton]
Grab	гроб [grop]
Grabmal	надгробен паметник [nadgroben pametnik]
Innenhof	вътрешен двор [wətreschen dwor]
Inschrift	надпис [natpiß]
Kanzel	амвон [amwon]
Kapelle	параклис [parakliß]
Kathedrale	катедрала [katedrala]
Kirche	църква [zərkwa]
Kirchturm	църковна камбанария [zərkowna kambanarija]
Kloster	манастир [manaßtir]
Krypta	крипта [kripta]
Kuppel	кубе [kube]
Markthalle	хали [chali]
Mauer	стена [ßtena]
Mausoleum	мавзолей [mawsolej]
Oper	опера [opera]
Palast	дворец [dworez]
Platz	площад [ploschtat]
Rathaus	кметство [kmetßtwo]
Ruine	руина [ruina]
Säule	колона [kolona]
Schatzkammer	съкровищница [ßəkrowischtniza]
Schloss	дворец [dworez]
Springbrunnen	фонтан [fontan]
Stadtmauer	градска стена [gratßka ßtena]
Tempel	храм [chram]
Theater	театър [tjatər]

BESICHTIGUNGEN UND AUSFLÜGE

Tor	пòрта [porta]
Turm	кỳла [kula]
Universität	университèт [uniwerßitet]
wieder aufbauen	построявам отнòво [poßtrojawam otnowo]

Bildende Künste

Akt	акт [akt]
Aquarell	акварèл [akwarel]
Ausstellung	излòжба [isloschba]
Bild	картѝна [kartina]
Bildhauer	скỳлптор [ßkulptor]
Bronze	бронз [bronß]
Exponat	експонàт [ekßponat]
Fotografie	фотогрàфия [fotografija]
Galerie	галèрия [galerija]
Gemälde	картѝна [kartina]
Glasmalerei	стъклопѝс [ßtəklopiß]
Goldschmiedekunst	златàрство [slatarßtwo]
Grafik	грàфика [grafika]
Holzschnitt	дърворезбà [dərworesba]
Keramik	керàмика [keramika]
Kopie	кòпие [kopie]
Kreuz	кръст [krəßt]
Kruzifix	разпя̀тие [raßpjatie]
Lithografie	литогрàфия [litografija]
Maler	худòжник [chudoschnik]
Malerei	живопѝс [schiwopiß]
Modell	модèл [model]
Mosaik	мозàйка [mosajka]
Original	оригинàл [original]
Plakat	плакàт [plakat]
Plastik	плàстика [plaßtika]
Porträt	портрèт [portret]
Porzellan	порцелàн [porzelan]
Radierung	гравю̀ра [grawjura]
Schnitzerei	дърворезбà [dərworesba]
Siebdruck	ситопечàт [ßitopetschat]
Skulptur	скỳлптура [ßkulptura]
Statue	стàтуя [ßtatuja]
Stillleben	натюрмòрт [natjurmort]
Töpferei	грънчàрство [grəntscharßtwo]
Torso	торс [torß]
Vase	вàза [wasa]
Zeichnung	скѝца [ßkiza]

Stilrichtungen und Epochen

antik	антѝчен	[antitschen]
Barock	барòк	[barok]
Blütezeit	разцвèт	[raßzwet]
Bronzezeit	брònзова епòха	[bronsowa epocha]
byzantinisch	византѝйски	[wisantijßki]
Christentum	християнство	[chrißtijanßtwo]
Dynastie	динàстия	[dinaßtija]
Epoche	епòха	[epocha]
Expressionismus	експресионѝзъм	[ekßpreßionisəm]
Gotik	гòтика	[gotika]
griechisch	грѣцки	[grəzki]
heidnisch	езѝчески	[esitscheßki]
Impressionismus	импресионѝзъм	[impreßionisəm]
Jahrhundert	век	[wek]
keltisch	кèлтски	[keltßki]
Klassizismus	класицѝзъм	[klaßizisəm]
Kubismus	кубѝзъм	[kubisəm]
Mittelalter	средновекòвие	[ßrednowekowie]
modern	модèрен	[moderen]
normannisch	нормàнски	[normanßki]
Protobulgaren	прàбългари	[prabəlgari]
Renaissance	ренесàнс	[reneßanß]
Rokoko	рококò	[rokoko]
Romanik	ромàнски стил	[romanßki ßtil]
Romantik	романтѝзъм	[romantisəm]
Steinzeit	кàменна èра	[kamenna era]
Stil	стил	[ßtil]
Surrealismus	сюрреалѝзъм	[ßjurealisəm]
Thraker	трàки	[traki]
vorgeschichtlich	прàисторически	[praißtoritscheßki]
Wiedergeburt	възраждане	[wəsra<u>sch</u>dane]

Ausflüge

Wann treffen wir uns?
Когà ще се срèщнем? [koga schte ße ßreschtnem?]

Kommen wir am/an … vorbei?
Ще мѝнем ли покрàй …? [schte minem li pokraj …?]

Besichtigen wir auch …?
Ще разглèдаме ли …? [schte rasgledame li …?]

Ausflug	изпет [islet]
Berg, Gebirge	планина [planina]
Bergdorf	планинско село [planinßko ßelo]
Botanischer Garten	ботаническа градина [botanitscheßka gradina]
Deich	дига [diga]
Felswand	отвесна скала [otweßna ßkala]
Fischerort	рибарско селище [ribarßko ßelischte]
Fluss	река [reka]
Freilichtmuseum	музей на открито [musej na otkrito]
Freizeitpark	лунапарк [lunapark]
Gipfel	връх [wrəch]
Grotte	малка пещера [malka peschtera]
Heide	поляна [poljana]
Höhle	пещера [peschtera]
Landschaft	пейзаж [pejsasch], местност [meßnoßt]
Lava	лава [lawa]
Leuchtturm	фар [far]
Markt	пазар [pasar]
Nationalpark	национален парк [nazionalen park]
Naturschutzgebiet	резерват [reserwat]
Pass	проход [prochot]
Quelle	извор [iswor]
Rundfahrt	обиколка [obikolka]
Schlucht	пропаст [propaßt]
See	езеро [esero]
Sternwarte	обсерватория [opßerwatorija]
Sumpf	блато [blato]
Tal	долина [dolina]
Tropfsteinhöhle	пещера със сталагтити и сталагмити [peschtera ßəß ßtalaktiti i ßtalagmiti]
Umgebung	околност [okolnoßt]
Vogelschutzgebiet	резерват за птици [reserwat sa ptizi]
Vulkan	вулкан [wulkan]
Wald	гора [gora]
Waldbrand	горски пожар [gorßki poschar]
Wallfahrtsort	свещено място [ßweschteno mjaßto]
Wasserfall	водопад [wodopat]
Wildpark	ловен парк [lowen park]
Zoo	зоологическа градина [soologitscheßka gradina]

Bade-, Aktiv- und Kreativurlaub

> **Sport**
> Die Möglichkeiten für Aktiv- oder Kreativurlaub sind nahezu unbegrenzt. Bergwandern ist besonders im Rila- und Piringebirge zu empfehlen. Wassersport kann man entlang der gesamten Küste des Schwarzen Meeres betreiben. Tennis ist sehr beliebt und es gibt viele öffentliche Anlagen. Die beliebteste Sportart in Bulgarien ist aber Fußball und die beliebtesten Fußballmanschaften sind ЦСКА *(ZSKA)* und ЛЕВСКИ *(LEVSKI)* aus Sofia.

Badeurlaub

Entschuldigen Sie bitte, gibt es hier ein ...
Извинѐте, тук ѝма ли ... [iswinete, tuk ima li ...]

Schwimmbad?
басѐйн? [baßejn?]

Freibad?
открѝт басѐйн? [otkrit baßejn?]

Hallenbad?
закрѝт басѐйн? [sakrit baßejn?]

Eine Eintrittskarte, bitte!
Едѝн билѐт, мо̀ля! [edin bilet, molja!]

Können Sie mir bitte sagen, wo die ... sind?
Бѝхте ли ми ка̀зали, къдѐ се намѝрат ...
[bichte li mi kasali, kəde ße namirat ...]

Duschen
дỳшовете? [duschowete?]

Umkleidekabinen
съблека̀лните? [ßəblekalnite?]

Nur für Schwimmer!
Са̀мо за плувцѝ! [ßamo sa plufzi!]

Hineinspringen verboten!
Ска̀чането забранѐно! [ßkatschaneto sabraneno!]

Baden verboten!
Къ̀пането забранѐно! [kəpaneto sabraneno!]

Gefährliche Strömung!
Опа̀сно течѐние! [opaßno tetschenie!]

Ist der Strand ...
Пла̀жът ... [plaschət ...]

sandig?
с пя̀сък ли е? [ß pjaßək li e?]

steinig?
каменѝст ли е? [kamenißt li e?]

Gibt es hier Seeigel/Quallen/Algen?
Ѝма ли тук мо̀рски таралѐжи/меду̀зи/водора̀сли?
[ima li tuk morßki taraleschi/medusi/wodoraßli?]

Ist die Strömung stark?
Сѝлно ли е течѐнието? [ßilno li e tetschenieto?]

Können Sie mir sagen, ob es für Kinder gefährlich ist?
Мо̀жете ли да ми ка̀жете, далѝ е опа̀сно за деца̀?
[moschete li da mi kaschete, dali e opaßno sa deza?]

Wann ist Ebbe/Flut?
Кога̀ е о̀тливът/прѝливът? [koga e otliwət/priliwət?]

Ich möchte … mieten.
Искам да наѐма … [ißkam da naema …]

    einen Liegestuhl
    шезло̀нг. [scheslonk.]

    einen Sonnenschirm
    чадъ̀р. [tschadər.]

    ein Boot
    ло̀дка. [lotka.]

    ein Paar Wasserski
    чифт во̀дни ски. [tschift wodni ßki.]

Was kostet das pro Stunde/pro Tag?
Ко̀лко стру̀ва на час/на ден? [kolko ßtruwa na tschaß/na den?]

Bademeister	спасител [ßpaßitel]
Beach-Volleyball	пла̀жен во̀лейбол [plaschen wolejbol]
FKK-Strand	нудистки плаж [nudißtki plasch]
Kinderbecken	плѝтък басѐйн [plitək baßejn]
Liegewiese	поля̀на [poljana]
Luftmatratze	дюшѐк [djuschek]
Planschbecken	плѝтък басѐйн (за деца̀) [plitək baßejn (sa deza)]
schwimmen	плу̀вам [pluwam]
Schwimmer	плувѐц [pluwez]
Schwimmflossen	пла̀вници [plawnizi]
Tretboot	во̀дно колѐло̀ [wodno kolelo]
Wasserski	во̀дни ски [wodni ßki]
Wasserski fahren	ка̀рам во̀дни ски [karam wodni ßki]
Wasserskooter	ску̀тер [ßkuter]

BADE-, AKTIV- UND KREATIVURLAUB

Aktivurlaub und Sport

Welche Sportmöglichkeiten gibt es hier?
Какви̏ възмо̀жности за спорту̀ване и̏ма тук? [kakwi wəsmoschnoßti sa ßportuwane ima tuk?]

Gibt es hier …
Й̏ма ли … [ima li …]

einen Golfplatz?
игри̏ще за голф? [igrischte sa golf?]

einen Tennisplatz?
игри̏ще за тѐнис? [igrischte sa teniß?]

Können Sie mir bitte sagen, wo man hier angeln/gut wandern kann?
Мо̀жете ли да ми ка̀жете, къдѐ мо̀же да се лови̏ ри̏ба/къдѐ мо̀же да се поразхо̀дя? [moschete li da mi kaschete, kəde mosche da ße lowi riba/kəde mosche da ße poraßchodja?]

Wo kann ich … ausleihen?
Къдѐ мо̀га да наѐма …? [kəde moga da naema …?]

Ich möchte einen …kurs für Anfänger/Fortgeschrittene machen.
Й̏скам да се запи̏ша в курс по … за начина̀ещи/напрѐднали. [ißkam da ße sapischa f kurß po … sa natschinaeschti/naprednali.]

Wassersport

Bootsführerschein	разреши̏телно за ка̀ране на ло̀дка [rasreschitelno sa karane na lotka]
Canyoning	спу̀скане с кану̀ по река̀ [ßpußkane ß kanu po reka]
Kanu	кану̀ [kanu]
Motorboot	мото̀рница [motorniza]
Paddelboot	грѐбна ло̀дка [grebna lotka]
paddeln	греба̀ [greba]
Rafting	ра̀фтинг [ratfink]
Regatta	рега̀та [regata]
Rückholservice	слу̀жба за приби̏ране на спу̀скащите се по река̀ [ßluschba sa pribirane na ßpußkaschtite ße po reka]
Ruder	гребло̀ [greblo]
Ruderboot	грѐбна ло̀дка [grebna lotka]
Rudern	грѐбане [grebane]
rudern	греба̀ [greba]
Schlauchboot	надува̀ема ло̀дка [naduwaema lotka]

Segelboot	платнохо̀дка [platnochotka]
Segeln	пла̀ване [plawane]
segeln	пла̀вам [plawam]
Segeltörn	пъту̀ване по морѐ [pətuwane po more]
Surfbrett	сърф [ßərf]
surfen	сърфѝрам [ßərfiram]
Windsurfen	сърфѝране [ßərfirane]
windsurfen	сърфѝрам [ßərfiram]
Windrichtung	посо̀ка на вя̀търа [poßoka na wjatəra]

Tauchen

Gerätetauchen	подво̀дно спу̀скане с апарату̀ра [podwodno ßpußkane ß aparatura]
Harpune	харпу̀н [charpun]
Neoprenanzug	водола̀зен костю̀м [wodolasen koßtjum]
Sauerstoffgerät	кислоро̀ден апара̀т [kißloroden aparat]
Schnorchel	шно̀рхел [schnorchel]
schnorcheln	плу̀вам под вода̀ с шно̀рхел [pluwam pod woda ß schnorchel]
tauchen	гму̀ркам се [gmurkam ße]
Taucherausrüstung	водола̀зна екипиро̀вка [wodolasna ekipirofka]
Taucherbrille	водола̀зни очила̀ [wodolasni otschila]

Angeln

Angel	въ̀дица [wədiza]
angeln	ловя̀ рѝба [lowja riba]
Angelschein	разрешѝтелно за риболо̀в [rasreschitelno sa ribolof]
Hochseeangeln	океа̀нски риболо̀в [okeanßki ribolof]
Schonzeiten	забранѐн сезо̀н (за лов) [sabranen ßeson (sa lof)]

Ballspiele

Ball	то̀пка [topka]
Basketball	ба̀скетбо̀л [baßketbol]
Fußball	фу̀тбол [futbol]
Fußballplatz	фу̀тболно игрѝще [futbolno igrischte]
Fußballspiel	фу̀тболен мач [futbolen matsch]
Halbzeit	полуврѐме [poluwreme]
Handball	ха̀ндбал [chandbal]

BADE-, AKTIV- UND KREATIVURLAUB

Mannschaft	отбо̀р [otbor]
Netz	мрѐжа [mre<u>sch</u>a]
Rugby	ръ̀гби [rəgbi]
Tor *(Schuss)*	гол [gol]
Tor *(Pfosten)*	врата̀ [wrata]
Torwart	врата̀р [wratar]
Volleyball	во̀лейбо̀л [wolejbol]

Tennis und Badminton

Badminton	ба̀дминтон [badminton]
Doppel	игра̀ по дво̀йки [igra po dwojki]
Einzel	единѝчна игра̀ [edinitschna igra]
Federball	фѐдербѐл [federbal]
Schläger	ракѐта [raketa]
Squash	скуо̀ш [ßkuosch]
Tennis	тѐнис [teniß]
Tennisschläger	ракѐта за тѐнис [raketa sa teniß]
Tischtennis	тѐнис на ма̀са [teniß na maßa]

Fitness- und Krafttraining

Aerobic	аеро̀бика [aerobika]
Bodybuilding	бо̀дибилдинг [bodibildink]
Fitnesscenter	фѝтнес цѐнтър [fitnes zentər]
Gymnastik	гимна̀стика [gimnaßtika]
joggen	бя̀гам [bjagam]
Jogging	джо̀гинг [d<u>sch</u>ogink]
Konditionstraining	трениро̀вки [trenirofki]
Stretching	каланѐтика [kalanetika]
Wirbelsäulen-gymnastik	упражнѐния за разтя̀гане на гръбна̀чния стълб [upra<u>sch</u>nenija sa raßtjagane na grəbnatschnija ßtəlp]

Wellness

Dampfbad	па̀рна ба̀ня [parna banja]
Massage	маса̀ж [maßasch]
Sauna	са̀уна [ßauna]
Schwimmbad	плу̀вен басѐйн [pluwen baßejn]
Solarium	сола̀риум [ßolarium]
Whirlpool	джаку̀зи [d<u>sch</u>akusi]

Radfahren

Fahrrad	колелò [kolelo]
Fahrradhelm	кàска [kaßka]
Fahrradweg	колоездàчна пътèка [koloesdatschna pəteka]
Flickzeug	превързòчен материàл [prewərsotschen materjal]
Luftpumpe	пòмпа [pompa]
Mountainbike	планѝнски бегàч [planinßki begatsch]
Rad fahren	кàрам колелò [karam kolelo]
Radsport	колоèздене [koloesdene]
Radtour	колоездàчна обикòлка [koloesdatschna obikolka]
Rennrad	бегàч [begatsch]
Roller	мòторòлер [motoroler]
Schlauch	вътрешна гỳма [wətreschna guma]

Wandern und Bergsteigen

Ich möchte eine Bergtour machen.
Йскам да отѝда на ѝзлет в планинàта.
[ißkam da otida na islet f planinata.]

Können Sie mir eine interessante Route auf der Karte zeigen?
Мòжете ли да ми покàжете интерèсен планѝнски маршрỳт на кàртата?
[moschete li da mi pokaschete intereßen planinßki marschrut na kartata?]

Bergsteigen	алпинѝзъм [alpinisəm]
Fernwanderweg	маршрỳт на дълги разстоя̀ния [marschrut na dəlgi raßtojanija]
Freeclimbing	свобòдно катèрене [ßwobodno katerene]
Route	маршрỳт [marschrut]
Schutzhütte	заслòн [saßlon]
Sicherungsseil	предпàзно въжè [pretpasno wəsche]
Tagestour	днèвен прèход [dnewen prechot]
Trekking	прèход [prechot]
Wanderkarte	туристѝческа кàрта [turißtitscheßka karta]
Wandern	турѝзъм [turisəm]
wandern	отѝвам на ѝзлет [otiwam na islet]
Wanderweg	туристѝчески маршрỳт [turißtitscheßki marschrut]

BADE-, AKTIV- UND KREATIVURLAUB

Reiten

Ausritt	ездà [esda]
Pferd	кон [kon]
Polo	пòло [polo]
reiten	ỳздя [jasdja]
Reiter	ездàч [esdatsch]
Reitschule	шкòла за ездà [schkola sa esda]

Golf

18-Loch-Platz	игрѝще с осемнàйсет дỳпки [igrischte ß oßemnajßet dupki]
abschlagen	ỳдрям (тòпката) [udrjam (topkata)]
Clubhaus	клуб [klup]
Golf	голф [golf]
Golfclub	голф клуб [golf klup]
Golfschläger	стик [ßtik]

Flugsport

Aufstieg	издѝгане [isdigane]
Drachenfliegen	летèне с дèлтаплàн [letene ß deltaplan]
Fallschirmspringen	скàчане с парашỳт [ßkatschane ß paraschut]
Gleitschirm	пàраплàнер [paraplaner]
Heißluftballon	балòн [balon]
Paragliding	пàрапланерѝзъм [paraplanerisəm]
Segelfliegen	летèне с безмотòрен самолèт [letene ß besmotoren ßamolet]
Weltumrundung	околосвèтско пътешèствие [okoloßwetßko pəteschßtwie]

Winterurlaub

Eine Tageskarte, bitte.
Еднà целоднèвна кàрта, мòля. [edna zelodnewna karta, molja.]

Wie viel kostet der Skilift?
Кòлко стрỳва билèтът за ски лѝфта?
[kolko ßtruwa biletət sa ßki lifta?]

Um wie viel Uhr ist die letzte Bergfahrt/Talfahrt?
В кòлко часà е послèдният ски лифт?
[f kolko tschaßa e poßlednijat ßki lift?]

Bergstation	планѝнска стàнция [planinßka ßtanzija]
Langlaufski	ски за бя̀гане на дъ̀лги разстоя̀ния [ßki sa bjagane na dəlgi raßtojanija]
Lift	лифт [lift]
Loipe	пѝста за ски бя̀гане [pißta sa ßki bjagane]
Mittelstation	междѝнна стàнция [me<u>sch</u>dinna ßtanzija]
Pulverschnee	пу̀хкав сняг [puchkaf ßnjak]
Schlepplift	ски влек [ßki wlek]
Schlitten	шейнà [schejna]
Schlitten fahren	кàрам шейнà [karam schejna]
Seilbahn	въ̀жен лифт [wəschen lift]
Sessellift	седàлков лифт [ßedalkof lift]
Ski	ски [ßki]
Ski laufen	кàрам ски [karam ßki]
Skibindung	ски автомàти [ßki aftomati]
Skibrille	ски очилà [ßki otschila]
Skikurs	скиỳрски курс [ßkiorßki kurß]
Skilehrer/in	ски учѝтел/ка [ßki utschitel/ka]
Skistöcke	щèки [schteki]
Snowboard	сноỳбòрд [ßnoubort]
Tagespass	днèвна кàрта [dnewna karta]
Talstation	начàлна стàнция на лифт [natschalna ßtanzija na lift]
Wochenpass	кàрта за уѝкенда [karta sa uikenda]
Curling	къ̀рлинг [kərlink]
Eisbahn	лèдена пъ̀рзалка [ledena pərsalka]
Eishockey	хòкей на лед [chokej na let]
Eislauf	фѝгурно пързàляне [figurno pərsaljane]
Schlittschuh laufen	кàрам кънки [karam kənki]
Schlittschuhe	кънки (за лед) [kənki (sa let)]

Sonstige Sportarten

Bowling	бòулинг [boulink]
Bungeejumping	бъ̀нджи [bənd<u>schi</u>]
Inliner	ròлери [roleri]
Inline skaten	кàрам ròлери [karam roleri]
Kegeln	кèгли [kegli]
Leichtathletik	лèка атлèтика [leka atletika]
Minigolf	мѝнигòлф [minigolf]
Rollschuh	лèтни кънки [letni kənki]
Rollschuh fahren	кàрам лèтни кънки [karam letni kənki]
Skateboard	скèйтбòрд [ßkejtbort]
Skateboard fahren	кàрам скèйтбòрд [karam ßkejtbort]

Sportveranstaltungen

Könnten Sie mir bitte sagen, welche Sportveranstaltungen es hier gibt?
Мо̀жете ли да ми ка̀жете какви̂ възмо̀жности за спорту̀ване и̂ма тук? [moschete li da mi kaschete kakwi wəsmoschnoßti sa ßportuwane ima tuk?]

Ich möchte mir das Fußballspiel ansehen.
Ѝскам да глѐдам фу̀тболния мач. [ißkam da gledam futbolnija matsch.]

Wann/Wo findet es statt?
Кога̀/Къдѐ ще се проведѐ срѐщата? [koga/kəde schte ße prowede ßreschtata?]

Was kostet der Eintritt?
Ко̀лко стру̀ва билѐтът? [kolko ßtruwa biletət?]

Wie steht's?
Какъ̀в е резулта̀тът? [kakəf e resultatət?]

2 zu 1.
Два на еди̂н. [dwa na edin.]

Eins – eins.
Еди̂н на еди̂н. [edin na edin.]

Foul!
Фа̀ул! [faul!]

Schöner Schuss!
Ху̀бав у̀дар! [chubaf udar!]

Tor!
Гол! [gol!]

abseits	в заса̀да [w saßada]
Anstoß	нача̀лен у̀дар [natschalen udar]
Eintrittskarte	билѐт [bilet]
Elfmeter	ду̀зпа [dußpa]
Flanke	страни̂чен у̀дар [ßtranitschen udar]
Freistoß	свобо̀ден у̀дар [ßwoboden udar]
gewinnen	печѐля [petschelja]
Kasse	ка̀са [kaßa]
Meisterschaft	първенство̂ [pərwenßtwo]
Niederlage	поражѐние [poraschenie]
Pass	пас [paß]
Programm	програ̀ма [programa]
Radrennen	колоезда̀чно състеза̀ние [koloesdatschno ßəßtesanie]

Rennen	състезàние [ßəßtesanie]
Schiedsrichter	съдия̀ [ßədja], рѐфер [refer]
Sieg	побѐда [pobeda]
Spiel	игрà [igra]
Sportler/in	спортѝст/ка [ßportißt/ka]
Sportplatz	игрѝще [igrischte]
Stadion	стадиòн [ßtadion]
Strafraum	наказàтелно полѐ [nakasatelno pole]
unentschieden	ра̀вен резултàт [rawen resultat]
verlieren	гỳбя [gubja]
Wettkampf	двубòй [dwuboj]

Kreativurlaub

Ich möchte … belegen.
Ѝскам да запѝша курс по … [ißkam da sapischa kurß po …]

einen Töpferkurs
грънча̀рство. [grəntscharßtwo.]

einen Französischkurs
фрѐнски. [frenßki.]

für Anfänger
за начинàещи. [sa natschinaeschti.]

für Fortgeschrittene
за напрѐднали. [sa naprednali.]

Wie viele Stunden sind pro Tag vorgesehen?
Кòлко ча̀са тра̀ят заня̀тията на ден?
[kolko tschaßa trajat sanjatijata na den?]

Ist die Teilnehmerzahl begrenzt?
Ограничѐн ли е броя̀т на уча̀стниците?
[ogranitschen li e brojat na utschaßtnizite?]

Sind Vorkenntnisse erforderlich?
Изѝсква ли се предварѝтелна подготòвка?
[isißkwa li ße predwaritelna podgotofka?]

Bis wann muss man sich anmelden?
До когà е срòкът за запѝсване? [dokoga e ßrokət sa sapißwane?]

Sind die Materialkosten inklusive?
Стойността̀ на материа̀лите включена ли е в цена̀та?
[ßtojnoßta na materialite fkljutschena li e f zenata?]

Was ist mitzubringen?
Каквò тря̀бва да донеса̀? [kakwo trjabwa da doneßa?]

Aktzeichnen	àктова живопѝс [aktowa schiwopiß]
Aquarellmalen	акварѐлна живопѝс [akwarelna schiwopiß]
Bauchtanz	кючѐк [kjutschek]
Fotografieren	фотогрàфия [fotografija]
Goldschmieden	златàрство [slatarßtwo]
Holzwerkstatt	дърводѐлска работѝлница [dərwodelßka rabotilniza]
Kochen	готвàрство [gotwarßtwo]
Kurs	курс [kurß]
Malen	рисỳване [rißuwane]
Ölmalerei	рисỳване с мàслени боѝ [rißuwane ß maßleni boi]
Schauspielworkshop	кỳрс по актьòрско мàйсторство [kurß po aktjorßko majßtorßtwo]
Seidenmalerei	рисỳване върхỳ копрѝна [rißuwane wərchu koprina]
Sprachkurs	езѝков курс [esikof kurß]
Tanztheater	тàнцов теàтър [tanzof tjatər]
Theatergruppe	театрàлна трỳпа [teatralna trupa]
Workshop	семинàр [ßeminar]
Yoga	йòга [joga]

Unterhaltung

> **Kultur und Unterhaltung**
>
> In Bulgarien gibt es eine große Anzahl an Kinos, Theater und Museen. Man sollte unbedingt die Sofia Oper besuchen, wo man sich Aufführungen wie „Makbet", „Toska", „Don Karlos", „Turandot", „Karmen" etc. ansehen kann, sowie das Nationaltheater „Ivan Vasov" und das neue Kino „Arena". Und wer viel Spaß haben will, sollte zum größten Freizeitpark in Bulgarien „SOFIA LAND" fahren.

Theater – Konzert – Kino

Könnten Sie mir bitte sagen, welches Stück heute Abend im Theater gespielt wird?
Мо̀жете ли да ми ка̀жете, коя̀ поста̀но̀вка ще се игра̀е в теа̀търа довѐчера? [moschete li da mi kaschete, koja poßtanofka schte ße igrae f tjatəra dowetschera?]

Was läuft morgen Abend im Kino?
Какво̀ ще да̀ват у̀тре вѐчер по кина̀та?
[kakwo schte dawat utre wetscher po kinata?]

Werden im Dom Konzerte veranstaltet?
Организѝрат ли се концѐрти в катедра̀лата?
[organisirat li ße konzerti f katedralata?]

Können Sie mir ein gutes Theaterstück empfehlen?
Мо̀жете ли да ми препоръ̀чате ху̀бава театра̀лна поста̀новка?
[moschete li da mi preporətschate chubawa teatralna poßtanofka?]

Wann beginnt die Vorstellung?
Кога̀ запо̀чва представлѐнието? [koga sapotschwa pretßtawlenieto?]

Wo bekommt man Karten?
Къдѐ мо̀га да ку̀пя билѐти? [kəde moga da kupja bileti?]

Bitte zwei Karten für heute Abend.
Два билѐта за довѐчера, мо̀ля. [dwa bileta sa dowetschera, molja.]

Bitte zwei Plätze zu ... Lewa!
Две места̀ по ... лѐва, мо̀ля! [dwe meßta po ... lewa, molja!]

Kann ich bitte ein Programm haben?
Мо̀же ли да полу̀ча програ̀ма? [mosche li da polutscha programa?]

Eintrittskarte	билѐт	[bilet]
Festival	фестива̀л	[feßtiwal]
Garderobe	гардеро̀б	[garderop]
Kasse	ка̀са	[kaßa]
Pause	антра̀кт	[antrakt]

Programmheft	програ̀ма [programa]
Vorstellung	представлѐние [pretßtawlenie]
Vorverkauf	предварѝтелна прода̀жба [predwaritelna prodaschba]

Theater

Akt	дѐйствие [dejßtwie]
Aufführung	представлѐние [pretßtawlenie]
Ballett	балѐт [balet]
Drama	дра̀ма [drama]
Freilufttheater	лѐтен теа̀тър [leten tjatər]
Inszenierung	постано̀вка [poßtanofka]
Kabarett	кабарѐ [kabare]
Kleinkunstbühne	кабарѐ [kabare]
Komödie	комѐдия [komedija]
Loge	ло̀жа [loscha]
Musical	мюзикъл [mjusikəl]
Oper	о̀пера [opera]
Operette	оперѐта [opereta]
Parkett	паркѐт [parket]
Premiere	премиѐра [premiera]
1. Rang	пъ̀рви балко̀н [pərwi balkon]
Schauspiel	актьо̀рска игра̀ [aktjorßka igra]
Schauspieler/in	актьо̀р/актрѝса [aktjor/aktrißa]
Spielplan	програ̀ма [programa]
Tänzer/in	танцьо̀р/ка [tanzjor/ka]
Theater	теа̀тър [tjatər]
Theaterstück	театра̀лна постано̀вка [teatralna poßtanofka]
Tragödie	трагѐдия [tragedija]
Varietee	вариетѐ [wariete]

Konzert

Blues	блус [bluß]
Chor	хор [chor]
Dirigent/in	диригѐнт/ка [dirigent/ka]
Folk	фолк [folk]
Jazz	джаз [dschaß]
Klassik	кла̀сика [klaßika]
Komponist/in	композѝтор/ка [kompositor/ka]
Konzert	концѐрт [konzert]
Kammerkonzert	ка̀мерен концѐрт [kameren konzert]
Kirchenkonzert	църко̀вен концѐрт [zərkowen konzert]
Sinfoniekonzert	симфонѝчен концѐрт [ßimfonitschen konzert]

Orchester	оркѐстър	[orkeßtər]
Pop	поп	[pop]
Rap	рап	[rap]
Reggae	рѐге	[rege]
Rock	рок	[rok]
Sänger/in	певѐц/певѝца	[pewez/pewiza]
Solist/in	солѝст/ка	[ßolißt/ka]
Soul	сòул	[ßoul]
Techno	тѐхно	[techno]
Volksmusik	нарòдна мỳзика	[narodna musika]

Kino

Film	филм	[film]
Actionfilm	ѐкшън	[ekschən]
Dokumentarfilm	докумeнтàлен филм	[dokumentalen film]
Drama	дрàма	[drama]
Klassiker	класѝчески филм	[klaßitscheßki film]
Komödie	комѐдия	[komedija]
Kurzfilm	късометрàжен филм	[kæßometraschen film]
Schwarzweißfilm	чѐрно-бял филм	[tscherno-bjal film]
Sciencefictionfilm	наỳчнофантастѝчен филм	[nautschnofantaßtitschen film]
Thriller	трѝлър	[trilər]
Western	уѐстърн	[ueßtərn]
Zeichentrickfilm	анимациòнен филм	[animazionen film]
Filmschauspieler/in	актьòр/актрѝса	[aktjor/aktrißa]
Hauptrolle	глàвна ròля	[glawna rolja]
Kino	кѝно	[kino]
Freilichtkino	лятно кѝно	[ljatno kino]
Programmkino	филмотѐчно кѝно	[filmotetschno kino]
Originalfassung	оригинàлна вѐрсия	[originalna werßija]
Regie	режисьòр	[reschißjor]
Spezialeffekte	специàлни ефѐкти	[ßpezialni efekti]
Untertitel	нàдписи	[natpißi]

Nachtleben

Was kann man hier abends unternehmen?
Къдѐ мòжем да отѝдем довѐчера?
[kəde moschem da otidem dowetschera?]

Gibt es hier eine gemütliche Kneipe?
Ѝма ли тук хỳбава кръчма? [ima li tuk chubawa krətschma?]

Wo kann man hier tanzen gehen?
Къдѐ мо̀жем да отѝдем да танцу̀ваме?
[kəde moschem da otidem da tanzuwame?]

Wollen wir (noch einmal) tanzen?
Ще танцу̀ваме ли (пак)? [schte tanzuwame li (pak)?]

Abendgarderobe	вечѐрен гардеро̀б	[wetscheren garderop]
ausgehen	излѝзам	[islisam]
Band	оркѐстър [orkeßtər], гру̀па	[grupa]
Bar	бар	[bar]
Diskothek	дискотѐка	[dißkoteka]
Folklore	фолкло̀р	[folklor]
Folkloreabend	фолкло̀рна вѐчер	[folklorna wetscher]
Glücksspiel	хаза̀ртна игра̀	[chasartna igra]
Kneipe	кръ̀чма	[krətschma]
Livemusik	му̀зика на жѝво	[musika na schiwo]
Nachtklub	но̀щен клуб	[noschten klup]
Party	па̀рти	[parti]
Show	шо̀у	[schou]
Spielkasino	игра̀лно казино	[igralno kasino]
tanzen	танцу̀вам	[tanzuwam]

Feste und Veranstaltungen

Könnten Sie mir bitte sagen, wann das ...-Festival stattfindet?
Мо̀жете ли да ми ка̀жете, кога̀ ще се провѐжда ... фестива̀л?
[moschete li da mi kaschete, koga schte ße proweschda ... feßtiwal?]

> **vom ... bis ...**
> **от ... до ...** [ot ... do ...]
>
> **jedes Jahr im August**
> **всяка годѝна през а̀вгуст** [fßjaka godina pres awgußt]
>
> **alle 2 Jahre**
> **на всѐки две годѝни** [na fßeki dwe godini]

Kann jeder teilnehmen?
Мо̀же ли всѐки да уча̀ства? [mosche li fßeki da utschaßtwa?]

Festivitäten und Veranstaltungen

Blaskapelle	ду̀хов оркѐстър	[duchof orkeßtər]
Festival	фестива̀л	[feßtiwal]
Feuerwerk	фо̀йервѐрк	[fojerwerk]
Flohmarkt	бита̀к	[bitak]

UNTERHALTUNG

Jahrmarkt	панаѝр [panair]
Karneval	карнавàл [karnawal]
Kirmes	събòр [ßəbor]
Olympische Spiele	Олимпѝйски игрѝ [olimpijßki igri]
Prozession	шèствие [scheßtwie]
Tennisturnier	турнѝр по тèнис [turnir po teniß]
Umzug	манифестàция [manifeßtazija]
Zirkus	цирк [zirk]

Einkaufen

> **Immer etwas Neues …**
> In den großen Städten haben die meisten Geschäfte bis 20 oder 21 Uhr geöffnet. Es gibt auch Lebensmittelgeschäfte, die rund um die Uhr geöffnet sind. Beim Einkaufen sollte man immer Bargeld bei sich haben, da nur wenige Geschäfte Kreditkarten annehmen. Im Internet kann man auch mit Kreditkarte bezahlen, zum Beispiel bei der Bestellung von Konzert- oder Theaterkarten.

Fragen

Ich suche …
Търся … [tərßja …]

Ich möchte …
Искам … [ißkam …]

Werden Sie schon bedient?
Обслу̀жиха ли ви вѐче? [opßlu<u>sch</u>icha li wi wetche?]

Danke, ich sehe mich nur um.
Благодаря̀, са̀мо разглѐждам. [blagodarja, ßamo rasgle<u>sch</u>dam.]

Haben Sie …?
Ѝмате ли …? [imate li …?]

Darf es sonst noch etwas sein?
Ѝскате ли о̀ще нѐщо? [ißkarte li oschte neschto?]

Handeln und kaufen

Wie viel kostet das?
Ко̀лко стру̀ва това̀? [kolko ßtruwa towa?]

Das ist aber teuer!
Мно̀го е скъ̀по! [mnogo e ßkəpo!]

Geben Sie einen Rabatt?
Ѝмате ли намалѐние? [imate li namalenie?]

Gut, ich nehme es.
Добрѐ, ще го взѐма. [dobre, schte go wsema.]

Nehmen Sie Kreditkarten?
Взѝмате ли крѐдитни ка̀рти? [wsimate li kreditni karti?]

Geschäfte

Entschuldigen Sie bitte, wo finde ich …?
Извинѐте, къдѐ се намѝра …? [iswinete, kəde ße namira …?]

Öffnungszeiten	**рабòтно врѐме** [rabotno wreme]
отвòрено	offen
затвòрено	geschlossen
В òтпуска до …	Betriebsferien bis..

Antiquitätengeschäft	антиквàрен магазѝн	[antikwaren magasin]
Apotheke	аптèка	[apteka]
Bäckerei	пекàрна	[pekarna]
Blumengeschäft	цветàрски магазѝн	[zwetarßki magasin]
Boutique	бутѝк	[butik]
Buchhandlung	книжàрница	[knischarniza]
Drogerie	дрогèрия	[drogerija]
Eisenwarengeschäft	желèзарски магазѝн	[schelesarßki magasin]
Elektrohandlung	магазѝн за електроỳреди [magasin sa elektrouredi]	
Feinkostgeschäft	деликатèсен магазѝн	[delikateßen magasin]
Fischgeschäft	рѝбен магазѝн	[riben magasin]
Flohmarkt	битàк	[bitak]
Fotogeschäft	фòто(ателиѐ)	[foto(atelie)]
Friseur	фризьòр	[frisjor]
Juwelier	бижутèриен магазѝн	[bischuterien magasin]
Kaufhaus	универсàлен магазѝн	[uniwerßalen magasin]
Konditorei	сладкàрница	[ßlatkarniza]
Kunsthändler	търгòвец на худòжествени произведèния [tərgowez na chudoscheßtweni proiswedenija]	
Lebensmittelgeschäft	(магазѝн за) хранѝтелни стòки [(magasin sa) chranitelni ßtoki]	
Lederwarengeschäft	(магазѝн за) кòжени издèлия [(magasin sa) koscheni isdelija]	
Markt	пазàр	[pasar]
Metzgerei	месàрница	[meßarniza]
Obst- und Gemüsehändler	плод и зеленчỳк	[plot i selentschuk]
Optiker	òптика	[optika]
Parfümerie	парфюмèрия	[parfjumerija]
Partyservice	агèнция организѝраща тържествà [agenzija organisiraschta tərscheßtwa]	

Reinigung	хими́ческо чи́стене [chimitscheßko tschißtene]
Reisebüro	пъ́тническа аге́нция [pətnitscheßka agenzija]
Schneider/in	шива́ч/ка [schiwatsch/ka]
Schreibwarengeschäft	книжа́рница за канцела́рски материа́ли [knischarniza sa kanzelarßki materjali]
Schuhgeschäft	магази́н за обу́вки [magasin sa obufki]
Schuhmacher	обуща́р [obuschtar]
Souvenirladen	сувени́рен магази́н [ßuweniren magasin]
Spielwarengeschäft	магази́н за игра́чки [magasin sa igratschki]
Spirituosengeschäft	магази́н за алкохо́л [magasin sa alkochol]
Sportartikel	магази́н за спо́ртни сто́ки [magasin sa ßportni ßtoki]
Supermarkt	су́пермаркет [ßupermarket]
Süßwarengeschäft	сладка́рница [ßlatkarniza]
Tabakladen	магази́н за цига́ри [magasin sa zigari]
Trödler	вехтоша́рски магази́н [wechtoscharßki magasin]
Uhrmacher	часовника́р [tschaßownikar]
Wäscherei	пера́лня [peralnja]
Weinhandlung	магази́н за ви́но [magasin sa wino]
Wurstwarengeschäft	магази́н за колба́си [magasin sa kolbaßi]
Zeitungshändler	вестника́р [weßnikar]

Bücher, Zeitschriften und Schreibwaren

Ich hätte gern …
Бих и́скал … [bich ißkal …]

> **eine deutsche Zeitung.**
> **еди́н не́мски ве́стник.** [edin nemßki weßnik.]
>
> **eine Zeitschrift.**
> **едно́ списа́ние.** [edno ßpißanie.]
>
> **einen Reiseführer.**
> **еди́н разгово́рник.** [edin rasgowornik.]
>
> **eine Wanderkarte dieser Gegend.**
> **една́ ка́рта на та́зи о́бласт.** [edna karta na tasi oblaßt.]

Bücher, Zeitschriften und Zeitungen

Buch	кни́га [kniga]
Comic-Heft	ко́микс [komikß]
Frauenzeitschrift	же́нско списа́ние [schenßko ßpißanie]
Illustrierte	списа́ние [ßpißanie]
Kochbuch	готва́рска кни́га [gotwarßka kniga]
Kriminalroman	кримина́лен рома́н [kriminalen roman]

Landkarte	кàрта [karta]
Reiseführer	разговòрник [rasgowornik]
Roman	ромàн [roman]
Stadtplan	кàрта на градà [karta na grada]
Straßenkarte	кàрта на ỳлиците [karta na ulizite]
Tageszeitung	ежеднèвник [e<u>sch</u>ednewnik]
Taschenbuch	джòбна кнѝга [d<u>sch</u>obna kniga]
Zeitschrift	спѝсание [ßpißanie]
Zeitung	вèстник [weßnik]

Schreibwaren

Ansichtskarte	пòщенска кàртичка [poschtenßka kartitschka]
Bleistift	молѝв [molif]
Block	белèжник [bele<u>sch</u>nik]
Briefpapier	хартѝя за писмà [chartija sa pißma]
Briefumschlag	пòщенски плик [poschtenßki plik]
Farbstift	цвèтен молѝв [zweten molif]
Kugelschreiber	химикàлка [chimikalka]
Malbuch	блок за рисỳване [blok sa rißuwane]
Notizblock	тефтèр [tefter]
Papier	хартѝя [chartija]
Schreibwaren	принадлèжности за пѝсане [prinadle<u>sch</u>noßti sa pisane]

CDs und Kassetten

Haben Sie CDs/Kassetten von …?
Ѝмате ли компàктдѝск/касèта на … ?
[imate li kompaktdißk/kaßeta na …?]

Ich hätte gern eine CD mit … Musik.
Бих ѝскал … на компàктдѝск. [bich ißkal … na kompaktdißk.]

Kann ich hier bitte einmal reinhören?
Мòже ли да го чỳя? [mo<u>sch</u>e li da go tschuja?]

CD (Compactdisc)	си ди (компàктдѝск) [ßi di (kompaktdißk)]
CD-Spieler	си ди плèйър [ßi di plejər]
tragbarer CD-Spieler	преносѝм си ди плèйър [prenoßim ßi di plejər]
DVD	дѝвидѝ [diwidi]
Kassette	касèта [kaßeta]
Kopfhörer	слушàлки [ßluschalki]
Lautsprecher	високоговорѝтел [wißokogoworitel]
Walkman®	уòкмен [uokmen]

Ich hätte gern ...
Бих искал ...

Drogerieartikel

Bürste	чѐтка [tschetka]
Creme	крем [krem]
Damenbinden	да̀мски превръзки [damßki prewrəßki]
Deo(dorant)	дезодора̀нт [desodorant]
Drogerie	дрогѐрия [drogerija]
Duschgel	ду̀шгѐл [duschgel]
Feuchtigkeitscreme	хидрата̀нтен крем [chidratanten krem]
Haarfestiger	пя̀на за коса̀ [pjana sa koßa]
Haargel	гел за коса̀ [gel sa koßa]
Haargummi	ла̀стик за коса̀ [laßtik sa koßa]
Haarklammern	фѝби [fibi]
Handcreme	крем за ръцѐ [krem sa rəze]
Kamm	грѐбен [greben]
Lichtschutzfaktor	защѝтен фа̀ктор [saschtiten factor]
Lippenstift	червѝло [tscherwilo]
Nachtcreme	но̀щен крем [noschten krem]
Nagellack	лак за но̀кти [lak sa nokti]
Nagellackentferner	лакочистѝтел [lakotschißtitel]
Nagelschere	но̀жичка за но̀кти [no<u>sch</u>itschka sa nokti]
Papiertaschentücher	(хартѝени) но̀сни кърпѝчки [(chartieni) noßni kərpitschki]
Parfüm	парфю̀м [parfjum]
Pflaster	цитопла̀ст [zitoplaßt]
Pinzette	пинсѐта [pinßeta]
Präservativ	презерватѝв [preserwatif]
Puder	пу̀дра [pudra]
Rasierapparat	(електрѝческа) самобръсна̀чка [(elektritscheßka) ßamobrəßnatschka]
Rasierklingen	но̀жчета за бръ̀снене [noschtscheta sa brəßnene]
Rasierpinsel	чѐтка за бръ̀снене [tschetka sa brəßnene]
Rasierschaum	пя̀на за бръ̀снене [pjana sa brəßnene]
Rasierwasser	одеколо̀н за след бръ̀снене [odekolon sa ßled brəßnene]
Seife	сапу̀н [ßapun]
Shampoo	шампоа̀н [schampoan]
Slipeinlagen	да̀мски превръзки за всѐки ден [damßki prewrəßki sa fßeki den]
Sonnencreme	крем протѝв слъ̀нчеви изга̀ряния [krem protif ßləntschewi isgarjanija]

EINKAUFEN

Sonnenmilch	мляко против слънчеви изгаряния [mljako protif ßləntschewi isgarjanija]
Sonnenöl	масло против слънчеви изгаряния [maßlo protif ßləntschewi isgarjanija]
Spiegel	огледало [ogledalo]
Spülbürste	четка за чинии [tschetka sa tschinii]
Spülmittel	веро [wero]
Spültuch	кърпа за чинии [kərpa sa tschinii]
Tampons	тампони [tamponi]
mini/normal/super/super plus	мини/нормални/супер/супер плюс [mini/normalni/ßuper/ßuper pljuß]
Teebaumöl	балсам от дървесен чай [balßam ot dərweßen tschaj]
Toilettenpapier	тоалетна хартия [toaletna chartija]
Waschlappen	кесия за миене [keßija sa miene]
Waschmittel	препарат за миене [preparat sa miene]
Watte	памук [pamuk]
Wattestäbchen	клечки за уши [kletschki sa uschi]
Wimperntusche	спирала [ßpirala]
Zahnbürste	четка за зъби [tschetka sa səbi]
Zahnpasta/	паста за зъби [paßta sa səbi]
Zahnseide	конец за чистене на зъби [konez sa tschißtene na səbi]
Zahnstocher	клечки за зъби [kletschki sa səbi]

Elektroartikel

Adapter	адаптер [adapter]
Batterie	батерия [baterija]
Föhn	сешоар [ßeschoar]
Glühbirne	крушка [kruschka]
Ladegerät	зарядно устройство [sarjadno ußtrojßtwo]
Notebook	портативен компютър [portatiwen kompjutər]
Organizer	органайзер [organajser]
Stecker	щепсел [schtepßel]
Taschenrechner	джобен калкулатор [dschoben kalkulator]
Verlängerungsschnur	удължител [udəlschitel]
Wecker	будилник [budilnik]

Fotoartikel

Ich hätte gern ...
Бих ѝскал ... [bich ißkal ...]

einen Film für diesen Fotoapparat.
едѝн филм за тòзи фòтоапарàт. [edin film sa tosi fotoaparat.]

einen Farbfilm.
едѝн цвѐтен филм. [edin zweten film.]

einen Diafilm.
еднà лѐнта за диапозитѝви. [edna lenta sa diapositiwi.]

einen Film mit 36/24/12 Aufnahmen.
едѝн филм с трѝйсет и шест/двàйсет и чѐтири/дванàйсет кàдъра. [edin film ß trijßet i scheßt/dwajßet i tschetiri/dwanajßet kadəra.]

... funktioniert nicht mehr.
... не рабòти. [... ne raboti.]

Das ist kaputt. Können Sie es bitte reparieren?
Товà е счỳпено. Мòжете ли да го попрàвите?
[towa e ßtschupeno. moschete li da go poprawite?]

Auslöser	спỳсък	[ßpußək]
Belichtungsmesser	светломѐр	[ßwetlomer]
Blitzgerät	(автоматѝчна) светкàвица	[(aftomatitschna) ßwetkawiza]
Camcorder	вѝдеокàмера	[wideokamera]
Digitalkamera	дигитàлна кàмера	[digitalna kamera]
DVD	дѝвидѝ	[diwidi]
Filmempfindlichkeit	чувствѝтелност (на лѐнтата)	[tschußtwitelnoßt (na lentata)]
Linse	лѐща	[leschta]
Objektiv	обектѝв	[obektif]
Schwarzweiß-Film	чѐрно-бял филм	[tscherno-bjal film]
Selbstauslöser	самоснимàчка	[ßamoßnimatschka]
Sofortbildkamera	фòтоапарàт за моментàлни снѝмки	[fotoaparat sa momentalni ßnimki]
Stativ	статѝв	[ßtatif]
Sucher	визьòр	[wisjor]
Teleobjektiv	тѐлеобектѝв	[teleobektif]
Unterwasserkamera	кàмера за подвòдно снѝмане	[kamera sa podwodno ßnimane]
Videofilm	вѝдеофѝлм	[wideofilm]
Videokamera	вѝдеокàмера	[wideokamera]
Videokassette	вѝдеокасѐта	[wideokaßeta]
Videorekorder	вѝдео	[wideo]

EINKAUFEN

Friseur

Waschen und föhnen, bitte.
Измѝване и подсушàване, мòля. [ismiwane i potßuschawane, molja.]

Schneiden mit/ohne Waschen, bitte.
Еднò подстрѝгване с/без мѝене, мòля.
[edno potßtrigwane ß/beß miene, molja.]

Ich möchte …
Искам ... [ißkam …]

Nur die Spitzen.
Сàмо крàищата. [ßamo kraischtata.]

Nicht zu kurz/Ganz kurz/Etwas kürzer, bitte.
Не мнòго късо/Мнòго късо/Мàлко пò-късо, мòля.
[ne mnogo kəßo/mnogo kəßo/malko po-kəßo, molja.]

Die Ohren sollen frei sein/bedeckt bleiben.
Ушѝте да бъдат открѝти/да остàнат покрѝти.
[uschite da bədat otkriti/da oßtanat pokriti.]

Rasieren, bitte.
Бръснене, мòля. [brəßnene, molja.]

Stutzen Sie mir bitte den Schnurrbart/Bart.
Скъсѐте ми мустàците/брадàта. [ßkəßete mi mußtazite/bradata.]

Vielen Dank. Es ist sehr gut.
Мнòго благодарỳ. Такà е мнòго добрѐ.
[mnogo blagodarja. taka e mnogo dobre.]

Bart	брадà	[brada]
blond	рус	[ruß]
Dauerwelle	трàйно къдрене	[trajno kədrene]
färben	боядѝсвам	[bojadißwam]
föhnen	сушà	[ßuscha]
frisieren	прàвя фризỳра	[prawja frisura]
Frisur	причèска	[pritscheßka]
Haar	косà	[koßa]
fettiges Haar	мàзна косà	[masna koßa]
trockenes Haar	сỳха косà	[ßucha koßa]
Haarteil	изкỳствени кѝчури	[ißkußtweni kitschuri]
kämmen	рèша	[rescha]
Koteletten	бакенбàрди	[bakenbardi]
legen	слàгам	[ßlagam]
Locken	къдрѝци	[kədrizi]

Lockenwickler	ро̀лки (за коса̀) [rolki (sa koßa)]
Perücke	перу̀ка [peruka]
Pony	брето̀н [breton]
Scheitel	път [pət]
Schnurrbart	муста̀ци [mußtazi]
Schuppen	пъ̀рхот [pərchot]
Shampoo	шампоа̀н [schampoan]
Strähnchen	кѝчури [kitschuri]
Stufenschnitt	подстрѝгване на ета̀жи [potßtrigwane na etaschi]
tönen	оцветя̀вам [ozwetjawam]

Haushaltswaren

Abfallbeutel	плик за отпа̀дъци [plik sa otpadəzi]
Alufolie	(алумѝниево) фо̀лио [(aluminiewo) folio]
Bindfaden	кана̀п [kanap]
Brennspiritus	спирт (за горѐне) [ßpirt (sa gorene)]
Dosenöffner	отвара̀чка за консѐрви [otwaratschka sa konßerwi]
Draht	тел [tel]
Flaschenöffner	отвара̀чка за бутѝлки [otwaratschka sa butilki]
Frischhaltefolie	фо̀лио за съхраня̀ване на хранѝтелни проду̀кти [folio sa ßəchranjawane na chranitelni produkti]
Gabel	вѝлица [wiliza]
Glas	ча̀ша [tschascha]
Grill	ска̀ра [ßkara]
Grillkohle	въ̀глища за ска̀ра [wəglischta sa ßkara]
Haushaltswaren	дома̀шни потрѐби [domaschni potrebi]
Kerzen	свѐщи [ßweschti]
Korkenzieher	тирбушо̀н [tirbuschon]
Kühlelement	охладѝтелен елемѐнт [ochladitelen element]
Kühltasche	хладѝлна ча̀нта [chladilna tschanta]
Löffel	лъжѝца [ləschiza]
Messer	нож [nosch]
Nadel	игла̀ [igla]
Papierservietten	хартѝени салфѐтки [chartieni ßalfetki]
Petroleum	петро̀л [petrol]
Plastikbecher	пла̀стмасова ча̀ша [plaßmaßowa tschascha]
Plastikbeutel	найло̀нова торбѝчка [najlonowa torbitschka]
Sicherheitsnadel	безопа̀сна игла̀ [besopaßna igla]

EINKAUFEN

Schere	нòжица	[noschiza]
Taschenmesser	джòбно нòжче	[dschobno noschtsche]
Thermosflasche®	тèрмос	[termoß]
Wäscheklammern	щѝпки за пранè	[schtipki sa prane]
Wäscheleine	въжè за простѝране	[wasche sa proßtirane]

Lebensmittel

Was darf es sein?
Каквò ще ѝскате? [kakwo schte ißkate?]

Geben Sie mir bitte …
Дàйте ми … [dajte mi …]

    ein Kilo …
    едѝн килогрàм … [edin kilogram …]

    10 Scheiben …
    дèсет парчèта … [deßet partscheta …]

    ein Stück von …
    еднò парчè от … [edno partsche ot …]

    eine Packung …
    едѝн пакèт … [edin paket …]

    ein Glas …
    еднà чàша … [edna tschascha …]

    eine Dose …
    еднà консèрва … [edna konßerwa …]

    eine Flasche …
    еднà бутѝлка … [edna butilka …]

    eine Einkaufstüte.
    еднà торбѝчка. [edna torbitschka.]

Darf es auch etwas mehr sein?
Мòже ли да е мàлко пòвече? [mosche li da e malko powetsche?]

Darf es noch etwas sein?
Ѝскате ли още нèщо? [ißkate li oschte neschto?]

Dürfte ich vielleicht etwas hiervon probieren?
Мòже ли да опѝтам товà? [mosche li da opitam towa?]

Danke, das ist alles.
Благодарjà, товà е всѝчко. [blagodarja, towa e fßitschko.]

Obst	**Плодовѐ**
Ananas	ананàс [ananaß]
Äpfel	ябълки [jabəlki]
Apfelsinen	портокàли [portokali]
Aprikosen	кайсѝи [kajßii]
Bananen	банàни [banani]
Birnen	крỳши [kruschi]
Brombeeren	къпини [kəpini]
Datteln	фурмѝ [furmi]
Erdbeeren	ягоди [jagodi]
Feigen	смокѝни [ßmokini]
Grapefruit	грѐйпфрут [grejpfrut]
Honigmelone	пъ̀пеш [pəpesch]
Kirschen	черѐши [tschereschi]
Kokosnuss	кокòс [kokoß]
Mandarinen	мандарѝни [mandarini]
Mandeln	бадѐми [bademi]
Nüsse	òрехи [orechi]
Obst	плодовѐ [plodowe]
Pfirsiche	прàскови [praßkowi]
Pflaumen	слѝви [ßliwi]
Wassermelone	дѝня [dinja]
Weintrauben	грòзде [grosde]
Zitronen	лимòни [limoni]

Gemüse	**Зеленчỳци**
Artischocken	артишòк [artischok]
Auberginen	патладжàни [patladschani]
Avocado	авокàдо [awokado]
Blumenkohl	карфиòл [karfjol]
Bohnen	боб [bop]
grüne Bohnen	(зелѐн) боб [(selen) bop]
weiße Bohnen	(зрял) боб [(srjal) bop]
Chicoree	цикòрия [zikorija]
Erbsen	грах [grach]
Gemüse	зеленчỳци [selentschuzi]
Gurke	крàставица [kraßtawiza]
Karotten	мòркови [morkowi]
Kartoffeln	картòфи [kartofi]
Kichererbsen	нахỳт [nachut]
Knoblauch	чèсън [tscheßən]

EINKAUFEN

Kohl	зèле [ßele]
Kürbis	тѝква [tikwa]
Lauch	праз [praß]
Linsen	лèща [leschta]
Mais	цàревица [zarewiza]
Oliven	маслѝни [maßlini]
Paprika(schote)	чỳшка [tschuschka]
Petersilie	магданòз [magdanoß]
Salat	салàта [ßalata]
Kopfsalat	марỳля [marulja]
Sellerie	цèлина [zelina]
Spargel	аспèржи [aßperschi]
Spinat	спанàк [ßpanak]
Tomaten	домàти [domati]
Zwiebeln	лук [luk]

Backwaren, Süßwaren
Сладкàрски изделия

Bonbons	бонбòни [bonboni]
Brot	хляб [chljap]
Graubrot	ръжен хляб [rəschen chljap]
Schwarzbrot	чèрен хляб [tscheren chljap]
Weißbrot	бял хляб [bjal chljap]
Brötchen	пѝтка [pitka]
belegtes Brötchen	сàндвич [ßandwitsch]
Eis	сладолèд [ßladolet]
Gebäck, Kekse	слàдки [ßlatki]
Haferflocken	овèсени ядки [oweßeni jatki]
Honig	мед [met]
Kaugummi	дъвка [dəfka]
Kuchen	кекс [kekß]
Marmelade	мармалàд [marmalat]
Müsli	мю̀сли [mjußli]
Schokolade	шоколàд [schokolat]
Schokoriegel	блòкче шоколàд [bloktsche schokolat]
Schokotafel	плòчка шоколàд [plotschka schokolat]
Süßigkeiten	зàхарни изделия [sacharni isdelija]
Toast	препèчена филия [prepetschena filija]

Eier und Milchprodukte
Млèчни продỳкти

Butter	маслò [maßlo]
Buttermilch	мътеница [məteniza]
Eier	яйцà [jajza]

Joghurt	кѝсело мля́ко [kißelo mljako]
Käse	сѝрене [ßirene]
Kuhkäse	кра́ве сѝрене [krawe ßirene]
Schafskäse	о́вче сѝрене [oftsche ßirene]
Weichkäse	ме́ко сѝрене [meko ßirene], кре́ма [krema]
Ziegenkäse	ко́зе сѝрене [kose ßirene]
Milch	мля́ко [mljako]
fettarme Milch	нѝскома́слено мля́ко [nißkomaßleno mljako]
Quark	извъ́ра [iswara]
Sahne	смета́на [ßmetana]
saure Sahne	подква́сена смета́на [potkwaßena ßmetana]
Schlagsahne	бѝта смета́на [bita ßmetana]

Fleisch und Wurstwaren — Месо́

Aufschnitt	наря́зано на филѝйки месо́, колба́с [narjasano na filijki meßo, kolbaß]
Fleisch	месо́ [meßo]
Gulasch	гула́ш [gulasch]
Hackfleisch	кайма́ [kajma]
Hähnchen	пѝле [pile]
Hammelfleisch	о́внешко (месо́) [owneschko (meßo)]
Kalbfleisch	те́лешко (месо́) [teleschko (meßo)]
Kaninchen	за́ек [saek]
Kotelett	пъ́ржо́ла [pərschola]
Lammfleisch	а́гнешко (месо́) [agneschko (meßo)]
Leberpastete	пасте́т [paßtet]
Rindfleisch	гове́ждо (месо́) [goweschdo (meßo)]
Salami	лука́нка [lukanka], суджу́к [ßudschuk]
Schinken	шу́нка [schunka]
gekochter Schinken	варе́на шу́нка [warena schunka]
roher Schinken	суро́ва шу́нка [ßurowa schunka]
Schweinefleisch	свѝнско (месо́) [ßwinßko (meßo)]
Wurst	сала́м [ßalam]
Würstchen	кре́нвирши [krenwirschi]

Fisch und Meeresfrüchte — Рѝба

Aal	змио́рка [smijorka]
Austern	стрѝди [ßtridi]
Barsch	костю́р [koßtur]
Fisch	рѝба [riba]
Garnelen	скарѝди [ßkaridi]
Goldbrasse	платѝка [platika]

Hering	хѐринга [cheringa]
Krabben	мо̀рски ра̀ци [morßki razi]
Krebs	рак [rak]
Makrele	скумрѝя [ßkumrija]
Miesmuscheln	(чѐрни) мѝди [(tscherni) midi]
Muscheln	мѝди [midi]
Schwertfisch	рѝба меч [riba metsch]
Seezunge	мо̀рски езѝк [morßki esik]
Thunfisch	рѝба тон [riba ton]
Tintenfisch	сѐпия [ßepija]
Peperoni	лю̀ти чу̀шки [ljuti tschuschki]
Schnittlauch	див лук [dif luk]
Salbei	градѝнски чай [gradinßki tschaj]
Kerbel	кервѝз [kerwiß]
Chili	чѝли [tschili]
Bohnenkraut	чу̀брица [tschubriza]
Liebstöckl	селѝм [ßelim]

Dies und das — Това̀-онова̀

Butter	масло̀ [maßlo]
Essig	оцѐт [ozet]
Gemüsebrühwürfel	бульо̀н на ку̀бчета [buljon na kuptscheta]
Margarine	маргарѝн [margarin]
Mayonnaise	майонѐза [majonesa]
Mehl	брашно̀ [braschno]
Nudeln	макаро̀ни [makaroni]
Öl	о̀лио [olio]
Olivenöl	зехтѝн [sechtin]
Reis	орѝз [oriß]
Salz	сол [ßol]
Senf	горчѝца [gortschiza]
Zucker	за̀хар [sachar]

Getränke — Напѝтки

Apfelsaft	я̀бълков сок [jabəlkof ßok]
Bier	бѝра [bira]
alkoholfreies Bier	безалкохо̀лна бѝра [besalkocholna bira]
Champagner	шампа̀нско [schampanßko]
Kaffee	кафѐ [kafe]
koffeinfreier Kaffee	безкофеѝново кафѐ [beßkofeinowo kafe]
Limonade	лимона̀да [limonada]
Mineralwasser	минера̀лна вода̀ [mineralna woda]
mit/ohne Kohlensäure	газѝрана/обикновѐна вода̀ [gasirana/obiknowena woda]
Orangensaft	портока̀лов сок [portokalof ßok]

Tee	чай [tschaj]
Schwarztee	чѐрен чай [tscheren tschaj]
Teebeutel	пакѐтче чай [pakettsche tschaj]
Wein	вѝно [wino]
Rosé	розѐ [rose]
Rotwein	червѐно вѝно [tscherweno wino]
Weißwein	бяло вѝно [bjalo wino]

Mode

Kleidung

Können Sie mir bitte … zeigen?
Ще ми покàжете ли …? [schte mi pokaschete li …?]

Kann ich es anprobieren?
Мòга ли да го *m*/да я *f* прòбвам? [moga li da go/da ja probwam?]

Welche (Konfektions-)Größe haben Sie?
Кой нòмер нòсите? [koj nomer noßite?]

Das ist mir zu …
Товà ми е … [towa mi e …]

eng/weit.
тя̀сно/широ̀ко. [tjaßno/schiroko.]

kurz/lang.
къ̀со/дъ̀лго. [kəßo/dəlgo.]

klein/groß.
мàлко/голя̀мо. [malko/goljamo.]

Das passt gut. Ich nehme es.
Товà ми стоѝ добрѐ. Ще го взѐма.
[towa mi ßtoi dobre. schte go wsema.]

Das ist nicht ganz, was ich möchte.
Не е тòчно товà, коѐто тъ̀рся. [ne e totschno towa, koeto tərßja.]

Anorak	анорàк [anorak]
Anzug	костю̀м [koßtjum]
Ärmel	ръкàви [rəkawi]
Badeanzug	бàнски (костю̀м) [banßki (koßtjum)]
Badehose	бàнски (гащѐта) [banßki (gaschteta)]
Bademantel	хавлѝя [chawlija]
Bademütze	плу̀вна шàпка [pluwna schapka]
Baumwolle	памỳк [pamuk]

EINKAUFEN

BH	сутиѐн [ßutien]
Bikini	бикѝни [bikini]
Blazer	блѐйзър [blejsər]
Bluse	блу̀за [blusa]
Body	бо̀ди [bodi]
Fliege	папийо̀нка [papijonka]
Halstuch	ша̀лче [schaltsche]
Handschuhe	ръкавѝци [rəkawizi]
Hemd	рѝза [risa]
Hose	панталòн [pantalon]
Hut	ша̀пка [schapka]
Sonnenhut	ша̀пка за слънце [schapka sa slənze]
Jacke	я̀ке [jake]
Jeans	дънки [dənki]
Jogginganzug	а̀нцуг [anzuk]
Kleid	ро̀кля [roklja]
Kleidung	облекло̀ [obleklo]
Kostüm	костю̀м [koßtjum]
Krawatte	вратовръ̀зка [wratowrəßka]
Leggins	клин [klin]
Leinen	лен [len]
Mantel	палто̀ [palto]
Mütze	ша̀пка [schapka]
Pullover	пуло̀вер [pulower]
Regenmantel	дъждобра̀н [dəschdobran], шлѝфер [schlifer]
Rock	пола̀ [pola]
Schal	шал [schal]
Schirm	чадъ̀р [tschadər]
Seide	копрѝна [koprina]
Shorts	шо̀рти [schorti]
Skihose	грѐйка [grejka]
Slip *(Damen)*	бикѝни [bikini]
(Herren)	слип [ßlip]
Söckchen	чора̀пки [tschorapki]
Strickjacke	жилѐтка [schiletka]
Strümpfe	чора̀пи [tschorapi]
Strumpfhose	чорапога̀щник [tschorapogaschtnik]
T-Shirt	тѐниска [tenißka]
Unterhemd	фанѐлка [flanelka]
Unterhose *(Damen)*	бикѝни [bikini]
(Herren)	слип [ßlip]
Unterwäsche	бельо̀ [beljo]
Weste	елѐк [elek]
Wolle	въ̀лна [wəlna]

Reinigung

Ich möchte diese Sachen reinigen/waschen lassen.
Йскам да остàвя тèзи нещà за чѝстене/пранè.
[ißkam da oßtawja tesi neschta sa tschißtene/prane.]

Wann sind sie fertig?
Когà ще са готòви? [koga schte ßa gotowi?]

bügeln . . . . глàдя [gladja]
chemisch reinigen . . химѝческо чѝстене [chimitscheßko tschißtene]
Wäsche . . . . бельò [beljo]

Optiker

Würden Sie mir bitte diese Brille/das Gestell reparieren?
Бѝхте ли ми попрàвили тèзи очилà/тàзи рàмка?
[bichte li mi poprawili tesi otschila/tasi ramka?]

Ich bin kurzsichtig/weitsichtig.
Аз съм късоглèд(а)/далекоглèд(а).
[aß ßəm kəßogled(a)/dalekogled(a).]

Wie ist Ihre Sehstärke?
Какъв диòптър ѝмате? [kakəf dioptər imate?]

rechts ..., links ...
На дяснoто окò ..., на лявото окò ...
[na djaßnoto oko ..., na ljawoto oko ...]

Wann kann ich die Brille abholen?
Когà мòга да взèма очилàта? [koga moga da wsema otschilata?]

Ich hätte gern ...
Бих ѝскал/а ... [bich ißkal/a ...]

> **eine Aufbewahrungslösung.**
> разтвòр за съхранèние. [raßtwor sa ßəchranenie.]

> **eine Reinigungslösung.**
> разтвòр за почѝстване. [raßtwor sa potschißtwane.]

> **für harte/weiche Kontaktlinsen.**
> за твърди/мèки (контàктни) лèщи.
> [sa twərdi/meki (kontaktni) leschti.]

> **eine Sonnenbrille.**
> слънчеви очилà. [ßləntschewi otschila.]

> **ein Fernglas.**
> бинòкъл. [binokəl.]

Schuhe und Lederwaren

Ich hätte gern ein Paar …schuhe.
Бих ѝскал чифт … обу̀вки. [bich ißkal tschift … obufki.]

Ich habe Schuhgröße …
Но̀ся но̀мер … [noßja nomer …]

Sie sind zu eng/zu groß.
Тѐсни/Голѐми са ми. [teßni/golemi ßa mi.]

Absatz	ток	[tok]
Badeschuhe	джа̀панки	[dschapanki]
Gummistiefel	гу̀мени боту̀ши	[gumeni botuschi]
Gürtel	кола̀н	[kolan]
Gürteltasche	ча̀нта за кола̀н	[tschanta sa kolan]
Handtasche	да̀мска ча̀нта	[damßka tschanta]
Koffer	ку̀фар	[kufar]
Lederhose	ко̀жени панталòни	[koscheni pantaloni]
Lederjacke	ко̀жено я̀ке	[koscheno jake]
Ledermantel	ко̀жено палтò	[koscheno palto]
Reisetasche	пъ̀тна ча̀нта	[pətna tschanta]
Rucksack	ра̀ница	[raniza]
Sandalen	санда̀ли	[ßandali]
Schulterriemen	тира̀нти	[tiranti]
Schnürsenkel	връзки за обу̀вки	[wrəßki sa obufki]
Schuh	обу̀вка	[obufka]
Schuhbürste	чѐтка за обу̀вки	[tschetka sa obufki]
Schuhcreme	крем за обу̀вки	[krem sa obufki]
Skistiefel	скио̀рски обу̀вки	[ßkiorßki obufki]
Sohle	подмѐтка	[podmetka]
Stiefel	боту̀ши	[botuschi]
Strandschuhe	джа̀панки	[dschapanki]
Tasche	ча̀нта	[tschanta]
Trolley(koffer/-tasche)	ку̀фар/ча̀нта на колелца̀	[kufar/tschanta na kolelza]
Turnschuhe	гу̀менки	[gumenki]
Umhängetasche	ча̀нта	[tschanta]

Souvenirs

Ich hätte gern ...
Бих ѝскал/а ... [bich ißkal/a ...]

    ein hübsches Andenken.
    едѝн хỳбав сувенѝр. [edin chubaf ßuwenir.]

    etwas Typisches aus dieser Gegend.
    нѐщо типѝчно за тàзи òбласт. [neschto tipitschno sa tasi oblaßt.]

Wie viel wollen Sie ausgeben?
Кòлко ѝскате да похàрчите? [kolko ißkate da pochartschite?]

Ich möchte etwas nicht zu Teures.
Ѝскам нѐщо не мнòго скъ̀по. [ißkam neschto ne mnogo ßkəpo.]

Das ist aber hübsch.
Товà е мнòго хỳбаво. [towa e mnogo chubawo.]

Danke schön, ich habe nichts gefunden (das mir gefällt).
Много благодарѝ, но нѝщо не ми харѐсва.
[mnogo blagodarja, no nischto ne mi chareßwa.]

echt	ѝстински	[ißtinßki]
Folkloreladen	сувенѝрен магазѝн	[ßuweniren magasin]
handgemacht	ръ̀чна израбòтка	[rətschna israbotka]
Keramik	керàмика	[keramika]
kitschig	натрỳфен	[natrufen]
Mitbringsel	армагàн	[armagan]
regionales Produkt/ Spezialität	мѐстен продỳкт/специалитѐт [meßten produkt/ßpezialitet]	
Schmuck	бижỳ [bischu], украшѐние	[ukraschenie]
Schnitzerei	резбà	[resba]
Spieldose	музикàлна кутѝя	[musikalna kutija]
Stickerei	бродѐрия	[broderija]
Töpferwaren	грънчàрски изделѝя	[grəntscharßki isdelija]
Trachtenpuppe	кỳкла в национàлна носѝя [kukla w nazionalna noßija]	

Tabakwaren

Eine Schachtel/Eine Stange ...
Еднà кутѝя/Едѝн стек ... [edna kutija/edin ßtek ...]

    mit/ohne Filter, bitte!
    с/без фѝлтър, мòля! [ß/beß filtər, molja.]

EINKAUFEN

Zehn Zigarren/Zigarillos, bitte.
Дѐсет пу̀ри/пурѐти, мо̀ля. [деßet puri/pureti, molja.]

Ein Päckchen/Eine Dose Zigaretten-/Pfeifentabak, bitte.
Едѝн пакѐт/Една̀ кутѝя тютю̀н за цига̀ри/лула̀, мо̀ля.
[edin paket/edna kutija tjutjun sa zigari/lula, molja.]

Aschenbecher	пепелнѝк	[pepelnik]
Feuerzeug	запа̀лка	[sapalka]
Pfeife	лула̀	[lula]
Streichölzer	кибрѝт	[kibrit]
Zigarette	цига̀ра	[zigara]
Zigarillo	пурѐта	[pureta]
Zigarre	пу̀ра	[pura]

Uhren und Schmuck

Anhänger	медальо̀н	[medaljon]
Armband	грѝвна	[griwna]
Armbanduhr	ръ̀чен часо̀вник	[rətschen tschaßownik]
für Damen/für Herren	да̀мски/мъ̀жки	[damßki/məschki]
Brosche	бро̀шка	[broschka]
Gold	зла̀то	[slato]
Kette	верѝжка	[werischka]
Krawattennadel	игла̀ за вратовръ̀зка	[igla sa wratowrəßka]
Kristall	криста̀л	[krißtal]
Modeschmuck	бижу̀та	[bischuta]
Ohrstecker	обецѝ клипс	[obizi klipß]
Ohrringe	обецѝ	[obizi]
Perle	пѐрла	[perla]
Reisewecker	будѝлник	[budilnik]
Ring	пръ̀стен	[prəßten]
Schmuck	бижу̀ [bischu], украшѐние	[ukraschenie]
Silber	сребро̀	[ßrebro]
wasserdichte Uhr	водоусто̀йчив часо̀вник [wodoußtojtschif tschaßownik]	

Gesundheit

Da man in Bulgarien jeden Besuch bei einem Arzt oder in einem Krankenhaus selbst bezahlen muss, sollte es keine Probleme geben, wenn man zum Arzt oder ins Krankenhaus geht. Es gibt auch einige Privatkliniken, wo die Versorgung besser als in den meisten Krankenhäusern ist.

In der Apotheke

Könnten Sie mir bitte sagen, wo die nächste Apotheke (mit Nachtdienst) ist?
Извинѐте, къдѐ се намѝра нàй-блѝзката (денонòщна) аптѐка?
[iswinete, kəde ße namira naj-blißkata (denonoschtna) apteka?]

Könnten Sie mir bitte etwas gegen ... geben?
Дàйте ми нèщо за ... [dajte mi neschto sa …]

Dieses Mittel ist verschreibungspflichtig.
Мòжете да полỳчите товà лекàрство сàмо срещỳ рецèпта.
[moschete da polutschite towa lekarßtwo ßamo ßreschtu rezepta.]

Abführmittel	слабѝтелно [ßlabitelno]
Aspirin	аспирѝн [aßpirin]
Augentropfen	кàпки за очѝ [kapki sa otschi]
Beruhigungsmittel	успокойтелно [ußpokoitelno]
Brandsalbe	мехлѐм за изгàряния [mechlem sa isgarjanija]
Desinfektionsmittel	дезинфекциòнно срèдство [desinfekzionno ßretßtwo]
Elastikbinde	лàстична преврѝзка [laßtitschna prewrәßka]
Fieberthermometer	(медицѝнски) термомèтър [(medizinßki) termometәr]
Halstabletten	таблèтки за гърло [tabletki sa gәrlo]
Hustensaft	сирòп за кàшлица [ßirop sa kaschliza]
Mittel gegen Insektenstiche	срèдство срещỳ ухàпвания от насекòми [ßretßtwo ßreschtu uchapwanija ot naßekomi]
Insulin	инсулѝн [inßulin]
Jod(tinktur)	йод [jot]
Kamillentinktur	тинктỳра от лàйка [tinktura ot lajka]
Kondom	презерватѝв [preserwatif]
Kopfschmerz-tabletten	хàпчета срещỳ главобòлие [chaptscheta ßreschtu glawobolie]
Kreislaufmittel	срèдство за стимулѝране на кръвообращèнието [ßretßtwo sa ßtimulirane na krәwoobraschtenieto]
Medikament	лекàрство [lekarßtwo]
Mittel	срèдство [ßretßtwo]

Mullbinde	бинт [bint]
Ohrentropfen	кàпки за ушѝ [kapki sa uschi]
Pflaster	цитоплàст [zitoplraßt]
Puder	пỳдра [pudra]
Rezept	рецèпта [rezepta]
Salbe	мехлèм [mechlem], крем [krem]
Schlaftabletten	приспивàтелни (хàпчета) [prißpiwatelni (chaptscheta)]
Schmerztabletten	бòлкоуспокойтелни (хàпчета) [bolkoußpokoitelni (chaptscheta)]
Sonnenbrandsalbe	мехлèм протѝв слънчеви изгàряния [mechlem protif ßləntschewi isgarjanija]
Tablette	таблèтка [tabletka]
Tropfen	кàпки [kapki]
Vitamintabletten	витамѝни [witamini]
Watte	памỳк [pamuk]
Zäpfchen	свещѝчка [ßweschtitschka]

GESUNDHEIT

Упътване	**Beipackzettel**
състав	Zusammensetzung
области на приложение	Anwendungsgebiete
противопоказания	Gegenanzeigen
странични реакции	Nebenwirkungen
взаимодействия	Wechselwirkungen
Дозировка	**Dosierungsanleitung**
взима се веднъж/ няколко пъти дневно	1 × / mehrmals täglich einnehmen
една таблетка	1 Tablette
двайсет капки	20 Tropfen
една мензурка	1 Messbecher
преди ядене	vor dem Essen
след ядене	nach dem Essen
на гладно	auf nüchternen Magen
гълта се цяло с малко вода	unzerkaut mit etwas Flüssigkeit einnehmen
да се разтвори във вода	in etwas Wasser auflösen
да се разтвори в устата	im Mund zergehen lassen
външно	äußerlich
нанася се тънък слой на кожата	dünn auf die Haut
и се втрива	auftragen und einreiben
кърмачета	Säuglinge
деца (до ... години)	Kinder (bis zu ... Jahren)
възрастни	Erwachsene
Да се съхранява на места недостъпни за деца!	Für Kinder unzugänglich aufbewahren!

Arztbesuch

Könnten Sie mir ... empfehlen?
Мòжете ли да ми препоръ̀чате ... ? [mo<u>sch</u>ete li da mi preporətschate ...?]

    Arzt/Ärztin
    лѐкар/ка [lekar/ka]

    Augenarzt
    òчен лѐкар [otschen lekar]

    Frauenarzt
    гинеколòг [ginekolok]

    Hals-Nasen-Ohren-Arzt
    специалѝст по ушѝ-нос-гъ̀рло [ßpezialißt po uschi-noß-gərlo]

    Hautarzt
    кòжен лѐкар [ko<u>sch</u>en lekar]

    Kinderarzt
    дѐтски лѐкар [detßki lekar]

    Praktischen Arzt
    чàстен лѐкар [tschaßten lekar]

    Urologen
    уролòг [urolok]

    Zahnarzt
    зъболѐкар [səbolekar]

Wo ist ihre/seine Praxis?
Къдѐ е кабинѐтът ѝ/му? [kəde e kabinetət i/mu?]

Beschwerden

Was für Beschwerden haben Sie?
От каквò се оплàквате? [ot kakwo ße oplakwate?]

Ich habe Fieber.
Ѝмам температу̀ра. [imam temperatura.]

Mir ist oft ...
Чѐсто ... [tscheßto ...]

    schlecht/übel.
    ми прилошàва/ми се гàди. [mi priloschawa/mi ße gadi.]

    schwindlig.
    ми се вѝе свят. [mi ße wie ßwjat.]

Ich bin ohnmächtig geworden.
Припа̀днах. [pripadnach.]

Ich bin stark erkältet.
Мно̀го съм настѝнал *m*/настѝнала *f*.
[mnogo ßəm naßtinal/naßtinala.]

Ich habe Kopfschmerzen/Halsschmerzen.
Ѝмам главобо̀лие./Болѝ ме гъ̀рлото.
[imam glawobolie./boli me gərloto.]

Ich habe Husten.
Ѝмам ка̀шлица. [imam kaschliza.]

Ich bin …
Бях … [bjach …]

> **gestochen worden.**
> ужѝлен. [uschilen.]

> **gebissen worden.**
> уха̀пан. [uchapan.]

Ich habe mir den Magen verdorben.
Разстро̀их си стома̀ха. [raßßtroich ßi ßtomacha.]

Ich habe …
Ѝмам … [imam …]

> **Durchfall.**
> диа̀рия. [diarija.]

> **Verstopfung.**
> за̀пек. [sapek.]

Ich vertrage das Essen/die Hitze nicht.
Не ми пона̀ся храна̀та/горещина̀та.
[ne mi ponaßja chranata/goreschtinata.]

Ich habe mich verletzt.
Нараних̀ се. [naranich ße.]

Ich bin gestürzt.
Па̀днах. [padnach.]

Können Sie mir bitte etwas gegen … geben/verschreiben?
Мо̀жете ли да ми дадѐте/предпѝшете нѐщо срещу̀ …?
[moschete li da mi dadete/pretpischete neschto ßreschtu …?]

Normalerweise nehme ich …
Обикновѐно взѝмам … [obiknoweno wsimam …]

Ich habe einen hohen/niedrigen Blutdruck.
Ѝмам висо̀ко/нѝско кръ̀вно. [imam wißoko/nißko krəwno.]

GESUNDHEIT

Ich bin Diabetiker.
Диабетѝк *m*/Диабетѝчка *f* съм. [diabetik/diabetitschka ßəm.]

Ich bin schwanger.
Брѐменна съм. [bremenna ßəm.]

Ich hatte vor kurzem …
Наскòро ѝмах … [naßkoro imach …]

Untersuchung

Was kann ich für Sie tun?
С каквò мòга да ви помòгна? [ß kakwo moga da wi pomogna?]

Wo tut es weh?
Къдѐ ви болѝ? [kəde wi boli?]

Ich habe hier Schmerzen.
Ѝмам бòлки тук. [imam bolki tuk.]

Bitte, machen Sie sich/Ihren Arm frei.
Съблечѐте се./Вдигнѐте си ръкàва.
[ßəbletschete ße./wdignete ßi rəkawa.]

Bitte tief einatmen. Atem anhalten.
Вдѝшайте дълбòко. Задръжте (въздуха).
[wdischajte dəlboko. sadrəschte (wəsducha).]

Ich brauche eine Blut-/Urinprobe.
Трябва да ви взѐмем кръв/урѝна. [trjabwa da wi wsemem krəf/urina.]

Sie müssen geröntgt werden.
Трябва да ви напрàвим рѐнтгенова снѝмка.
[trjabwa da wi naprawim rengenowa snimka.]

Sie müssen operiert werden.
Трябва да се оперѝрате. [trjabwa da ße operirate.]

Sie sollten ein paar Tage Bettruhe halten.
Трябва да лежѝте нЯколко дèна. [trjabwa da leschite njakolko dena.]

Es ist nichts Ernstes.
Не е нѐщо сериòзно. [ne e neschto ßerjosno.]

Haben Sie einen Impfschein?
Ѝмате ли докумѐнт за имунизàция?
[imate li dokument sa imunisazija?]

Ich bin gegen … geimpft.
Ваксинѝран *m* съм/Ваксинѝрана *f* съм срещỳ …
[wakßiniran ßəm/wakßinirana ßəm ßreschtu …]

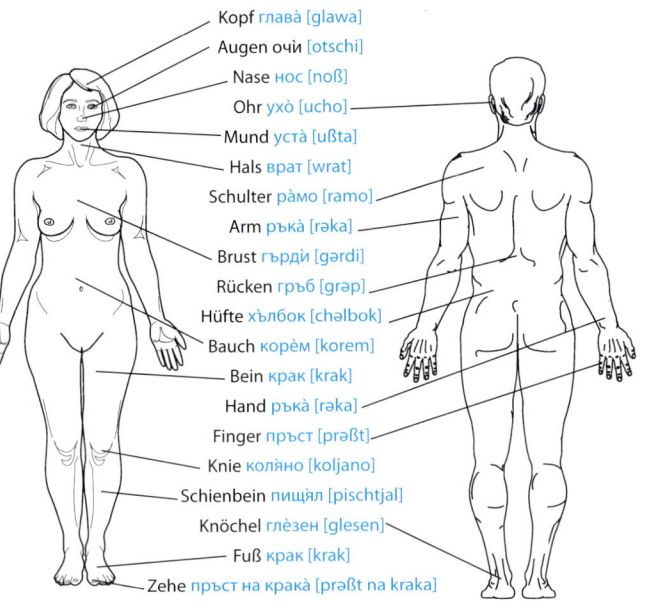

Kopf главà [glawa]
Augen очѝ [otschi]
Nase нос [noß]
Ohr ухò [ucho]
Mund устà [ußta]
Hals врат [wrat]
Schulter ràмо [ramo]
Arm ръкà [rəka]
Brust гърдѝ [gərdi]
Rücken гръб [grəp]
Hüfte хълбок [chəlbok]
Bauch корèм [korem]
Bein крак [krak]
Hand ръкà [rəka]
Finger пръст [prəßt]
Knie колЯно [koljano]
Schienbein пищЯл [pischtjal]
Knöchel глèзен [glesen]
Fuß крак [krak]
Zehe пръст на кракà [prəßt na kraka]

Im Krankenhaus

Wie lange muss ich hier bleiben?
Кòлко врèме трЯбва да остàна тук?
[kolko wreme trjabwa da oßtana tuk?]

Geben Sie mir bitte …
Дàйте ми … мòля. [dajte mi … molja.]

ein Glas Wasser
чàша водà [tschascha woda]

eine Schmerztablette
болкоуспокоЯващо [bolkoußpokojawaschto]

eine Schlaftablette
приспивàтелно [prißpiwatelno]

eine Wärmflasche
грèйка [grejka]

Ich kann nicht einschlafen.
Не мòга да заспЯ. [ne moga da saßpja.]

Wann darf ich aufstehen?
Когà ще мòга да стàна? [koga schte moga da ßtana?]

GESUNDHEIT

Krankheiten und Beschwerden

Abszess	абсцѐс [aßzeß]
Aids	спин [ßpin]
Allergie	алѐргия [alergija]
allergisch sein gegen	алергѝчен m/алергѝчна f съм към … [alergitschen/alergitschna ßəm kəm …]
Angina	ангѝна [angina]
ansteckend	заразен m/заразна f [sarasen/sarasna]
Asthma	àстма [aßma]
Atembeschwerden	затруднѐно дѝшане [satrudneno dischane]
Ausschlag	òбрив [obrif]
Bänderriss	скъ̀сване на (ставна) връзка [ßkəßwane na (ßtawna) wrəßka]
Blähungen	гàзове [gasowe]
Blinddarmentzündung	апендицѝт [apendizit]
Blutung	кървѐне [kərwene]
Bluthochdruck	кръ̀вно налягане [krəwno naljagane]
Blutvergiftung	отрàвяне на кръвтà [otrawjane na krəfta]
Brechreiz	гàдене [gadene]
Bronchitis	бронхѝт [bronchit]
Bruch	счу̀пване [ßtschupwane]
Cholera	холѐра [cholera]
Diabetes	диабѐт [diabet]
Diphtherie	дифтерѝя [difterija]
Durchfall	диàрия [diarija]
Entzündung	възпалѐние [wəßpalenie]
Erkältung	настѝнка [naßtinka]
Fehlgeburt	спонтàнен абòрт [ßpontanen abort]
Fieber	температу̀ра [temperatura]
gebrochen	счу̀пен [ßtschupen]
Gehirnerschütterung	сътресѐние на мòзъка [ßətreßenie na mosəka]
Gehirnschlag	апоплектѝчен у̀дар [apoplektitschen udar]
Gelbfieber	жълта трѐска [schəlta treßka]
Gelbsucht	жълтенѝца [schəlteniza]
Geschlechtskrankheit	венерѝческа бòлест [weneritscheßka boleßt]
geschwollen	поду̀т [podut]
Geschwulst	ту̀мор [tumor]
Geschwür	язва [jaswa]
Gleichgewichtsstörungen	нарушѐние на равновѐсието [naruschenie na rawnoweßieto]

Grippe	грип [grip]
Halsschmerzen	бо̀лки в гъ̀рлото [bolki w gərloto]
Hämorriden	хемороѝди [chemoroidi]
heiser	пресѝпнал [preßipnal]
Herzanfall	сърдѐчен прѝстъп [ßərdetschen prißtəp]
Herzbeschwerden	проблѐми със сърцѐто [problemi ßəß ßərzeto]
Herzfehler	поро̀к на сърцѐто [porok na ßərzeto]
Herzinfarkt	инфа̀ркт [infarkt]
Herzrasen	учестѐно сърцебиѐне [utscheßteno ßərzebiene]
Heuschnupfen	сѐнна хрѐма [ßenna chrema]
Hexenschuss	лумба̀го [lumbago]
Infektion	инфѐкция [infekzija]
Ischias	ишиа̀с [ischiaß]
jucken	сърбя̀ [ßərbja]
Kinderlähmung	дѐтски пара̀лич [detßki paralitsch]
Knochenbruch	фракту̀ра [fraktura]
Kolik	ко̀лика [kolika]
Kopfschmerzen	главобо̀лие [glawobolie]
Krampf	гърч [gərtsch]
Krankheit	бо̀лест [boleßt]
Krebs	рак [rak]
Kreislaufstörung	смущѐние в кръвообращѐнието [ßmuschtenie f krəwoobraschtenieto]
Lähmung	пара̀лиза [paralisa]
Lebensmittel- vergiftung	хранѝтелно отра̀вяне [chranitelno otrawjane]
Leistenbruch	хѐрния [chernija]
Lungenentzündung	бро̀нхопневмо̀ния [bronchopnewmonija]
Magenschmerzen	стома̀шни бо̀лки [ßtomaschni bolki]
Malaria	мала̀рия [malarija]
Mandelentzündung	възпалѐние на слѝвиците [wəßpalenie na ßliwizite]
Migräne	мигрѐна [migrena]
Mittelohrentzündung	възпалѐние на срѐдното ухо̀ [wəßpalenie na ßrednoto ucho]
Nasenbluten	кръвотечѐние от носа̀ [krəwotetschenie ot noßa]
Nierenentzündung	възпалѐние на бъ̀бреците [wəßpalenie na bəbrezite]
Nierenstein	ка̀мък в бъ̀брека [kamək f bəbreka]
niesen	кѝхам [kicham]

GESUNDHEIT

Ohnmacht	несвя̀ст [neßwjaßt]
Prellung	контỳзия [kontusija]
Rheuma	ревматѝзъм [rewmatisəm]
Rückenschmerzen	бо̀лки в гърба̀ [bolki w gərbə]
Schlaflosigkeit	безсъ̀ние [beßßənie]
Schlaganfall	апоплектѝчен ỳдар [apoplektitschen udar]
Schmerzen	бо̀лки [bolki]
Schnittwunde	ра̀на от поря̀зване [rana ot porjaswane]
Schnupfen	хрѐма [chrema]
Schüttelfrost	трѐска [treßka]
Schwellung	подутина̀ [podutina]
Schwindel	световъртѐж [ßwetowərtesch]
Sehstörungen	смущѐния в зрѐнието [ßmuschtenija w srenieto]
Seitenstich	странѝчен бодѐж [ßtranitschen bodesch]
Sodbrennen	киселинѝ [kißelini]
Sonnenbrand	слъ̀нчево изга̀ряне [ßləntschewo isgarjane]
Sonnenstich	слъ̀нчев ỳдар [ßləntschef udar]
Stirnhöhlen-entzündung	фронта̀лен синузѝт [frontalen ßinusit]
Tetanus	тѐтанус [tetanuß]
Typhus	тиф [tif]
Übelkeit	га̀дене [gadene], прилошàване [priloschawane]
Verbrennung	изга̀ряне [isgarjane]
Verdauungsstörung	смущѐния в храносмила̀телната систѐма [ßmuschtenija f chranoßmilatelnata ßißtema]
Vergiftung	отра̀вяне [otrawjane]
verletzen	нараня̀вам [naranjawam]
Verletzung	ра̀на [rana], наранявàне [naranjawane]
verstaucht	изкъ̀лчен [ißkəltschen]
Verstopfung	за̀пек [sapek]
wehtun	боля̀ [bolja]
Wunde	ра̀на [rana]
Zerrung	разтѐгляне [raßtegljane]

Körper – Arzt – Krankenhaus

Arm	ръка̀ [rəka]
atmen	дѝшам [discham]
Attest	медицѝнско свидѐтелство [medizinßko ßwidetelßtwo]
Augen	очѝ [otschi]
Bauch	корѐм [korem]

Bein	крак [krak]
Bescheinigung	свидѐтелство [ßwidetelßtwo]
Besuchszeit	врѐме за посещѐния [wreme sa poßeschtenija]
bewusstlos	в безсъзнàние [w beßßəsnanie]
Blase *(Harnblase)*	пѝкочен мехỳр [pikotschen mechur]
(Hautblase)	мехỳр на кòжата [mechur na ko<u>sch</u>ata]
Blinddarm	апèндикс [apendiks]
Blut	кръв [krəf]
Blutdruck	кръвно налягане [krəwno naljagane]
bluten	кървя̀ [kərwja]
Blutgruppe	кръвна грỳпа [krəwna grupa]
Bronchien	брòнхи [bronchi]
Brust	гърдѝ [gərdi]
Bypass	бàйпàс [bajpaß]
Chirurg/in	хирỳрг [chirurk]
Darm	червò [tscherwo]
desinfizieren	дезинфектѝрам [desinfektiram]
Diagnose	диагнòза [diagnosa]
Diät	диèта [dieta]
Eiter	гной [gnoj]
sich erbrechen	повръ̀щам [powrəschtam]
Facharzt	специалѝст [ßpezialißt]
Finger	пръст [prəßt]
Fuß	крак [krak]
Gallenblase	жлъ̀чен мехỳр [<u>sch</u>lətschen mechur]
Gehirn	мòзък [mosək]
Gehör	слух [ßluch]
Gelenk	стàва [ßtawa]
Geschlechtsorgane	пòлови òргани [polowi organi]
Gesicht	лицѐ [lize]
Hals	врат [wrat]
Hand	ръкà [rəka]
Haut	кòжа [ko<u>sch</u>a]
Herz	сърцѐ [ßərze]
Herzschrittmacher	пѐйсмѐйкър [pejßmejkər]
Herzspezialist	специалѝст по сърдèчно-съдови заболявания [ßpezialißt po ßərdetschno-ßədowi saboljawanija]
Hüfte	хълбок [chəlbok]
Husten	кàшлица [kaschliza]
Impfschein	имунизациòнен картòн [imunisazionen karton]
Impfung	ваксинàция [wakßinazija]

GESUNDHEIT

Infusion	систѐма [ßißtema]
Knie	колу́но [koljano]
Knöchel	глѐзен [glesen]
Knochen	кост [koßt]
Kopf	главà [glawa]
krank	бòлен [bolen]
Krankenhaus	бòлница [bolniza]
Krankenkasse	здра̀вна ка̀са [sdrawna kaßa]
Krankenpfleger	санита̀р [ßanitar]
Krankenschein	медици́нско свидѐтелство [medizinßko ßwidetelßtwo]
Krankenschwester	медици́нска сестра̀ [medizinßka ßeßtra]
Leber	чѐрен дроб [tscheren drop]
Lippe	у̀стна [ußtna]
Lunge	бял дроб [bjal drop]
Magen	стома̀х [ßtomach]
Mandeln	сли́вици [ßliwizi]
Menstruation	менструа̀ция [menßtruazija]
Mund	уста̀ [ußta]
Muskel	му̀скул [mußkul]
nähen	ши́я [schija]
Narbe	бѐлег [belek]
Narkose	упо̀йка [upojka]
Nase	нос [noß]
Nerv	нерв [nerf]
nervös	нѐрвен [nerwen]
Niere	бъ̀брек [bəbrek]
Ohr	ухò [ucho]
Operation	опера̀ция [operazija]
Prothese	протѐза [protesa]
Puls	пулс [pulß]
Rippe	ребрò [rebro]
röntgen	мина̀вам на рѐнтген [minawam na rengen]
Röntgenaufnahme	рѐнтгенова сни́мка [rengenowa ßnimka]
Rücken	гръб [grəp]
Rückgrat	гръбна̀к [grəbnak]
Schiene	ши́на [schina]
Schienbein	пищя̀л [pischtjal]
Schlüsselbein	клю̀чица [kljutschiza]
Schulter	ра̀мо [ramo]

Schwangerschaft	бре́менност [bremennoßt]
schwitzen	потя́ се [potja ße]
Speiseröhre	хранопрово́д [chranoprowot]
Sprechstunde	прие́мен час [priemen tschaß]
Spritze	спринцо́вка [ßprinzofka]
Station	отделе́ние [otdetenie]
Stich	убо́ждане [uboschdane]
Stuhlgang	хо́дене по ну́жда [chodene po nuschda]
Trommelfell	тъ́панче [təpantsche]
Ultraschall-untersuchung	пре́глед на у́лтразву́к [preglet na ultraswuk]
Unterleib	до́лната част на коре́ма [dolnata tschaßt na korema]
Untersuchung	пре́глед [preglet]
Urin	у́рина [urina]
Verband	превръ́зка [prewrəska]
verbinden	превъ́рзвам [prewərswam]
Verdauung	храносми́лане [chranoßmilane]
verschreiben	предпи́свам [pretpißwam]
Virus	ви́рус [wiruß]
Wartezimmer	чака́лня [tschakalnja]
Wirbelsäule	гръбна́чен стълб [grəbnatschen ßtəlp]
Zehe	пръст на крака́ [prəßt na kraka]
Zunge	ези́к [esik]

Beim Zahnarzt

Ich habe (starke) Zahnschmerzen.
Боли́ ме зъб. [boli me səp.]

Dieser Zahn (oben/unten/vorn/hinten) tut weh.
То́зи зъб (го́ре/до́лу/отпре́д/отза́д) ме боли́.
[tosi səp (gore/dolu/otpret/otsat) me boli.]

Ich habe eine Füllung verloren.
Па́дна ми пло́мба. [padna mi plomba.]

Mir ist ein Zahn abgebrochen.
Счу́пи ми се зъб. [ßtschupi mi ße səp.]

Ich behandle ihn nur provisorisch.
Ще взе́ма са́мо вре́менни ме́рки.
[schte wsema ßamo wremenni merki.]

Geben Sie mir bitte ...
Мòля, ... [molja, …]

    eine Spritze.
    сложèте ми упòйка. [ßloschete mi upojka.]

    keine Spritze.
    не ми слàгайте упòйка. [ne mi ßlagajte upojka.]

Backenzahn	кътник	[kətnik]
Brücke	мост	[moßt]
Kiefer	чèлюст	[tscheljußt]
Krone	корòнка	[koronka]
Loch	дỳпка	[dupka]
Plombe	плòмба	[plomba]
Prothese	протèза	[protesa]
Schneidezahn	резèц	[resez]
Weisheitszahn	мъдрèц	[mədrez]
Zahn	зъб	[səp]
Zahnfleisch	венцѝ	[wenzi]
Zahnschmerzen	зъбобòл	[səbobol]
ziehen	вàдя	[wadja]

Wichtiges von A bis Z

> **Es ist nicht so schwer, wie man denkt …**
> Hier finden Sie nützliche Redewendungen, die Ihnen helfen, sich unterwegs zu verständigen. Die Bulgaren fühlen sich geschmeichelt, wenn sie merken, dass Sie es versuchen. Also, *Късмѐт!* [kəßmet!] – Viel Glück!

Bank

Können Sie mir bitte sagen, wo hier eine Bank ist?
Знаете ли къдѐ тук ѝма бàнка? [snaete li kəde tuk ima banka?]

Ich möchte … Euro (Schweizer Franken) in … wechseln.
Ѝскам да сменя̀ … ѐвро (швейцàрски фрàнка) в …
[ißkam da ßmenja … ewro (schwejzarßki franka) w …]

Können Sie mir bitte sagen, wie heute der Wechselkurs ist?
Извинѐте, какъв е кỳрсът за деня̀? [iswinete, kakəf e kurßət sa denja?]

Ich möchte … einlösen.
Ѝскам да осребря̀ … [ißkam da oßrebrja …]

    diesen Reisescheck
    тòзи пътнически чек [tosi pətnitscheßki tschek]

Auf welchen Betrag kann ich ihn maximal ausstellen?
Каквà е максимàлната сỳма, която мòга да напѝша на чѐка?
[kakwa e makßimalnata ßuma, kojato moga da napischa na tscheka?]

Darf ich bitte … sehen?
Мòга ли да вѝдя …? [moga li da widja …?]

    Ihren Ausweis
    лѝчната ви кàрта [litschnata wi karta]

    Ihren Pass
    паспòрта ви [paßporta wi]

Würden Sie bitte hier unterschreiben?
Подпишѐте се тук, мòля. [potpischete ße tuk, molja.]

Der Geldautomat gibt meine Karte nicht mehr heraus.
Банкомàтът не връща кàртата ми.
[bankomatət ne wrəschta kartata mi.]

auszahlen	изплàщам [ißplaschtam]
Bank	бàнка [banka]
bar	в брой [w broj]
Bargeld	парѝ в брой [pari w broj]

Bearbeitungsgebühr.	тàкса за обрабòтване [takßa sa obrabotwane]
Betrag	сỳма [ßuma]
Chipkarte	кàрта с чип [karta ß tschip]
Devisen	валỳта [waluta]
Euro	èвро [ewro]
Formular	формулỳр [formuljar]
Geheimzahl	пѝн(код) [pin(kot)]
Geld	парѝ [pari]
Geldautomat	банкомàт [bankomat]
Geldanweisung	(парѝчен) зàпис [(paritschen) sapiß]
Geldschein	банкнòта [banknota]
Geldwechsel	обмя̀на на валỳта [obmjana na waluta]
Kleingeld	дрèбни парѝ [drebni pari]
Konto	смèтка [ßmetka]
Kreditkarte	крèдитна кàрта [kreditna karta]
Lew	лев [lef]
Münze	монèта [moneta]
Quittung	квитàнция [kwitanzija]
Reisescheck	пътнически чек [pətnitscheßki tschek]
Scheck	чек [tschek]
einen Scheck ausstellen	пѝша чек [pischa tschek]
Scheckkarte	чèкова кàрта [tschekowa karta]
Schweizer Franken	швейцàрски фрàнкове [schwejzarßki frankowe]
Stotinki	стотѝнки [ßtotinki]
Überweisung	прèвод [prewot]
telegrafische Überweisung	телегрàфен прèвод [telegrafen prewot]
umtauschen	обмèням [obmenjam]
Unterschrift	пòдпис [potpiß]
Währung	валỳта [waluta]
Wechselkurs	(обмèнен) курс [(obmenen) kurß]
Zahlung	плàщане [plaschtane]

Filmen und Fotografieren

Könnten Sie bitte ein Foto von uns machen?
Ще ни снѝмате ли? [schte ni ßnimate li?]

Das ist sehr freundlich!
Мнòго мѝло! [mnogo milo!]

Drücken Sie bitte auf diesen Knopf.
Натиснèте товà кòпче. [natißnete towa koptsche.]

Die Entfernung/Blende stellt man so ein.
Разстоя̀нието/Блѐндата се настро̀йва ѐто така̀.
[raßtojanieto/blendata ße naßtrojwa eto taka.]

Dürfte ich Sie wohl fotografieren?
Мо̀же ли да ви снѝмам? [mo<u>sch</u>e li da wi ßnimam?]

So haben wir eine schöne Erinnerung an unseren Urlaub.
Така̀ ще ѝмаме ху̀бав спо̀мен от вака̀нцията ни.
[taka schte imame chubaf ßpomen ot wakanzijata ni.]

Foto	снѝмка [ßnimka]
Fotoapparat	фо̀тоапара̀т [fotoaparat]
fotografieren	снѝмане [ßnimane]
Hochformat	вертика̀лен форма̀т [wertikalen format]
Querformat	хоризонта̀лен форма̀т [chorisontalen format]
Schnappschuss	момента̀лна снѝмка [momentalna ßnimka]

Fundbüro

Können Sie mir bitte sagen, wo das Fundbüro ist?
Мо̀жете ли да ми ка̀жете, къдѐ се намѝра бюро̀то за загу̀бени вѐщи? [mo<u>sch</u>ete li da mi ka<u>sch</u>ete, kəde ße namira bjuroto sa sagubeni weschti?]

Ich habe … verloren.
Загу̀бих си … [sagubich ßi …]

Ich habe meine Handtasche im Zug vergessen.
Забра̀вих си ча̀нтата във вла̀ка. [sabrawich ßi tschantata wəf wlaka.]

Würden Sie mich bitte benachrichtigen, wenn sie gefunden werden sollte?
Ще ми съобщѝте ли, ако бъ̀де намѐрена?
[schte mi ßəopschtite li, ako bəde namerena?]

Hier ist meine Hotelanschrift/Heimatadresse.
Ѐто адрѐса на хотѐла/дома̀шния ми адрѐс.
[eto adreßa na chotela/domaschnija mi adreß.]

Polizei

Könnten Sie mir bitte sagen, wo das nächste Polizeirevier ist?
Извинѐте, къдѐ е на̀й-блѝзкият полицѐйски уча̀стък?
[iswinete, kəde e naj-bließkijat polizejßki utschaßtək?]

Ich möchte … anzeigen.
Ѝскам да съобщя̀ за … [ißkam da ßəopschtja sa …]

einen Diebstahl
крàжба [kra_sch_ba]

einen Überfall
нападèние [napadenie]

Mir ist … gestohlen worden.
Открàднаха ми ... [otkradnacha mi …]

die Handtasche
чàнтата [tschantata]

die Brieftasche
портфèйла [portfejla]

mein Fotoapparat
фòтоапарàта [fotoaparata]

mein Auto/mein Fahrrad
колàта/колелòто [kolata/koleloto]

Mein Auto ist aufgebrochen worden.
Отвòрили са ми колàта. [otworili ßa mi kolata.]

Aus meinem Auto ist … gestohlen worden.
От колàта ми открàднаха ... [ot kolata mi otkradnacha …]

Mein Sohn/Meine Tochter ist verschwunden.
Синът ми/Дъщеря̀ ми е изчèзнал/а.
[ßinət mi/dəschterja mi e ißtschesnal/a.]

Dieser Mann belästigt mich.
Тòзи мъж ми досàжда. [tosi məsch mi doßa_sch_da.]

Können Sie mir bitte helfen?
Бѝхте ли ми помòгнали? [bichte li mi pomognali?]

Wann genau ist das passiert?
Когà се слỳчи товà? [koga ße ßlutschi towa?]

Ihren Namen und Ihre Anschrift, bitte.
Ѝмето и адрèса ви, мòля. [imeto i adreßa wi, molja.]

Wenden Sie sich bitte an das deutsche/österreichische/Schweizer Konsulat.
Обърнèте се към нèмското/австрѝйското/швейцàрското кòнсулство.
[obərnete ße kəm nemßkoto/afßtrijßkoto/schwejzarßkoto konßulßtwo.]

anzeigen . . . . съобщàвам [ßəopschtawam]
aufbrechen . . . . разбѝвам [rasbiwam]
Autoradio . . . . (автомобѝлно) рàдио [(aftomobilno) radio]
belästigen . . . . досàждам [doßa_sch_dam]
beschlagnahmen . . . конфискỳвам [konfißkuwam]

WICHTIGES VON A BIS Z

Brieftasche	портфѐйл [portfejl]
Dieb	крадѐц [kradez]
Diebstahl	крàжба [kraschba]
Gefängnis	затвòр [satwor]
Geldbörse	портмонѐ [portmone]
Gericht	съд [ßət]
Kfz-Schein	докумѐнти за колà [dokumenti sa kola]
Kreditkarte	крѐдитна кàрта [kreditna karta]
Papiere	докумѐнти [dokumenti]
Personalausweis	лѝчна кàрта [litschna karta]
Polizei	полѝция [polizija]
Polizeiwagen	полицѐйска колà [polizejßka kola]
Polizist/in	полицàй/ка [polizaj/ka]
Rauschgift	наркотѝк [narkotik]
Rechtsanwalt	адвокàт [adwokat]
Reisepass	паспòрт [paßport]
Richter	съдия̀ [ßədja]
Scheck	чек [tschek]
Scheckkarte	чѐкова кàрта [tschekowa karta]
Schlüssel	ключ [kljutsch]
Schmuggel	контрабàнда [kontrabanda]
Schuld	винà [wina]
sexuelle Belästigung	сексуàлен тормòз [ßekßualen tormoß]
Taschendieb	джебчѝя [dschеptschija]
Überfall	нападѐние [napadenie]
Untersuchungshaft	предварѝтелен арѐст [predwaritelen areßt]
Verbrechen	престъплѐние [preßtəplenie]
Vergewaltigung	изнасѝлване [isnaßilwane]
verhaften	арестувам [areßtuwam]
verlieren	загỳбвам [sagubwam]
Zeuge	свидѐтел [ßwidetel]
zusammenschlagen	пребѝвам [prebiwam]

Post

Können Sie mir bitte sagen, wo ... ist?
Извинѐте, къдѐ се намѝра ...? [iswinete, kəde ße namira ...?]

> **das nächste Postamt?**
> **нàй-блѝзката пòща** [naj-blißkata poschta]

> **der nächste Briefkasten?**
> **нàй-блѝзката пòщенска кутѝя** [naj-blißkata poschtenßka kutija]

Was kostet ein Brief/eine Postkarte …
Кòлко стрỳва еднò писмò/еднà пòщенска кàртичка …
[kolko ßtruwa edno pißmo/edna poschtenßka kartitschka …]

> **nach Deutschland?**
> за Гермàния? [sa germanija?]
>
> **nach Österreich?**
> за Àвстрия? [sa afßtrija?]
>
> **in die Schweiz?**
> за Швейцàрия? [sa schwejzarija?]

Drei Briefmarken zu … Lewa, bitte!
Три пòщенски мàрки по … лèва, мòля!
[tri poschtenßki marki po … lewa, molja!]

Diesen Brief bitte per …
Мòля, товà писмò да бъ̀де … [molja, towa pißmo da bəde …]

> **Luftpost.**
> с въздỳшна пòща. [ß wəsduschna poschta.]
>
> **Express.**
> бъ̀рза пòща. [bərsa poschta.]
>
> **Einschreiben.**
> препоръ̀чано. [preporətschano.]

Wie lange braucht ein Brief nach Deutschland?
За кòлко врèме ще стѝгне писмòто до Гермàния?
[sa kolko wreme schte ßtigne pißmoto do germanija?]

Haben Sie Sondermarken?
Ѝмате ли филатèлни мàрки? [imate li filatelni marki?]

Ich möchte … Euro von meinem Postsparbuch abheben.
Ѝскам да изтèгля … èвро от спестòвната ми кнѝжка.
[ißkam da ißteglja … ewro ot ßpeßtownata mi knischka.]

Absender	подàтел	[podatel]
Adresse	адрèс	[adteß]
ausfüllen	попъ̀лвам	[popəlwam]
Brief	писмò	[pißmo]
Briefkasten	пòщенска кутѝя	[poschtenßka kutija]
Briefmarke	пòщенска мàрка	[poschtenßka marka]
Briefmarkenautomat	автомàт за пòщенски мàрки [aftomat sa poschtenßki marki]	
Eilbrief	бъ̀рзо писмò	[bərso pißmo]
Einschreibebrief	препоръ̀чано писмò	[preporətschano pißmo]
Empfänger	получàтел	[polutschatel]
Fax/Faxgerät	факс	[fakß]

WICHTIGES VON A BIS Z

Formular	формуля̀р [formuljar]
frankieren	таксу̀вам [takßuwam]
Gebühr	та̀кса [takßa]
Gewicht	тегло̀ [teglo]
Hauptpostamt	центра̀лна по̀ща [zentralna poschta]
Leerung	изпра̀зване [ißpraswane]
mit Luftpost	с възду̀шна по̀ща [ß wəsduschna poschta]
nachsenden	препра̀щам [prepraschtam]
Päckchen	(ма̀лък) колѐт [(malək) kolet]
Paket	колѐт [kolet]
Paketkarte	деклара̀ция [deklarazija]
Porto	(по̀щенска) та̀кса [(poschtenßka) takßa]
Postamt	по̀ща [poschta]
Postkarte	по̀щенска ка̀ртичка [poschtenßka kartitschka]
postlagernd	до поиксване [do poißkwane]
Postleitzahl	по̀щенски код [poschtenßki kot]
Postsparbuch	спесто̀вна книжка [ßpeßtowna knischka]
Sondermarke	филатѐлна ма̀рка [filatelna marka]
Telegramm	телегра̀ма [telegrama]
Telex	тѐлекс [telekß]
Vordruck	формуля̀р [formuljar]
Wertangabe	обя̀вена сто̀йност [objawena ßtojnoßt]
Zollerklärung	мѝтническа деклара̀ция [mitnitscheßka deklarazija]

Telefonieren

Können Sie mir bitte sagen, wo die nächste Telefonzelle ist?
Извинѐте, къдѐ се намѝра на̀й-блѝзкият у̀личен телефо̀н?
[iswinete, kəde ße namira naj-blißkijat ulitschen telefon?]

Ich möchte bitte eine Telefonkarte.
Една̀ фо̀нока̀рта, мо̀ля. [edna fonokarta, molja.]

Wie ist bitte die Vorwahl von …?
Какъ̀в е ко̀дът на ..? [kakəf e kodət na …?]

Bitte ein Ferngespräch nach …
Мо̀ля, едѝн междуградски ра̀зговор до …
[molja, edin meschdugratßki rasgowor do …]

Ich möchte ein R-Gespräch anmelden.
Оба̀ждането ще е за смѐтка на повѝкvания.
[obaschdaneto schte e sa ßmetka na powikwanija.]

Gehen Sie in Kabine Nr. …
Отидѐте в кабѝна но̀мер … [otidete f kabina nomer …]

Ein Telefongespräch

Hier spricht …
Обàжда се … [obaschda ße …]

Hallo, mit wem spreche ich, bitte?
Àло, с когò говòря? [alo, ß kogo goworja?]

Guten Tag, mein Name ist …
Дòбър ден, кàзвам се … [dobər den, kaswam ße …]

Kann ich bitte Herrn/Frau … sprechen?
Мòга ли да говòря с господѝн/госпожà …?
[moga li da goworja ß goßpodin/goßposcha …?]

Tut mir Leid, er/sie ist nicht da.
Съжалявам, няма го/няма я. [ßəschaljawam, njama go/njama ja.]

Kann er/sie Sie zurückrufen?
Да му предàм ли/Да ѝ предàм ли да ви се обàди?
[da mu predam li/da i predam li da wi se obadi?]

Möchten Sie eine Nachricht hinterlassen?
Ще остàвите ли съобщèние? [schte oßtawite li ßəopschtenie?]

Sagen Sie ihm bitte, ich hätte angerufen.
Предàйте му, че съм се обàждал/а.
[predajte mu, tsche ßəm ße obaschdal/a.]

„Kein Anschluss unter dieser Nummer."
"Избрàли сте несъществỳващ нòмер."
[isbrali ßte neßəschteßtwuwascht nomer.]

abnehmen	вдѝгам (слушàлката)	[wdigam (ßluschalkata)]
Anruf	обàждане	[obaschdane]
Anrufbeantworter	телефòнен секретàр	[telefonen ßekretar]
anrufen	обàждам се	[obaschdam ße]
Auskunft	бюрò спрàвки	[bjuro ßprafki]
Auslandsgespräch	международен рàзговор	[meschdunaroden rasgowor]
besetzt	заèто	[saeto]
Ferngespräch	междугрàдски рàзговор	[meschdugratßki rasgowor]
Gebühr	тàкса	[takßa]
Gespräch	рàзговор	[rasgowor]
Handy	джѝесем	[dschießem]
Hörer	слушàлка	[ßluschalka]
Mobiltelefon	мобѝлен телефòн	[mobilen telefon]

WICHTIGES VON A BIS Z

Ortsgespräch	. . . . .	гра̀дски ра̀зговор [gratßki rasgowor]
R-Gespräch	. . . .	ра̀зговор за смѐтка на повѝквания [rasgowor sa ßmetka na powikwanija]
Telefon	. . . .	телефо̀н [telefon]
Telefonbuch	. . . . . .	телефо̀нен указа̀тел [telefonen ukasatel]
Telefonkarte	. . . . . .	фо̀нока̀рта [fonokarta]
Telefonnummer	. . . .	телефо̀нен но̀мер [telefonen nomer]
Telefonzelle	. . . . . .	(у̀личен) телефо̀н [(ulitschen) telefon]
Verbindung	. . . . . .	връ̀зка [wrəßka]
Voranmeldung	. . . .	предварѝтелна поръ̀чка [predwaritelna porətschka]
Vorwahlnummer	. . .	код [kot]
wählen	. . . .	набѝрам [nabiram]

Toilette und Bad

Wo ist bitte die Toilette?
Извинѐте, къдѐ е тоалѐтната? [iswinete, kəde e toaletnata?]

Dürfte ich wohl bei Ihnen die Toilette benutzen?
Извинѐте, мо̀га ли да по̀лзвам ва̀шата тоалѐтна?
[iswinete, moga li da polswam waschata toaletna?]

Würden Sie mir bitte den Schlüssel für die Toiletten geben?
Ще ми дадѐте ли ключа̀ за тоалѐтната?
[schte mi dadete li kljutscha sa toaletnata?]

Damen	. . . .	женѝ [scheni], Ж
Damenbinden	. . . . .	да̀мски превръ̀зки [damßki prewrəßki]
Handtuch	. . . .	къ̀рпа [kərpa]
Handwaschbecken	. .	мѝвка [mifka]
Herren	. . . .	мъжѐ [məsche], M
sauber	. . . .	чист [tschißt]
schmutzig	. . . .	мръ̀сен [mrəßen]
Seife	. . . .	сапу̀н [ßapun]
Stehklosett	. . . .	писоа̀р [pißoar]
Tampons	. . . .	тампо̀ни [tamponi]
Toilettenpapier	. . . .	тоалѐтна хартѝя [toaletna chartija]
Wasserspülung	. . . .	сифо̀н [ßifon]

Kurzgrammatik

Das Substantiv (Hauptwort)

Genus (Geschlecht)

Das Bulgarische unterscheidet drei Genera. In der Regel lassen sie sich nach dem letzten Laut im Singular unterscheiden.

Letzter Laut	Genus		Beispiel
Konsonant	meist maskulin (männlich)	m	влак
			Zug
-*a* oder -*я*	meist feminin (weiblich)	f	чànта
			Tasche
-*e*, -*o* und andere Vokale	neutrum (sächlich)	n	детè
			Kind

- Manche Substantive, die auf einen Konsonant enden, sind feminin; so alle, die auf **-ост** enden: нèжн**ост** f — Zärtlichkeit
- Substantive, die auf **-a** oder **-я** enden, sind mänlich, wenn sie eine männliche Person bezeichnen: бащ**à** m — Vater

Plural (Mehrzahl)

Genus	Pluralendung	Beispiel
m – mehrsilbig endungslos	-и	сладолèд → сладолèд**и**
		Eis
auf –*к*	-ци	вèстни**к** → вèстни**ци**
		Zeitung
auf -*ец*	-ци	гермàн**ец** → гермàн**ци**
		Deutscher
auf -*ър*	-ри	мèт**ър** → мèт**ри**
		Meter
m – einsilbig	-ове	пли**к** → плик**ове**
		Briefumschlag
f	-и	дỳм**а** → дỳм**и**
		Wort
n auf -*o*, -*(ц)e* und -*(щ)e*	-а	писм**ò** → писм**à**
		Brief
		писъмц**è** → писъмц**à**
		Briefchen
		учѝлищ**e** → учѝлищ**а**
		Schule
auf -*ие*	-ия	кòп**ие** → кòп**ия**
		Kopie
auf -*е* und auf andere Vokale	Endung + -та	еднò кафè → две кафè**та**
		ein Kaffee
		таксѝ → таксѝ**та**
		Taxi

Das Adjektiv (Eigenschaftswort)

Das Adjektiv wird dekliniert, d. h. es verändert seine Genus- und Numerusform je nach dem Substantiv, worauf es sich bezieht: *висòк мъж, висòка женà, висòко детè*.

Die unflektierte maskuline Form im Singular gilt als Grundform des Adjektivs. Üblicherweise endet die Grundform auf einen Konsonanten. Manche maskuline Formen enden auf **-и**. Die Formen für Femininum, Neutrum und Plural werden von der Grundform und den entsprechenden Endungen gebildet:

Form	Endungen	Beispiel
m	endungslos (auf Konsonant) **-и**	хỳба**в** (ein) schöner бългapcк**и** (ein) bulgarischer
f	**-а**	хỳбав**а** (eine) schöne бългapcк**а** (eine) bulgarische
n	**-о**	хỳбав**о** (ein) schönes бългapcк**о** (ein) bulgarisches
pl	**-и**	хỳбав**и** schöne бългapcк**и** bulgarische

Steigerung der Adjektive

Die Steigerung der Adjektive erfolgt durch das Voranstellen der Silben **пo-** (Komparativ) und **нaй-** (Superlativ) vor das Adjektiv.

Positiv	Komparativ	Superlativ
висòк	пò-висòк	нàй-висòк
hoch	höher	am höchsten

Das Adverb (Umstandswort)

Die meisten Adverbien werden von Adjektiven abgeleitet, wobei der männlichen Adjektivform die Endung **-о** angehängt wird.

> бърз влак
> Schnellzug

> вървя̀ бъ̀рз**о**
> schnell gehen

Adverbien werden wie Adjektive gesteigert, indem die Silbe **по-**, bzw. **най-** vor das Adverb gestellt wird.

Die Pronomen (Fürwort)

Personalpronomen (Persönliches Fürwort)

Wie im Deutschen, werden die Personalpronomen dekliniert, wobei die Formen von Genitiv und Dativ gleich sind.

Numerus	Person	Kasus				
		Nominativ	Akkusativ		Dativ	
			Langform	Kurzform	Langform	Kurzform
Singular	ich	аз	мѐн(е)	ме	на мѐн(е)	ми
	du	ти	тѐб(е)	те	на тѐб(е)	ти
	er	той	нѐго	го	на нѐго	му
	sie	тя	нѐя	я	на нѐя	ѝ
	es	то	нѐго	го	на нѐго	му
Plural	wir	нѝе	нас	ни	на нас	ни
	ihr	вѝе	вас	ви	на вас	ви
	sie	те	тях	ги	на тях	им

Anmerkung: Die Form der 2. Person Plural wird auch als Höflichkeitsform gebraucht, wobei sie groß geschrieben wird: *Вѝе, Вас, Ви*

Reflexivpronomen (Bezügliches Fürwort)

Die Reflexivpronomen zeigen an, dass das Objekt des verbalen Geschehens mit dem Prädikatssubjekt identisch ist: *Той лъ̀же сѐбе си.* oder *Той се лъ̀же. Er täuscht sich.*;
oder dass das Objekt des verbalen Geschehens dem Subjekt angehört: *Той прочѐте своя̀ докла̀д.* oder *Той прочѐте докла̀да си. Er hat seinen Bericht vorgelesen.*

Possessivpronomen (Besitzanzeigendes Fürwort)

Numerus	Person	Langform				Kurz-form
		Singular			Plural für alle drei Genera	
		m	f	n		
Singular (ein Besitzer)	mein	мой, мòя(т)	моя, мòята	мòе, мòето	мòи, мòите	ми -
	dein	твой, твòя(т)	твоя, твòята	твòе, твòето	твòи, твòите,	ти -
	sein	нèгов, нèговия(т)	нèгова, нèговата	нèгово, нèговото	нèгови, нèговите	му -
	ihr	нèин, нèйния(т)	нèйна, нèйната	нèйно, нèйното	нèйни, нèйните	ѝ -
	sein	нèгов, нèговия(т)	нèгова, нèговата	нèгово, нèговото	нèгови, нèговите	му -
Plural (viele Besitzer)	unser	наш, нàшия(т)	нàша, нàшата	нàше, нàшето	нàши, нàшите	ни -
	euer	ваш, вàшия(т)	вàша, вàшата	вàше, вàшето	вàши, вàшите	ви -
	ihr	тèхен, тèхния(т)	тяхна, тяхната	тяхно, тяхното	тèхни, тèхните	им -

Der Artikel (Beiwort)

Der bestimmte Artikel

Im Gegensatz zum Deutschen hat der bestimmte Artikel nicht den Status einer selbständigen Wortart, sondern wird dem Wortende angehängt. In Nominalgruppen (Adjektiv + Substantiv) wird der bestimmte Artikel dem Adjektiv beigefügt.

Der bestimmte Artikel heißt:	
-ът	• Voll(klang)artikel. Er steht bei Substantiven männlichen Geschlechts, die auf Konsonant enden und im Satz als Subjekt und/oder Prädikatsnomen verwendet werden: влак → Влàк**ът** идва. (Subjekt) *Der Zug kommt.*
-а	• Kurz(klang)artikel. Er steht bei Substantiven männlichen Geschlechts auf Konsonant, die als Objekt im Satz verwendet werden: влак → Слизам от влàк**а**. (Objekt) *Ich steige aus dem Zug aus.* In der Umgangssprache werden **-ът** und **-а** gleich ausgesprochen: [-ə].

-ят	• Voll(klang)artikel (Subjekt, Prädikatsnomen)
–я	• Kurz(klang)artikel (Objekt)
	In der Umgangssprache werden **-ят** und **-я** gleich ausgesprochen: [-ə].
	-ят bzw. **-я** stehen bei Substantiven männlichen Geschlechts auf **-тел** und **-ар**, die Personen bezeichnen, und bei allen auf **–й**, bei den maskulenen Substantiven, die auf Konsonant enden, bei den maskulinen Adjektiven im Singular und bei den maskulinen Possessivpronomen im Singular:
	прия**тел** → прия**телят**
	(ein) Freund der Freund
	кра**й** → кра̀**ят**
	(ein) Ende das Ende
	път → пъ**тят**
	(ein) Weg der Weg
	ху̀бав ден → ху̀бав**ият** ден
	(ein) schöner Tag der schöne Tag
	голя**м** → голѐ**мия(т)**
	groß der große
	тво**й** ключ → тво̀**ят** ключ
	dein Schlüssel dein Schlüssel
	(allgemein) (der bestimmte)
	• Bei den meisten einsilbigen maskulinen Substantiven fällt die Betonung auf den bestimmten Artikel.
-та	• bei allen femininen Substantiven im Singular, bei allen femininen Substantiven, die auf Konsonant enden, bei allen anderen Substantiven auf **-а** und **–я**, bei allen femininen Adjektiven und den Possessivpronomen im Singular, bei Zahlen, die auf **-а** enden:
	хран**а̀** → хран**а̀та**
	Essen das Essen
	баща̀ → баща̀**та**
	(ein) Vater der Vater
	сѐло → селà**та**
	(ein) Dorf die Dörfer
	тя̀сна у̀лица → тя̀сна**та** у̀лица
	(eine) enge Straße die enge Straße
	два̀ автобу̀са → два̀**та** автобу̀са
	zwei Busse die zwei Busse

KURZGRAMMATIK

-то	• bei allen sächlichen Substantiven, Adjektiven und Possessivpronomen im Singular und bei maskulinen Substantiven, die auf **-o** oder **-e** enden: мя̀сто → мя̀сто**то** (ein) Ort der Ort сỳхо вѝно → сỳхо**то** вѝно trockener Wein der trockene Wein мòе детѐ → мòе**то** детѐ mein Kind mein Kind (einziges (eins meiner Kinder) oder ein bestimmtes) дя̀до → дя̀до**то** (ein) Opa der Opa аташѐ → аташѐ**то** (ein) Attache der Attache
-те	• bei maskulinen und femininen Substantiven im Plural, bei allen Adjektiven und Possessivpronomen, bei allen Zahlen: кнѝга → кнѝги → кнѝги**те** (ein) Buch Bücher → die Bücher кỳфар → кỳфари → кỳфари**те** (ein) Koffer (mehrere) Koffer → die Koffer приятни хòра → приятни**те** хòра nette Leute die netten Leute нàши нещà → нàши**те** нещà unsere Sachen unsere Sachen (einige) (alle) две пòрции → двѐ**те** пòрции zwei Portionen die zwei Portionen сто швейцàрски → стотѐ швейцàрски фрàнка фрàнка hundert schweizer die hundert Franken schweizer Franken

Der unbestimmte Artikel

Einen unbestimmten Artikel gibt es im Bulgarischen nicht. Die Funktionen vom unbestimmten Artikel können von den Zahlen *едѝн, еднà, еднò, еднѝ* übernommen werden:
Намѐрих ключ. oder *Намѐрих едѝн ключ. Ich habe einen Schlüssel gefunden.*

Das Verb (Zeitwort)

Im Bulgarischen hat das Verb zwei Aspekte: Den vollendeten oder perfektiven und den unvollendeten oder imperfektiven.

Es gibt keinen Infinitiv (Grundform), daher wird auch im Reisewörterbuch die erste Person im Singular Präsens als Nennform verwendet: *игрàя spielen und ich spiele*

Während im Deutschen die Infinitiv-Konstruktion verwendet wird, gebraucht man im Bulgarischen die Konstruktion **да** + die finite Form des Verbs im Präsens: *(Аз) ѝскам да игра̀я. Ich will spielen.*

Der Aspekt des Verbs

Die meisten Verben treten in Verbpaaren auf, die sich nicht in ihrer Bedeutung, sondern im so genannten Aspekt unterscheiden. Der imperfektive oder unvollendete Aspekt *(нсв)* bezeichnet Handlungen in ihrem Verlauf, während die perfektive oder vollendete Aspekt *(св)* die Abschließbarkeit bzw. die Abgeschlossenheit einer Handlung zum Ausdruck bringt.

Der perfektive Aspekt lässt sich vom imperfektiven durch die Beifügung einer Vorsilbe bilden:

нсв	св
пра̀вя machen	**на**пра̀вя
чета̀ lesen	**про**чета̀

Beim Hinzufügen einer Vorsilbe kann der Sinn des Verbs verändert werden.

Formen des perfektiven Aspekts können auch durch den Einschub von **-н-** gebildet werden:

па̀дам *нсв* → па̀д**на** *св*
fallen

Der imperfektive Aspekt lässt sich von dem perfektiven Aspekt mit den Silben **-а-**, **-я-**, **-ва-** oder **-ува-** bilden:

нсв	св
дам geben	да̀**ва**м
кỳпя kaufen	купỳ**ва**м

Präsens (Gegenwart)

Die Präsensformen bildet man vom Präsensstamm des Verbs plus Endungen. Der Präsensstamm entspricht der Form der 3. Person Singular. Danach werden drei Konjugationsarten unterschieden:

Konjugation	Stammvokal	Beispiel	
I	**-е**	чета̀ lesen	→ той четѐ
II	**-и**	гово̀ря sprechen	→ той гово̀ри
III	**-а** oder **-я**	тръ̀гвам gehen	→ той тръ̀гна
		хвъ̀рлям werfen	→ той хвъ̀рля

KURZGRAMMATIK

Je nach Konjugationsart lauten die Endungen für das Präsens wie folgt:

Num. Person		I		II		III	
Sg	1. P. (аз)	-а(-я)	четà	-я(-а)	мòля	-ам/-ям	отѝвам
	2. P. (ти)	-еш	четèш	-иш	мòлиш	-аш/-яш	отѝваш
	3. P. (той, тя, то)	-е	четè	-и	мòли	-а/-я	отѝва
Pl	1. P. (ние)	-ем	четèм	-им	мòлим	-аме/-яме	отѝваме
	2. P. (вие)	-ете	четèте	-ите	мòлите	-ате/-яте	отѝвате
	3. P. (те)	-ат(-ят)	четàт	-ят(-ат)	мòлят	-ат/-ят	отѝват

- Präsens bilden nur die Verben des imperfektiven Aspekts.
- Die Präsensformen der perfektiven Verben gebraucht man meistens in der **да**-Konstruktion nach Hilfsverben wie *ѝскам да* wollen, *мòга да* können, *трябва да* sollen, sowie zur Bildung des Futurs und in manchen Nebensätzen.

Aorist (abgeschlossene Vergangenheit)

Der Aorist drückt ein vergangenes Geschehen aus, das sich zu einer bestimmtem Zeit ereignet hat und vor dem Redemoment abgelaufen ist. Den Aorist bilden vorwiegend die Verben des vollendeten Aspekts.
Je nach Konjugationsart lauten die Endungen des Aorist wie folgt:

Num. Person		I		II		III	
Sg	1. P. (аз)	-ох	чèтох	-их	мòлих	-ах/-ях	вечèрях
	2. P. (ти)	-е	чèте	-и	мòли	-а/-я	вечèря
	3. P. (той, тя, то)	-е	чèте	-и	мòли	-а/-я	вечèря
Pl	1. P. (ние)	-охме	чèтохме	-ихме	мòлихме	-ахме/-яхме	вечèряхме
	2. P. (вие)	-охте	чèтохте	-ихте	мòлихте	-ахте/-яхте	вечèряхте
	3. P. (те)	-оха	чèтоха	-иха	мòлиха	-аха/-яха	вечèряха

Perfekt (unbestimmte Vergangenheit)

Das Perfekt drückt ein vergangenes Geschehen aus, das vor dem Redemoment abgelaufen ist, wobei aber kein bestimmter Zeitpunkt festgelegt wird.
Das Perfekt bilden Verben des vollendeten und unvollendeten Aspekts.
Man bildet das Perfekt mit den Formen des Partizip Perfekt Aktiv und den Formen des Hilfsverbs *съм*.
Man bildet das Partizip Perfekt, indem man die Aorist-Endung **-х** durch **-л** ersetzt:

Präsens	Aorist	Partizip Perfekt Aktiv
хòдя gehen	хòди**х** ich bin gegangen (zu einem bestimmten Zeitpunkt)	хòди**л** съм ich bin gegangen (schon mal, irgendwann)

- Bei Aorist-Formen, die auf **-ox** enden, ersetzt man das **-о**- mit **-ъ**- im Partizip Perfekt:

Präsens	Aorist	Partizip Perfekt Aktiv
вля̀за eintreten	вля̀з**ох**	вля̀з**ъл**

- Die Partizip-Perfekt-Aktiv-Formen vom Hilfsverb съм lauten: *бил, билà, билò, билù*.

Imperfekt (nichtabgeschlossene Vergangenheit)

Die Form des Imperfekts zeigt nicht an, ob das Geschehen im Redemoment noch abläuft oder bereits abgeschlossen ist.

Daher können nur Verben des unvollendeten Aspekts das Imperfekt bilden.

Imperfektformen von Verben des vollendeten Aspekts kommen nur im Nebensatz vor.

Num.	Person		I	II	III
Singular	1.Р.(аз)	-х	плетя̀х	вървя̀х	пѝтах
	2.Р. (ти)	-ше	плетѐше	вървѐше	пѝташе
	3.Р.(той, тя, то)	-ше	плетѐше	вървѐше	пѝташе
Plural	1.Р.(ние)	-хме	плетя̀хме	вървя̀хме	пѝтахме
	2.Р.(вие)	-хте	плетя̀хте	вървя̀хте	пѝтахте
	3.Р.(те)	-ха	плетя̀ха	вървя̀ха	пѝтаха

Futur (Zukunft)

Das Futur I (unvollendete Zukunft) dient zum Ausdruck von einem Geschehen, das dem Redemoment folgt. Man bildet das Futur mit dem unveränderlichen Partikel **ще** plus der konjugierten Präsensform des Verbs:

дòйда kommen	(аз) ще дòйда, (ти) ще дòйдеш

Die negierende Form des Futurs bildet man mit **няма** + **да** plus konjugierte Präsensform des Verbs:

дòйда	(аз) нỳма да дòйда, (ти) нỳма да дòйдеш
kommen	

Fragesatz

Fragesätze, die nicht mit einem Fragewort, wie *кой, когà, защò* etc., eingeleitet werden, enthalten die Silbe *ли*.

Ти кỳпи **ли** сладолèд?
Ти сладолèд **ли** кỳпи?   Hast du Eis gekauft?
Ти **ли** кỳпи сладолèд?

Die Stimme wird am Ende einer Frage nicht gehoben, sondern gesenkt. Gehoben wird die Stimme beim Fragewort oder bei dem Wort oder Satzglied, nach dem die Frage gestellt wird.

Wörterbuch Bulgarisch–Deutsch

А

абàтство [abatßtwo] Abtei
абòрт [abort], спонтàнен ~ [ßpontanen abort] Fehlgeburt
абсцèс [apßzeß] Abszess
авариен [awarien] Abschlepp-; аварийна колà [awarijna kola] Abschleppwagen; аварийна слỳжба [awarijna ßlu<u>sch</u>ba] Abschleppdienst; ~ триъ̀гълник [awarien triəgəlnik] Warndreieck
авàрия [awarija] Panne
à̀вгуст [awgußt] August
àвиокомпàния [awiokompanija] Fluggesellschaft
авокàдо [awokado] Avocado
австрѝец/австрѝйка [afßtriez/afßtrijka] Österreicher/in
À̀встрия [afßtrija] Österreich
автобỳс [aftobuß] Bus
à̀втогàра [aftogara] Busbahnhof
à̀втокàско [aftokaßko] Teilkasko; пъ̀лно ~ [pəlno aftokaßko] Vollkasko
автомàт [aftomat] Automat
автомàтик [aftomatik] Automatik(getriebe)
автоматѝчен [aftomatitschen] automatisch
à̀втостòп [aftoßtop] на ~ [na aftoßtop] per Anhalter
агèнция [agenzija] Agentur
à̀гнешко [agneschko] Lammfleisch
адàптер [adapter] Adapter
адвокàт/ка [adwokat/ka] Rechtsanwalt/anwältin
администрàция [adminißtrazija] Verwaltung
адрèс [adreß] Adresse
аерòбика [aerobika] Aerobic
аз [aß] ich
акварèл [akwarel] Aquarell
à̀ко [ako] falls, wenn
акостѝрам в [akoßtiram w] anlegen in
акт [akt] Akt
à̀ктова жѝвопѝс [aktowa <u>sch</u>iwopiß] Aktzeichnen
актьòр/актрѝса [aktjor/aktrißa] Schauspieler/in
алàрмена системà [alarmena ßißtema] Alarmanlage
алèргия [alergija] Allergie
алумѝниево фòлио [aluminiewo folio] Alufolie
амфитеàтър [amfitjatər] Amphitheater
ананàс [ananaß] Ananas
ангѝна [angina] Angina
англѝйски [anglijßki] englisch
анорàк [anorak] Anorak
антибиòтик [antibiotik] Antibiotikum
антиквàрен магазѝн [antikwaren magasin] Antiquitätengeschäft
антифрѝз [antifriß] Frostschutzmittel
антѝчен [antitschen] antik
апарàт [aparat] Apparat; ~ за самотаксỳване [aparat sa ßamotakßuwane] Fahrscheinentwerter
апартамèнт [apartament] Apartment
апетѝт [apetit] Appetit; добъ̀р ~! [dobər apetit!] Mahlzeit!

аплодисмѐнти [aplodißmenti] Beifall
апрѝл [april] April
аптѐка [apteka] Apotheke
Арбанàси [arbanaßi] Arbanassi
Àрдино [ardino] Ardino
арѐна [arena] Arena
арѐст [areßt] Haft; слѐдствен ~ [ßletßtwen areßt] Untersuchungshaft
арестỳвам [areßtuwam] verhaften
àрка [arka] Bogen
артишòк [artischok] Artischoke
археолòгия [archeologija] Archäologie
архитѐкт [architekt] Architekt
архитектỳра [architektura] Architektur
асансьòр [aßanßjor] Aufzug
Асѐновград [aßenofgrat] Assenovgrad
аспѐржи [aßperschi] Spargel
аспирѝн [aßpirin] Aspirin
àстма [aßma] Asthma
Атлантѝчески океàн [atlantitscheßki okean] Atlantik
àуспух [außpuch] Auspuff

Б

бàба [baba] Großmutter, Oma
бàвен [bawen] langsam
багàж [bagasch] Gepäck
багàжник [bagaschnik] Kofferraum
бадѐми [bademi] *(Nüsse)* Mandeln
бàдминтон [badminton] Badminton
бàйпас [bajpaß] Bypass
бакенбàрди [bakenbardi] Koteletten
бакшѝш [bakschisch] Trinkgeld
бал [bal] Ball
балѐт [balet] Ballett
балкòн [balkon] Balkon
балòн [balon] Ballon
Балчѝк [baltschik] Baltschik
банàн [banan] Banane
бàнка [banka] Bank
банкнòта [banknota] Geldschein
банкомàт [bankomat] Geldautomat
Бàнкя [bankja] Bankja
бàнски [banßki], ~ костю̀м [banßki koßtjum] Badeanzug; ~ гащѐта [banßki gaschteta] Badehose
Бàнско [banßko] Bansko
бàня [banja] Badezimmer
бар [bar] Bar
бариѐра [bariera] Schranke, Barriere
барòк [barok] Barok
басѐйн [baßejn] (Swimming)Pool
баскетбòл [baßketbol] Basketball
бастỳн [baßtun] Stock
Батàк [batak] Batak
батѐрия [baterija] Batterie
Бàчковски манастѝр [batschkofßki manaßtir] Batschkovo-Kloster
бащà [baschta] Vater
бѐбе [bebe] Baby
бегàч [begatsch] Rennrad
бѐден [beden] arm
бедрò [bedro] Hüfte
бѐжов [beschof] beige
без [beß] ohne
безалкохòлен [besalkocholen]

alkoholfrei; безалкохо̀лна бѝра [besalkocholna bira] alkoholfreies Bier

безмѝтен [besmiten] zollfrei

безпла̀тен [beßplaten] kostenlos

безпоко̀я се [beßpokoja ße] s. sorgen

безрабо̀тен [bersaboten] arbeitslos

безсъзна̀ние [beßßəsnanie] Bewustlosigkeit; в ~ [w beßßəsnanie] bewusstlos

безсъ̀ние [beßßənie] Schlaflosigkeit

белгѝец/белгѝйка [belgiez/belgijka] Belgier/in

Бѐлгия [belgija] Belgien

бѐлег [belek] Narbe

Белоградчѝк [belograttschik] Belogradtschik

бельо̀ [beljo] (Unter)Wäsche; спа̀лно ~ [ßpalno beljo] Bettwäsche

биберо̀н Schnuller

бижу̀ [bischu] Schmuck

бижутѐр [bischuter] Juwelier

бикѝни [bikini] Bikini, (Damen) Slip

билѐт [bilet] Fahrkarte, Eintrittskarte; двупосо̀чен ~ [dwupoßotschen bilet] Rückfahrkarte

бѝлки [bilki] Kräuter

бинт [bint] Mullbinde

бѝомагазѝн [biomagasin] Bioladen

бѝра [bira] Bier

бидо̀н [bidon] (Wasser)Kanister

бита̀к [bitak] Flohmarkt

благодаря̀ [blagodarja] danken

Благо̀евград [blagoewgrat] Blagoevgrad

благопожела̀ние [blagoposchelanie] Glückwunsch

бла̀то [blato] Sumpf

блѐйзър [blejsər] Blazer

блѝзо [bliso] nah(e)

блѝзък [blisək] nah

блѝзък/блѝзка [blisək/blißka] Verwandte(r)

блок [blok] Block; ~ за рису̀ване [blok sa rißuwane] Malbuch

блу̀за [blusa] Bluse

блус [bluß] Blues

блю̀до [bljudo] Speise

боб [bop] Bohnen

бог [bok] Gott

бога̀т [bogat] reich

Богоявлѐние [bogojawlenie] Dreikönigstag

бо̀дибѝлдинг [bodibildink] Bodybuilding

Бо̀женци [boschenzi] Boshenzi

боклу̀к [bokluk] Müll

бо̀лен [bolen] krank

бо̀лест [boleßt] Krankheit

болѝ [boli] wehtun

бо̀лка [bolka] Schmerz; бо̀лки в гърло̀то [bolki w gərloto] Halsschmerzen; стома̀шни ~ [ßtomaschni bolki] Magenschmerzen

бо̀лница [bolniza] Krankenhaus

болт [bolt] Schraube

бонбо̀н [bonbon] Bonbon

бор [bor] (Baum) Kiefer

Бо̀ровец [borowez] Borovez

босѝлек [boßilek] Basilikum

боту̀ши [botuschi] Stiefel; гу̀мени ~ [gumeni botuschi] Gummistiefel

бо̀улинг [boulink] Bowling

бо̀цкам [bozkam] stechen

WÖRTERBUCH BULGARISCH–DEUTSCH

Боя̀на [bojana] Bojana
боядѝсвам [bojadißwam] *(Haare)* tönen
брада̀ [brada] Bart
Брайлов шрифт [brailof schrift] Braille
брат [brat] Bruder
братовчѐд/ка [bratoftschet/ka] Cousin/e
брашно̀ [braschno] Mehl
брѐменност [bremennoßt] Schwangerschaft
бродѐрия [broderija] Stickerei
брой [broj] (An)Zahl; в ~ [w broj] in bar; пла̀щам в ~ [plaschtam w broj] bar zahlen
бронз [bronß] Bronze
бро̀нхи [bronchi] Bronchien
бронхѝт [bronchit] Bronchitis
бро̀нхопневмо̀ния [bronchpnewmonija] Lungenentzündung
бро̀шка [broschka] Brosche
броя̀ zählen
бряг [brjak] Küste, Ufer
бу̀ден [buden] wach
будѝлник [budilnik] Wecker
бунга̀ло [bungalo] Bungalow
Бурга̀с [burgaß] Burgas
бу̀ря [burja] Gewitter, Sturm
бутѝк [butik] Butik
бутѝлка [bulka] Flasche
бъ̀брек [bəbrek] Niere
бъ̀нджи [bəndschi] Bungeejumping
бърз [bərß] eilig
бъ̀рзам [bərsam] s. beeilen
бюро̀ [bjuro] Büro; туристѝческо ~ [turißtitscheßko bjuro] Fremdenverkehrsamt; ~ за загу̀бени вѐщи [bjuro sa sagubeni weschti] Fundbüro

бъ̀дещ [bədescht] zukünftig
бъ̀деще [bədeschte] Zukunft
Бъ̀дни вѐчер [bədni wetscher] Heiligabend
бърз [bərß] schnell; бъ̀рза заку̀ска [bərsa sakußka] Imbiss
бя̀гам [bjagam] laufen
бял [bjal] weiß; ~ хляб [bjal chljap] Weißbrot; бя̀ло вино̀ [bjalo wino] Weißwein; ~ дроб [bjal drop] Lunge

В

в [w] in
ваго̀н [wagon] Wagen; спа̀лен ~ [ßpalen wagon] Schlafwagen; ~-рестора̀нт [wagon-reßtorant] Speisewagen
ва̀жен [wa_sch_en] wichtig
ва̀за [wasa] Vase
вака̀нция [wakanzija] Ferien
валѝден [waliden] gültig
валу̀та [waluta] Währung
ва̀на [wana] Badewanne
вариетѐ [wariete] Varietee
варицѐла [warizela] Windpocken
Ва̀рна [warna] Varna
варя̀ [warja] *(Tee, Wasser)* kochen
вас [waß] euch
ваш [wasch] euer
вдѝгам [wdigam] abnehmen
вдру̀гиден [wdrugiden] übermorgen
вдя̀сно [wdjaßno] rechts
вегетариа̀нски [wegetarianßki] vegetarisch
ведна̀га [wednaga] sofort
веднъ̀ж [wednəsch] einmal

век [wek] Jahrhundert
велѝк [welik] groß
Велѝкден [welikden] Ostern
Велѝко Тъ̀рново [weliko tərnowo] Veliko Tarnovo
Вѐлинград [welingrat] Velingrad
величинà [welitschina] Größe
вентилàтор [wentilator] ventilator
венцѝ [wenzi] Zahnfleisch
вèро [wero] Spülmittel
вертикàлен формàт [wertikalen format] Hochformat
вèсел [weßel] fröhlich
вèстник [weßnik] Zeitung
вестникàр [weßnikar] Zeitunghändler
вèче [wetsche] bereits, schon
вèчер [wetscher] Abend
вечèрен тоалèт [wetscheren toalet] Abendgarderobe
вечèря [wetscherja] Abendessen
вèщи [weschti] Sachen; цèнни ~ [zenni weschti] Wertsachen
взаимодèйствия [wsaimodejßtwija] Wechselwirkungen
взѝмам [wsemam] (ab)holen, (mit)nehmen
вид [wit] Art, Sorte
вѝдео [wideo] Video(rekorder)
вѝдеокàмера [wideokamera] Videokamera
вѝдеокасèта [wideokaßeta] Videokassette
вѝдео(фѝлм) [wideo(film)] Videofilm
вѝе [wie] ihr
Вѝе [wie] Sie
вѝе ми се свят [wie mi ße ßwjat] mir ist schwindlig
вѝждам [wi*sch*dam] sehen
вѝза [wisa] Visum
византѝйски [wisantijßki] byzantinisch
визьòр [wisjor] Sucher
вѝкам [wikam] schreien, rufen
вѝла [wila] Villa
вѝлица [wiliza] Gabel
винà [wina] Schuld
вѝнаги [winagi] immer
вѝно [wino] Wein
виолèтов [wioletof] violett
вѝрус [wiruß] Virus
висòк(о) [wißok(o)] hoch; висòко напрежèние [wißoko napre*sch*enie] Hochspannung
високоговорѝтел [wißokogoworitel] Lautsprecher
височинà [wißötschina] Höhe
Вѝтоша [witoscha] Vitoscha
витрѝна [witrina] Schaufenster
виц [wiz] Witz
включвам [fkljutschwam] einschalten
вкус [fkuß] Geschmack; ѝмам ~ на [imam fkuß na] schmecken nach
вкỳсен [fkußen] lecker
вкъ̀щи [fkəschti] daheim
влàжен [wla*sch*en] feucht
влак [wlak] Zug
влез! [wleß] herein!
влек [wlek] , скѝ~ [ßki wlek] Schlepplift
влекàчно въжè [wlekatschno wəsche] Abschleppseil
влѝзам [wlisam] hereinkommen
вляво [wljawo] links
вмèсто [wmeßto] anstatt
внимàние [wnimanie] Achtung; ~! Vorsicht!

внимàтелен [wnimatelen] vorsichtig
внук/внỳчка [wnuk/wnutschka] Enkel/in
водà [woda] (Trink)Wasser
вòдно колелò [wodno kolelo] Tretboot
водопàд [wodopat] Wasserfall
вòлейбол [wolejbol] Volleyball
впечатляващо [fpetschatljawaschto] beeindruckend
вратà [wrata] Tür
вратàр [wratar] Torwart
вратовръзка [wratowrəßka] Krawatte
вредà [wreda] Schaden
врèме [wreme] Zeit; рабòтно ~ [rabotno wreme] Öffnungszeit; по ~ на [po wreme na] während
врèменен [wremenen] provisorisch
връзка [wrəßka] Anschluss; връзки за обỳвки [wrəßki sa obufki] Schnürsenkel
връх [wrəch] Gipfel, Höhepunkt
връщам [wrəschtam] zurückgeben; ~ се [wrəschtam ße] zurückfahren
връщане [wrəschtane] Rückfahrt
всèки [fßeki] jede
всички [fßitschki] alle
всичко [fßitschko] alles
встранù [fßtrani] abseits
всъщност [fßəschnoßt] eigentlich
втòри [ftori] zweite
втòро [ftoro] zweitens
втòрник [ftornik] Dienstag
вулкàн [wulkan] Vulkan
вхòд [fchot] Eingang, Einfahrt

вчèра [ftschera] gestern
въглища [wəglischta] Kohle
въдица [wədiza] Angel
въжè [wəsche] Seil; ~ за простùране [wəsche sa proßtirane] Wäscheleine; ~ на палàтка [wəsche na palatka] Zeltschnur
възглàвница [wəsglawniza] Kissen
въздух [wəsduch] Luft
възмòжен [wəsmoschen] möglich
възнаграждèние [wəsnagraschdenie] Belohnung
възпалèние [wəßpalenie] Entzündung; ~ на слùвиците [wəßpalenie na ßliwizite] Mandelentzündung; ~ на бъбреците [wəßpalenie na bəbrezite] Nierenentzündung
възраст [wəsraßt] Alter
възрастен/възрастна [wəsraßten/wəsraßtna] Erwachsene(r)
възстановявам се [wəßtanowjawam ße] s. erholen
възтòрг [wəßtork] Begeisterung; във ~ съм от [wəf wəßtork ßəm ot] begeistert sein von
вълна [wəlna] Baumwolle
вълнà [wəlna] Welle
вълнолòм [wəlnolom] Mole
външно [wənschno] äußerlich
въпрèки [wəpreki], ~ товà [wəpreki towa] dennoch, trotzdem; ~ че [wəpreki tsche] obwohl
въпрòс [wəproß] Frage
вървя [wərwja] gehen
вътре [wətre] drin

вя̀ра [wjara] Glauben
вя̀рвам [wjarwam] glauben
вя̀тър [wjatər] Wind; **си́ла на вя́търа** [ßila na wjatəra] Windstärke

Г

Га̀брово [gabrowo] Gabrowo
га̀дене [gadene] Übelkeit
газ [gaß] Gas
га̀зова бути́лка [gasowa butilka] Gasflasche
га̀зове [gasowe] Blähungen
галѐрия [galerija] Galerie
га̀ра [gara] Bahnhof
гара̀ж [garasch] Garage
гара̀нция [garanzija] Garantie, Kaution
гара̀фа [garafa] Karaffe
гардеро̀б [garderop] Garderobe
гел [gel] Gel
герма̀нец/герма̀нка [germanez/germanka] der/die Deutsche
Герма̀ния [germanija] Deutschland
гимна̀стика [gimnaßtika] Gymnastik
гишѐ [gische] Fahrkartenschalter
глава̀ [glawa] Kopf
гла̀вен [glawen] Haupt-; **гла̀вна ро̀ля** [glawna rolja] Hauptrolle; **гла̀вна у̀лица** [glawna uliza] Hauptstraße
главобо̀лие [glawobolie] Kopfschmerzen
глад [glat] Hunger
гла̀ден съм [gladen ßəm] hungrig sein
гла̀дя [gladja] bügeln
гласу̀вам [glaßuwam] *(Politik)* wählen
глѐдам [gledam] (zu)schauen
глѐдка [gletka] Aussicht
глѐзен [glesen] Fußknöchel
глико̀за [glikosa] Traubenzucker
гло̀ба [globa] Bußgeld
глу̀пав [glupaf] blöd, dumm
глух [gluch] taub
глух/глу̀ха [gluch/glucha] Gehörlose(r)
гму̀ркам се [gmurkam ße] tauchen
гной [gnoj] Eiter
говѐждо [goweschdo] Rindfleisch
говоря̀ [goworja] sprechen, reden
годѝна [godina] Jahr
годѝшен [godischen] jährlich
гол [gol] nackt
гол [gol] *(Sport)* Tor
голф [golf] Golf; **~ клуб** [golf klup] Golfklub
голя̀м [goljam] groß
гора̀ [gora] Wald
го̀ре [gore] oben
горѐщ [goreschht] heiß; **горѐща вълна̀** [goreschhta wəlna] Hitzewelle
горещина̀ [goreschhtina] Hitze
Го̀рна Оря̀ховица [gorna orjachowiza] Gorna Orjahoviza
горчѝв [gortschif] bitter
горчѝца [gortschiza] Senf
господѝн [goßpodin] Herr
госпожа̀ [goßposcha] Frau
госпо̀жица [goßposchiza] Fräulein

гост [goßt] Gast
гостоприѐмство [goßtopriemßtwo] Gastfreundschaft
готвàч [gotwatsch] Koch
гòтвя [gotwja] kochen
гòтика [gotika] Gotik
готòв [gotof] fertig
гравю̀ра [grawjura] Radierung
град [grat] Stadt
градѝна [gradina] Garten; зоологѝческа ~ [soologitscheßka gradina] Zoo
граждани̇н [graschdanin] Bürger
гражда̇нство [graschdanßtwo] Staatsangehörigkeit
грам [gram] Gramm
гра̀ница [graniza] Grenze
гра̀тис [gratiß] gratis
гра̀фика [grafika] Grafik
грах [grach] Erbsen
гребà [greba] rudern
грѐбен [greben] Kamm
греблò [greblo] Ruder
грѐйпфрут [grejpfrut] Grapefruit
грѐшен [greschen] falsch
грѐшка [greschka] Fehler, Irrtum
грѝвна [griwna] Armband
грѝжа се [grischa ße] s. kümmern, s. sorgen
грил [gril] Grill
грип [grip] Grippe
гроб [grop] Grab
грòбище [grobischte] Friedhof
грòзде [grosde] Weintrauben
грòзен [grosen] hässlich
грỳпа [grupa] Gruppe
гръб [grəp] Rücken; бòлки в гърбà [bolki w gərba] Rückenschmerzen
грѝцки [grəzki] griechisch
гỳма [guma] Reifen; резèрвна ~ [reserwna guma] Ersatzrad; вътрешна ~ [wətreschna guma] Schlauch
гỳменки [gumenki] Turnschuhe
гъ̀ба [gəba] Pilz
гърдѝ [gərdi] Brust
гъ̀рло [gərlo] Hals, Kehle

Д

да̀вам [dawam] geben
далѐчен [daletschen] entfernt
далѝ [dali] ob
данò [dano] hoffentlich
да̀та [data] Datum, Termin; ~ на ра̀ждане [data na raschdane] Geburtsdatum
двама̀та [dwamata] beide
движѐние [dwischenie] (Straßen)Verkehr
двòен [dwoen] doppelt
двòйка [dwojka] (Ehe)Paar
двор [dwor] Hof; вътрешен ~ [wətreschen dwor] Innenhof
дворèц [dworez] Palast
двуета̀жно леглò [dwuetaschno leglo] Etagenbett
дебѐл [debel] dick
Дѐвня [dewnja] Devnja
джаз [dschaß] Jazz
дезинфекцѝрам [desinfekziram] desinfizieren
дезодорàнт [desodorant] Deo(dorant)
дèйствие [dejßtwie] Handlung, Wirkung
действѝтелен [dejßtwitelen] wirklich
декèмври [dekemwri] Dezember
деклара̀ция [deklarazija] Erklärung; мѝтническа ~

[mitnitscheßka deklarazija] Zollerklärung
деликатѐс [delikateß] Feinkost
ден [den] Tag; всѐки ~ [fßeki den] täglich
дѐсен [deßen] rechte
десѐрт [deßert] Nachtisch
детѐ [dete] Kind
детегледа̀чка [detegledatschka] Babysitter
дѐтски пара̀лич [detßki paralitsch] Kinderlähmung
дефѐкт [defekt] Defekt
джа̀панки [dschapanki] Badeschuhe
джебчѝя [dscheptschija] Taschendieb
джѝесем [dschießem] Handy
диабѐт [diabet] Diabetes
диабетѝк/диабетѝчка [diabetik/diabetitschka] Diabetiker/in
диагно̀за [diagnosa] Diagnose
диа̀рия [diarija] Durchfall
див [dif] wild
дива̀н [diwan] Couch; разтега̀телен ~ [raßtegatelen diwan] Schlafcouch
дѝга [data] Deich
дигита̀лна ка̀мера [digitalna kamera] Digitalkamera
диѐта [dieta] Diät
дина̀стия [dinaßtija] Dynastie
дѝня [dinja] Melone
дирѐктен [derekten] direkt
дирѐкция [direkzija] Direktion
диригѐнт/ка [dirigent/ka] Dirigent/in
дискотѐка [dißkoteka] Diskothek
дифтерѝт [difterit] Diphtherie
дѝшам [discham] atmen
днес [dneß] heute

до [do] bis, neben
доба̀вям [dobawjam] hinzufügen
добрѐ [dobre] gut; ~ дошъ̀л! [dobre doschəl!] willkommen!
До̀брич [dobritsch] Dobritsch
До̀бруджа [dobrudscha] Dobrudscha
добъ̀р [dobər] gut; по̀-~ [po-dobər] besser; на̀й-~ [naj-dobər] am besten
довѐрие [dowerie] Vertrauen
довѐчера [dowetschera] heute Abend
дово̀лен [dowolen] zufrieden
до̀говор [dogowor] Vertrag
дозиро̀вка [dosirofka] Dosierungsanleitung
доко̀свам [dokoßwam] berühren
докумѐнт [dokument] Papiere; ~ за самолѝчност [dokument sa ßamolitschnoßt] Ausweispapiere; ~ за инвалѝдност [dokument sa inwalidnoßt] Behindertenausweis
долина̀ [dolina] Tal
до̀лу [dolu] unten
домакѝн/я [domakin/ja] Gastgeber/in
дома̀ти [domati] Tomaten
дома̀шни живо̀тни [domaschni schiwotni] Haustiere
дома̀шно приго̀твен [domaschno prigotwen] hausgemacht
дона̀сям [donaßjam] (mit)bringen
допла̀щане [doplaschtane] Zuschlag
допустѝм [dopußtim] zulässig
допълнѝтелен [dopəlnitelen] zusätzlich

досàден [doßaden] lästig
досàждам [doßa<u>sch</u>dam] belästigen
досегà [doßega] bis jetzt
дòста [doßta] ziemlich
достатъ̀чен [doßtatətschen] genug
достѝгам [doßtigam] erreichen
достъ̀пност [doßtəpnoßt] Zugänglichkeit
Драгалèвци [dragalefzi] Dragalevzi
дрàма [drama] Drama
дрèбни [drebni] Kleingeld
дрèзгав [dresgaf] heiser
дрогèрия [drogerija] Drogerie
друг [druk] andere
дрỳгаде [drugade] anderswo
дръ̀жка [drəschka] Haltegriff
Дря̀новски манастѝр [drjanofßki manaßtir] Drjanovo-Kloster
дỳма [duma] Wort
Дỳнав [dunaf] Donau
дỳпка [dupka] Loch
Дỳпница [dupniza] Dupniza
душ [dusch] Dusche
дъ̀вка [dəfka] Kaugummi
дъжд [dəscht] Regen
дъждòвен [də<u>sch</u>dowen] regnerisch
дълбòк [dəlbok] tief
дъ̀лъг [dələk] lang
дъ̀нки [dənki] Jeans
дървò [dərwo] Baum, Holz
дърворезбà [dərworesba] Holzschnitzerei
държà [dər<u>sch</u>a] halten
държàва [dər<u>sch</u>awa] Staat
дъ̀рпам [dərpam] ziehen
дъщеря̀ [dəschterja] Tochter

дюшèк [djuschek] Matratze; надувàем ~ [naduwaem djuschek] Luftmatratze
дя̀до [djado] Großvater, Opa

E

èвро [ewro] Euro
Еврòпа [ewropa] Europa
европèец/европèйка [ewropeez/ewropejka] Europäer/in
еврoпèйски [ewropejßki] europäisch
èвтин [eftin] billig
едвà [edwa] kaum
едѝн [edin] ein
едѝнствен [edinßtwen] einzig
едновремèнно [ednowremenno] gleichzeitig
едноцвèтен [ednozweten] einfarbig
èдър [edər] groß
ездà [esda] Ausritt
èзеро [esero] See
езѝк [esik] Sprache; ~ на жèстовете [esik na <u>sch</u>eßtowete] Zeichensprache
екипàж [ekipasch] Mannschaft
екипирòвка [ekipirofka] Ausrüstung
екскурзовòд [ekßkursowot] Fremdenführer
експонàт [ekßponat] Exponat
експресионѝзъм [ekßpreßionisəm] Expressionismus
èкстра [ekßtra] extra
èкшън [ekschən] Actionfilm
електрѝчески [elektritscheßki] elektrisch
електрѝчество [elektritscheßtwo] *(el)* Strom

Елѐна [elena] Elena
епилѐпсия [epilepßija] Epilepsie
епо̀ха [epocha] Epoche
ергѐн [ergen] Junggeselle
ѐсен [eßen] Herbst
ета̀ж [etasch] Etage
Ѐтъра [etəra] Etara

Ж

жа̀ден съм [schaden ßəm] durstig sein
жа̀лба [schalba] Anzeige; пода̀вам ~ [podawam schalba] anzeigen
жа̀лко [schalko] schade
желя̀я [schelaja] wünschen
желя̀зо [scheljaso] Eisen
жена̀ [schena] Frau
жѐнен [schenen] *(Mann)* verheiratet
Жѐравна [scherawna] Sheravna
жив [schif] lebendig
живѐя [schiweja] leben, wohnen
живопѝс [schiwopiß] Malerei
живо̀т [schiwot] Leben
живо̀тно [schiwotno] Tier
жѝзнен [schisnen] lebhaft
жѝлав [schilaf] zäh
жилѐтка [schiletka] Weste
жѝлище [schilischte] Wohnung
жѝтел/ка [schitel/ka] Einwohner/in
жълт [schəlt] gelb

З

за [sa] für
заба̀вен [sabawen] lustig
забавлѐние [sabawlenie] Unterhaltung
забавля̀вам се [sabawljawam] s. amüsieren
забележѝтелности [sabeleschitelnoßti] Sehenswürdigkeiten
забеля̀звам [sabeljaswam] bemerken
заблужда̀вам се [sabluschdawam ße] s. täuschen
забра̀вям [zabrawjam] vergessen
забранѐн [sabranen] verboten
завѝвка [sawifka] Bettdecke
заво̀й [sawoj] Kurve
завръ̀щам се [sawrəschtam ße] zurückkehren
за̀вчера [saftschera] vorgestern
зад [sat] hinter
за̀ден ход [saden chot] Rückwärtsgang
задръ̀стване [sadrəßtwane] Stau
заду̀шен [saduschen] stickig, schwül
задушѐн [saduschen] gedünstet, geschmort
за̀едно [saedno] gemeinsam, zusammen
за̀ек [saek] Hase, Kaninchen
за̀ем [saem] Kredit
заѐмам [saemam] leihen
заѐто [saeto] besetzt
закача̀лка [sakatschalka] (Kleider)Haken
заку̀свам [sakußwam] frühstücken
заку̀ска [sakußka] Frühstück; ~ на швѐдска ма̀са [sakußka na schwetßka maßa] Frühstücksbüfett
закъснѐние [sakəßnenie] Verspätung
за̀ла [sala] Saal; телевизио̀нна ~ [telewisionna sala] Fernsehraum

зàлив [salif] Bucht
залòг [salok] Pfand
замèствам [sameßtwam] ersetzen
заминàвам [saminawam] (ab)fahren, (ab)reisen
заминàване [saminawane] Abfahrt
зàмък [samək] Schloss
занаят [sanajat] Handwerk
зàпад [sapat] Westen
зàпадно от [sapadno ot] westlich von
запàзвам [sapaswam] behalten, reservieren
запàлвам [sapalwam] anzünden
запàлване [sapalwane] Zündung
запàс [sapaß] Vorrat
зàпек [sapek] Verstopfung
запѝсвам [sapißwam] aufschreiben
запѝчам [sapitscham] überbacken
запознàвам [saposnawam] bekannt machen; ~ се с нкг [saposnawam ße ß njakogo] jdn kenen lernen
запòчвам [sapotschwam] anfangen
зарадѝ [saradi] wegen
заразен [sarasen] ansteckend
зарèждам [sareschdam] tanken
зарядно устройство [sarjadno ußtrojßtwo] Ladegerät
заслòн [saßlon] Schutzhütte
застòй [saßtoj] Flaute
застрахователен [saßtrachowatelen] Versicherungs-
затвàрям [satwarjam] (ab)schließen
затвòр [satwor] Gefängnis
затвòрен [satworen] geschlossen
затовà [satowa] deshalb
затруднèния при дѝшане [satrudnenija pri dischane] Atembeschwerden
зàушка [sauschka] Mumps
зàхар [sachar] Zucker
захарѝн [sacharin] Süßstoff
защòто [saschtoto] denn, weil
звездà [swesda] Stern
звънèц [swənez] Klingel
здрав [sdraf] gesund
зèле [sele] Kohl
зелèн [selen] grün
зеленчỳци [selentschuzi] Gemüse
земя [semja] Erde, Boden, Festland
зет [set] Schwager
зехтѝн [sechtin] Olivenöl
зѝма [sima] Winter
зѝмни гỳми [simni gumi] Winterreifen
златàрство [slatarßtwo] Goldschmiedekunst
златѝст [slatißt] goldfarben
Злàтни пясъци [slatni pjaßəzi] Goldstrand
злàто [slato] Gold
злополỳка [slopoluka] Unfall; претърпявам ~ [pretərpjawam slopoluka] verunglücken
змиòрка [smijorka] Aal
змия [smija] Schlange
знак [snak] Zeichen
значèние [snatschenie] Bedeutung
зная [snaja] wissen
зрèние [srenie] Sehkraft; с увредено ~ [ß uwredeno srenie] sehbehindert

зрѝтел [sritel] Zuschauer
зъб [səp] Zahn
зъбобо̀л [səbobol] Zahnschmerzen

И

и [i] und
иглà [igla] Nadel; безопа̀сна ~ [besopaßna igla] Sicherheitsnadel
игра̀чки [igratschki] Spielsachen
игрѝще [igrischte] Sportplatz, Spielplatz; фу̀тболно ~ [futbolno igrischte] Fußballplatz
ѝдвам [idwam] kommen
идѐя [ideja] Idee
избѝрам [isbiram] aussuchen, wählen
избо̀р [isbor] Auswahl
извàра [iswara] Quart
изведнъ̀ж [iswednəsch] plötzlich
извѐстен [isweßten] berühmt
извинѐние [iswinenie] Entschuldigung; Извинѐте! [iswinete!] Ich bitte um Entschuldigung!
извинявам се [iswinjawam ße] s. entschuldigen
ѝзвор [iswor] Quelle
извъ̀н [iswən] außerhalb
изга̀ряне [isgarjane] Verbrennung, Brand; слъ̀нчево ~ [ßləntschewo isgarjane] Sonnenbrand
ѝзглед [isglet] Aussicht
изгу̀бвам се [isgubwam ße] verirren
игра̀ [igra] Spiel
игра̀я [igraja] spielen

ѝдвам [idwam] kommen
изгу̀бен [isguben] verloren
изключѝтелен [ißkljutschitelen] außergewöhnlich
изку̀ство [ißkußtwo] Kunst
изкъ̀лчен [ißkəltschen] verstaucht
ѝзлет [islet] (Tages)Ausflug
излѝзам [islisam] ausgehen
излѝтане [islitane] Abflug
изло̀жба [isloschba] Ausstellung
изма̀ма [ismama] Betrug
измо̀крен [ismokren] durchnässt
изморѐн [ismoren] erschöpft
изнасѝлване [isnaßilwane] Vergewaltigung
изобрета̀телен [isobretatelen] einfallsreich
изоста̀вен [isoßtawen] einsam
изпѐчен [ißpetschen] gebraten, gebacken; добрѐ ~ [dobre ißpetschen] duchgebraten
изпла̀швам [ißplaschwam] erschrecken
изпла̀шен съм [ißplaschen ßəm] erschrocken sein
изпла̀щам [ißplaschtam] auszahlen
изпо̀лзвам [ißpolswam] benutzen
изпра̀щам [ißpraschtam] schicken
изпрева̀рвам [ißprewarwam] überholen
изпу̀скам [ißpußkam] verpassen
изпълня̀вам [ißpəlnjawam] ausfüllen
ѝзраз [israß] Ausdruck
изречѐние [isretschenie] Satz

изрѝчно [isritschno] ausdrücklich
ѝзток [ißtok] Osten
ѝзточно от [ißtotschno ot] östlich von
изтънчен [ißtəntschen] vornehm
изтя̀гам се [ißtjagam ße] s. strecken
ѝзход [ißchod] Ausgang; **~ за магистра̀ла** [ißchod sa magißtrala] Ausfahrt; **авариен ~** [awarien ißchot] Notausgang
изчѐзнал [ißtschesnal] verschwunden
изчисля̀вам [ißtschißljawam] berechnen
или [ili] oder; **~ ... ~** [ili ... ili] entweder ... oder
ѝма [ila] es gibt
ѝмам [imam] haben, besitzen
ѝме [ime] Name
имо̀т [imot] Besitz
импера̀тор/императрѝца [imperator/imperatriza] Kaiser/in
импресионѝзъм [impreßionisəm] Impressionismus
имунизацио̀нен карто̀н [imunisazionen karton] Impfpass
инвалѝд [inwalit] (Schwer)Behinderte(r)
инвалѝдност [inwalidnoßt] Körperbehinderung
индѝйско о̀рехче [indijßko orechtsche] Muskatnuss
инжѐкция [inschekzija] Impfung
институ̀ция [inßtituzija] Behörde
инструмѐнти [inßtrumenti] Werkzeug

инсулѝн [inßulin] Insulin
интерѐсен [intereßen] interessant
интересу̀вам се [intereßuwam ße] s. interessieren
инфа̀ркт [infarkt] Herzinfarkt
инфѐкция [infekzija] Infektion
информа̀ция [informazija] Auskunft
инцидѐнт [inzident] Zwischenfall
ѝскам [ißkam] wollen
Ѝскър [ißkər] Iskar
испа̀нец/испа̀нка [ißpanez/ißpanka] Spanier/in
Испа̀ния [ißpanija] Spanien
испа̀нски [ißpanßki] spanisch
ѝстински [ißtinßki] echt, wahr
исто̀рия [ißtorija] Geschichte
ишиа̀с [ischiaß] Ischias

Й

йо̀га [joga] Yoga
йод [jot] Jod

К

кабарѐ [kabare] Kabarett, Kleinkunstbühne
кабаретѝст [kabaretißt] Kabarettist
кабѝна [kabina] Kabine
Казанлъ̀к [kasanlək] Kasanlak
ка̀звам [kaswam] sagen
ка̀звам се [kaswam ße] heißen
казѝно [kasino] Spielkasino
кайма̀ [kajma] Hackfleisch
кайсѝя [kajßija] Aprikose
как [kak] wie
какво̀ [kakwo] was
калкула̀тор [kalkulator] Rechner

камбана́рия [kambanarija] Glockenturm
камени́ст [kamenißt] steinig
камерие́рка [kamerierka] Zimmermädchen
камио́н [kamion] Lastwagen
Ка́мчия [kamtschija] Kamtschija
ка́мък [kamək] Stein
кана́л [kanal] Kanal
кана́п [kanap] Bindfaden
ка́ничка [kanitschka] Kännchen
кану́ [kanu] Kanu
ка́ня [kanja] einladen
капа́к [kapak] Deckel; ~ на двига́тел [kapak na dwigatel] (Motor)Haube
капита́н [kapitan] Kapitän
ка́пка [kapka] Tropfen; ка́пки за очи́ [kapki sa otschi] Augentropfen; ка́пки за уши́ [kapki sa uschi] Ohrentropfen
карава́на [karawana] Wohnmobil, Wohnwagen
ка́рам кола́ [karam kola] Auto fahren
карамфи́ли [karamfili] Nelken
Ка́рлово [karlowo] Karlovo
карнава́л [karnawal] Karneval
ка́рта [karta] Karte; кре́дитна ~ [kreditna karta] Kreditkarte; геогра́фска ~ [geografßka karta] Karta; ~ за уи́кенда [karta sa uikenda] Wochenpass
карти́на [kartina] Bild, Gemälde
ка́ртичка [kartitschka] Ansichtskarte, Postkarte
карто́ф [kartof] Kartoffel
карфио́л [karfiol] Blumenkohl
ка́са [kaßa] Kasse; здра́вна ка́са [sdrawna kaßa] Krankenkasse
касе́та [kaßeta] Kassette
касетофо́н [kaßetofon] Kassettenrekorder
ка́ска [kaßka] (Sturz)Helm
Ка́спичан [kaßpitschan] Kaspitschan
катастро́фа [kataßtrofa] Unfall
катедра́ла [katedrala] Dom, Kathedrale
кате́рене [katerene] Bergsteigen
като́ [kato] als, wie; ~ че ли [kato tsche li] als ob
кафе́ [kafe] Kaffee
кафе́-маши́на [kafe-maschina] Kaffeemaschine
кафене́ [kafene] Café
кафя́в [kafjaf] braun
ка́цане [kazane] Landung; междди́нно ~ [meschdinno kazane] Zwischenlandung
ка́чвам се [katschwam ße] einsteigen
ка́чество [katscheßtwo] Qualität
кашкава́л [kaschkawal] Käse
ка́шлица [kaschliza] Husten; мага́решка ~ [magareschka kaschliza] Keuchhusten
кашо́н [kaschon] Kiste
квита́нция [kwitanzija] Quttung
ке́гли [kegli] Kegeln
кей [kej] Kai
ке́лнер [kelner] Ober
кера́мика [keramika] Keramik
ке́тчуп [kettschup] Ketschup
килогра́м [kilogram] Kilogramm
киломе́тър [kilometər] Kilometer
кимио́н [kimion] Kümmel
ки́но [kino] Kino
ки́сел [kißel] sauer

WÖRTERBUCH BULGARISCH–DEUTSCH

киселинѝ [kißelini] Sodbrennen
кислорòден апарàт [kißloroden aparat] Sauerstoffgerät
кѝхам [kicham] niesen
клàденец [kladenez] Brunnen
клàксон [klakßon] Hupe
клас [klaß] Klasse
класѝк [klaßik] Klassiker
клàсика [klaßika] Klassik
класицѝзъм [klaßizisəm] Klassizismus
клèчки [kletschki] Stäbchen; ~ **за ушѝ** [kletschki sa uschi] Wattestäbchen; ~ **за зъ̀би** [kletschki sa səbi] Zahnstocher
клиèнт/ка [klient/ka] Kunde/Kundin
клѝмат [klimat] Klima
климатѝк [klimatik] Klimaanlage
клин [klin] Leggins
клуб [klup] Klub; **нòщен** ~ [noschten klup] Nachtklub
ключ [kljutsch] Schlüssel; **електрѝчески** ~ [elektritscheßki kljutsch] Lichtschalter; **контàктен** ~ [kontakten kljutsch] Zündschlüssel
ключàлка [kljutschalka] Türschloss
ключѝца [kljutschiza] Schlüsselbein
кмèтство [kmetßtwo] Rathaus
кнѝга [kniga] Buch; **готвàрска** ~ [gotwarßka kniga] Kochbuch
книжàрница [knischarniza] Buchhandlung
когàто [kogato] als, wenn
код [kot] Vorwahlnummer
кòзина [kosina] Fell

Козлодỳй [kosloduj] Kosloduj
кòжа [koscha] Haut
кòжени издèлия [koscheni isdelija] Lederwaren
кòкал [kokal] Knochen
кòкалче [kokaltsche] Fingerknöchel
колà [kola] Auto
колàн [kolan] Gürtel; **предпàзен** ~ [pretpasen kolan] Sicherheitsgurt
колèга/колèжка [kolega/koleschka] Kollege/Kollegin
Кòледа [koleda] Weihnachten
колелò [kolelo] (Fahr)Rad
кòлики [koliki] Koliki
колѝчка [kolitschka] (Gepäck)Wagen, **инвалѝдна** ~ [inwalidna kolitschka] Rollstuhl
коловòз [kolowoß] Gleis
колòна [kolona] Säule
кòлче за палàтка [koltsche sa palatka] *(Zeltpflock)* Hering
колянo [koljano] Knie
комàр [komar] Mücke
комèдия [komedija] Komödie
комèта [kometa] Tragflügelboot
компàктдиск [kompaktdißk] Compactdisc
компàс [kompaß] Kompass
композѝтор/ка [kompositor/ka] Komponist/in
кон [kon] Pferd
кондỳктор/ка [konduktor/ka] Schaffner/in
консèрва [konßerwa] Dose, Konserve
кòнсулство [konßulßtwo] Konsulat
контàкт [kontakt] Kontakt, Steckdose
контрабàнда [kontrabanda] Schmuggel

контролѝрам [kontroliram] kontrollieren
контрольо̀р [kontroljor] Kontrolleur
контỳзия [kontusija] Prellung
конфискỳвам [konfißkuwam] beschlagnahmen
концѐрт [konzert] Konzert; симфонѝчен ~ [ßimfonitschen konzert] Simfoniekonzert
ко̀пие [kopie] Kopie
Копрѝвщица [koprifschtiza] Koprivschtiza
коприна̀ [koprina] Seide
корѐм [korem] Bauch
коридо̀р [koridor] Flur
корѝтце [koritze] Becken
коро̀на [korona] Krone
коса̀ [koßa] Haar
кост [koßt] Knochen; рѝбена ~ [ribena koßt] Gräte
костѝлка [koßtilka] Kern
костỳр [koßtur] Barsch
костю̀м [koßtjum] Anzug, Kostüm
Ко̀тел [kotel] Kotel
ко̀тка [kotka] Katze
котло̀н [kotlon] Kocher
ко̀фа [kofa] Eimer; ~ за боклỳк [kofa sa bokluk] Mülleimer
ко̀шница [koschniza] Korb
крада̀ [krada] stehlen
крадѐц [kradez] Dieb
кра̀жба [kraschba] Diebstahl
край [kraj] Ende
крак [krak] Bein, Fuß
крал/кралѝца [kral/kraliza] König/in
кран [kran] (Wasser)Hahn
красѝв [kraßif] schön
кра̀ставица [kraßtawiza] Gurke
краткосро̀чен [kratkoßrotschen] kurzfristig
кра̀тък [kratək] kurz
крем [krem] Creme; ~ за ръцѐ [krem sa rəze] Handcreme
кресло̀ [kreßlo] Sessel
крѐхък [krechək] zart
крещя̀ [kreschtja] schreien
крѐпост [krepoßt] Burg, Festung
крик [krik] Wagenheber
крило̀ [krilo] Flügel
крỳиз [kruiß] Kreuzfahrt
крỳша [kruscha] Birne
крỳшка [kruschka] Glühbirne
кръв [krəf] Blut; кръ̀вна грỳпа [krəwna grupa] Blutgruppe
кръ̀вно наля̀гане [krəwno naljagane] Blutdruck
кръвообращѐние [krəwoobraschtenie] Kreislauf
кръ̀гъл [krəgəl] rund
кръст [krəßt] Kreuz
кристѝл [krißtal] Kristall
кръсто̀вище [krəßtowischte] Kreuzung
кръ̀чма [krətschma] Kneipe
кубѐ [kube] Kuppel
кỳка [kuka] Haken
кỳла [kula] Turm
Кỳлата [kulata] Kulata
култỳра [kultura] Kultur
кỳпа [kupa] Schüssel
купѐ [kupe] Abteil; ~ за непушàчи [kupe sa nepuschatschi] Nichtraucherabteil
купỳвам [kupuwam] kaufen
курс [kurß] (Wechsel)Kurs; ~ по плỳване [kurß po pluwane] Schwimmkurs
кутѝя [kutija] Schachtel, по̀щенска ~ [poschtenßka kutija] Briefkasten; музика̀лна ~ [musikalna kutija] Spieldose

кỳче [kutsche] Hund;
~-водàч [kutsche-vodatsch] Blindenhund
кỳфар [kufar] Koffer
кỳхня [kuchnja] Küche
кушèт-вагòн [kuschet-wagon] Liegewagen
къдрѝци [kədrizi] Locken
към [kəm] nach, gegen, zu
кèмпинг [kəmpink] Camping(platz)
кънки [kənki] Rollschuhe; зѝмни ~ [simni kənki] Schlittschuhe; кàрам ~ [karam kənki] Schlittschuhe laufen
къпѝни [kəpini] Brombeeren
кървèне [kərwene] Blutung
кървя̀ [kərwja] bluten
Кърджалѝ [kərdschali] Kardschali
кърлинг [kərling] Curling
кърмàче [kərmatsche] Säugling
кèрпа [kərpa] Tuch
къс [kəß] kurz; къ̀си светлинѝ [kəßi ßwetlini] Abblendlicht; кàсо съединèние [kəßo ßəedinenie] Kurzschluss
къ̀сен [kəßen] spät
късмèт [kəßmet] Glück; ѝмам ~ [imam kəßmet] Glück gehabt
късометрàжен филм [kəßometraschen film] Kurzfilm
къ̀ща [kəschta] Haus
Кюстендѝл [kjußtendil] Kjustendil

Л

лàврово дървò [lawrowo dərwo] Lorbeer
лак [lak] Lack; ~ за нòкти [lak sa nokti] Nagellack

лàкомства Süßigkeiten
лакочистѝтел [lakotschißtitel] Nagellackentferner
Ламàнш [lamansch] Ärmelkanal
лàмпа [lampa] Lampe; нòщна ~ [noschtna lampa] Nachttischlampe
лàстик за косà [laßtik sa koßa] Haargummi
лев [lef] Lew
леглò [leglo] Bett; дèтско ~ [detßko leglo] Kinderbett
лед [let] Eis
лèден [leden] Eis-; лèдена пързалка [ledena pərsalka] Eisbahn
лежà [lescha] liegen
лек [lek] leicht; лèка атлèтика [leka atletika] Leichtathletik
лèкар/ка [lekar/ka] Arzt/Ärztin
лекỳвам [lekuwam] behandeln
лен [len] Leinen
лèнта [lenta] Band
лèсен [leßen] leicht
леснозапалѝм [leßnosapalim] feuergefährlich
лèтен [leten] Sommer-, лятно кѝно [ljatno kino] Freilichtkino
летèне с дèлтаплан [letene ß deltaplan] Drachenfliegen
летѝще [letischte] Flughafen
летя̀ [letja] fliegen
лèща [leschta] Linse
лèщи [leschti] Linsen
лилàв [lilaf] lila
лимòн [limon] Zitrone
лимонàда [limonada] Limonade
линèйка [linejka] Krankenwagen
лѝния [linija] Linie

лѝпсвам [lipßwam] fehlen
лист [lißt] (Papier)Blatt
литургѝя [liturgija] *(rel)* Messe
лѝтър [litər] Liter
лифт Lift
лицѐ [lize] Gesicht
лѝчен [litschen] persönlich, privat
лѝчна кàрта [litschna karta] Personalausweis
ловя́ [lowja] angeln, jagen
лòдка [lotka] Boot; спасѝтелна ~ [ßpaßitelna lotka] Rettungsboot; грѐбна ~ [grebna lotka] Ruderboot; надувàема ~ [naduwaema lotka] Schlauchboot
лòжа [loscha] Loge
лòзе [lose] Weinberg
лош [losch] böse, schlecht
луд [lut] verrückt
лук [luk] Zwiebel
луксòзен [lukßosen] luxuriös
лумбàго [lumbago] Hexenschuss
лунà [luna] Mond
лъжѝца [ləschiza] Löffel; чàена лъжѝчка [tschaena ləschitschka] Teelöffel
любѐзен [ljubesen] freundlich, nett
любѝмец/любѝмка [ljubimez/ljubimka] Liebling
любòв [ljubof] Liebe
любопѝтен [ljubopiten] neugierig
люк [ljuk] Schiebedach
лют [ljut] *(Speise)* scharf
ляв [ljaf] linke
ля́гам си [ljagam ßi] zu Bett gehen
ля́стовица [ljaßtowiza] Möwe
ля́то [ljato] Sommer

M

магазѝн [magasin] Geschäft; цветàрски ~ [zwetarßki magasin] Blumengeschäft
магданòз [magdanoß] Petersilie
магистрàла [magißtrala] Autobahn
Мàдара [madara] Madara
мàзен [masen] fett
май [maj] Mai
мàйка [majka] Mutter
майонѐза [majonesa] Mayonnaise
макарòни [makaroni] Nudeln
мàлко [malko] etwas; нàй-~ [naj-malko] mindestens
маловàжен [malowaschen] unwichtig
мàлък [malək] klein
манастѝр [manaßtir] Kloster
мандарѝни [mandarini] Mandarinen
маргарѝн [margarin] Margarine
Марѝца [mariza] Mariza
мàрка [marka] Marke, (Zigaretten)Sorte; запàзена ~ [sapasena marka] Wahrzeichen
мармалàд [marmalat] Marmelade
март [mart] März
марỳля [marulja] Kopfsalat
маршрỳт [marschrut] Route
мàса [maßa] Tisch
масàж [maßasch] Massage
маслѝни [maßlini] Oliven
маслò [maßlo] Butter; Sonnenöl
материàл [materjal] Material; канцелàрски материàли [kanzelarßki materjali] Schreibwaren

матрàк [matrak] Matratze
машѝна [maschina] Maschine
мàщерка [maschterka] Thymian
мèбел [mebel] Möbel
мед [met] Honig
медàл [medal] Orden
медальòн [medaljon] Anhänger
медикамèнт [medikament] Medikament
медицѝнско [medizinßko] Attest
междỳ [me**sch**du] zwischen
международен [me**sch**dunaroden] ausländisch; ~ **пòлет** [me**sch**dunaroden polet] Auslandsflug; ~ **ràзговор** [me**sch**dunaroden rasgowor] Auslandsgespräch
междучàсие [me**sch**dutschaßie] Schulpause
мек [mek] weich, mild
Мèлник [melnik] Melnik
мèн(е) [men(e)] mich, mir; **зарàди** ~ [saradi men(e)] meinetwegen; **от мен да мѝне** [ot men da mine] von mir aus
менструàция [menßtruazija] Menstruation
меню̀ [menju] Speisekarte
мероприя̀тие [meroprijatie] Veranstaltung
месàрница [meßarniza] Metzgerei
мèсец [meßez] Monat
мèсечен [meßetschen] monatlich
месò [meßo] Fleisch
мèстен [meßten] einheimisch
мèстност [meßnoßt] Gegend
местожѝтелство [meßto**sch**itelßtwo] Wohnort, (Wohn)Sitz
местоположèние [meßtopolo**sch**enie] (Orts)Lage
метрò [metro] U-Bahn
мèтър [metər] Meter, **квадрàтен** ~ [kwadraten metər] Quadratmeter
мехлèм [mechlem] Slabe; ~ **против изгàряне** [mechlem protif isgarjane] Brandsalbe
мехỳр [mechur] Blase; **жлъчен** ~ [**sch**lətschen mechur] Gallenblase
мѝвка [mifka] Waschbecken, Spüle
мигàч [migatsch] Blinker
мигрèна [migrena] Migräne
мѝда [mida] Muschel; **чèрни мѝди** [tscherni midi] Miesmuscheln
микровълнова (пèчка) [mikrowəlnowa petschka] Mikrowelle
мил [mil] liebenswürdig, nett
милимèтър [milimetər] Millimeter
мѝнало [minalo] Vergangenheit
минерàлна водà [mineralna woda] Mineralwasser
мѝнибàр [minibar] Minibar
мѝниголф [minigolf] Minigolf
минỳта [minuta] Minute
миризмà [mirisma] Geruch
мирѝша [mirischa] riechen, stinken
мѝсля [mißlja] denken
мѝтница [mitniza] Zoll, Passkontrolle
митò [mito] (Gebühr) Zoll; **подлежàщ на** ~ [podle**sch**ascht na mito] zollpflichtig

мѝя [mija] waschen
миялна машѝна [mijalna maschina] Geschirrspülmaschine
млад [mlat] jung
младѐж [mladesch] Jugendliche(r)
мля́ко [mljako] Milch; **кѝсело ~** [kißelo mljako] Joghurt
мнѐние [mnenie] Meinung
мно́го [mnogo] viel
мо́га [moga] können, dürfen
мо́да [moda] Mode
модѐл [model] Modell
модѐрен [moderen] modern
мо́же би [mosche bi] vielleicht
моза́йка [mosajka] Mosaik
мо́зък [mosək] Gehirn
мо́зъчен [mosətschen] Gehirn-, **мо́зъчно сътресѐние** [mosətschno ßətreßenie] Gehirnerschütterung; **~ ỳдар** [mosətschen udar] Gehirnschlag
мой [moj] mein
мо́към [mokər] nass
молба́ [molba] Bitte
молѝтва [molitwa] Gebet
мо́ля [molja] bitten
мо́ля се [molja ße] beten
момѐнт [moment] Augenblick
момѝче [momitsche] Mädchen
момчѐ [momtsche] Junge
монѐта [moneta] Münze
мо́рбили [morbili] Masern
морѐ [more] Meer
мо́рков [morkof] Karotte
мо́рски [morßki], **мо́рска бо́лест** [morßka boleßt] Seekrankheit; **мо́рско вълнѐние** [morßko wəlnenie] Seegang; **~ езѝк** [morßki esik] Seezunge
мост [moßt] Brücke
мотѐл [motel] Motel
мото́р [motor] Motor
мото́рница [motorniza] Motorboot
мото́ролер [motoroler] Roller
мраз [mraß] Frost
мрѐжа [mrescha] Netz
мръ́зна [mrəsna] frieren
мръ́сен [mrəßen] schmutzig
музѐй [musej] Museum
мỳзика [musika] Musik
музика́лен магазѝн [musikalen magasin] Musikgeschäft
музицѝрам [musiziram] musizieren
мỳскул [mußkul] Muskel
мустак [mußtak] Schnurrbart
мухa [mucha] Fliege
мъгла [məgla] Nebel
мъдрѐц [mədrez] Weisheitszahn
мъж [məsch] (Ehe)Mann
мъжѐ, М [mesche] Herren
мълния [məlnija] Blitz
мълчалѝв [məltschalif] schweigsam
мързелѝв [mərselif] faul
мързелỳвам [mərseluwam] faulenzen
мършав [mərschaf] mager
мътеница [məteniza] Buttermilch
мю́зикъл [mjusikəl] Musical
мю́сли [mjußli] Müsli
мя́сто [mjaßto] Platz, Ort, **~ до прозо́реца** [mjaßto do prosoreza] Fensterplatz; **свещѐно ~** [ßweschteno mjaßto]

H

на [na] an, auf, in, nach, zu; ~ теб(е) [na teb(e)] dir
набавям [nabawjam] besorgen
набирам [nabiram] *(Telefon)* wählen
навреме [nawreme] rechtzeitig
навсякъде [nafßjakəde] überall
навън [nawən] draußen
нагоре [nagore] aufwärts
награда [nagrada] *(Gewinn)* Preis
над [nat] oberhalb
надбягване [nadbjagwane] Rennen
наденички [nadenitschki] Würstchen
надпис [natpiß] Aufschrift, Inschrift
надписи [natpißi] Untertitel
наем [naem] Miete; давам под ~ [dawam pod naem] vermieten
наемам [naemam] mieten
назад rückwärts
наздраве [nasdrawe] Prost, zum Wohl
наздравица [nasdrawiza] Trinkspruch
най-много [naj-mnogo] höchstens
най-накрая [naj-nakraja] endlich
наливен [naliwen] vom Fass
намаление [namalenie] Ermäßigung; ~ за деца [namalenie sa deza] Kinderermäßigung
намирам [namiram] finden
намирам се [namiram ße] s. befinden, liegen, sein
наопаки [naopaki] umgekehrt
нападение [napadenie] Überfall
напитка [napitka] Getränk
напомням [napomnjam] erinnern
направо [naprawo] geradeaus
напрегнат [napregnat] anstrengend
напред [napret] vorwärts
например [naprimer] zum Beispiel
напротив [naprotif] doch, im Gegenteil
напускам [napußkam] verlassen, kündigen
наранявам [naranjawam] verletzen
нараняване [naranjawane] Verletzung
народ [narot] Volk
нас [naß] uns
насекомо [naßekomo] Insekt
наскоро [naßkoro] kürzlich
наслаждавам се [naßlaschdawam ße] genießen
настинка [naßtinka] Erkältung
настоявам на/за [naßtojawam na/sa] bestehen auf
натруфен [natrufen] kitschig
натюрморт [natjurmort] Stillleben
научавам [nautschawam] erfahren
нахален [nachalen] unverschämt
находка [nachotka] Fund
нахут [nachut] Kichererbsen
начало [natschalo] Anfang
наш [nasch] unser
не [ne] nicht
небе [nebe] Himmel
невероятен [newerojaten] unglaublich, unwahrscheinlich
невъзможен [newəsmoschen] unmöglich

нѐгов [negof] sein
недѐля [nedelja] Sonntag; в ~ [w nedelja] am Sonntag
недоразумѐние [nedorasumenie] Missverständnis
нѐжен [ne<u>sch</u>en] zart, zärtlich
нежѐнен [ne<u>sch</u>enen] *(Mann)* ledig
незадължителен [nesadəl<u>sch</u>itelen] unverbindlich
нѐмски [nemßki] deutsch
необичàен [neobitschaen] ungewöhnlich
необходѝм [neopchodim] notwendig
неомъ̀жена [neomə<u>sch</u>ena] *(Frau)* ledig
неподвѝжен [nepodwi<u>sch</u>en] *(unbewegt)* still
неподходя̀щ [nepotchodjascht] ungeeignet
непознàт/а [neposnat/a] Fremde(r)
непоносѝм unerträglich
непослу̀шен [nepoßluschen] ungezogen
непремѐнно [nepremenno] unbedingt
неприя̀тен [neprijaten] unangenehm
непуша̀ч [nepuschatsch] Nichtraucher
нерв [nerf] Nerv
нѐрвен [nerwen] nervös
Несѐбър [nesebər] Nessebar
нефт [neft] Petroleum
нещàстие [neschtaßtie] Unglück
нѐщо [neschto] etwas
нѝе [nie] wir
нѝкога [nikoga] nie
нѝкой, [nikoj] kein, niemand
нѝкъде [njakəde] nirgends
нѝскомàслен [nißkomaßlen] fettarm
нѝсък [nißək] nieder, niedrig
нѝша [nischa] Nische
нѝщо [nischto] nichts
но [no] aber
нов [nof] neu; **Нòва годѝна** [nowa godina] Neujahr
новинà [nowina] Nachricht
ноѐмври [noemwri] November
нож [nosch] Messer
нòжица [no<u>sch</u>iza] Schere
нòжичка (за нòкти) [no<u>sch</u>itschka (sa nokti)] Nagelschere
нòжче [noschtsche], джòбно ~ Taschenmesser [d<u>sch</u>obno noschtsche; нòжчета за брънене [noschtscheta sa brəßnene] Rasierklingen
нòмер [nomer] Nummer, (Schuh)Größe
нормàлен [normalen] normal
нос [noß] Nase
носѝя [noßija] (Volks)Tracht
нòсна кърпѝчка [noßna kərpitschka] Taschentuch
нòся [noßja] tragen
нòутбук [noutbuk] Notebook
нощ [noscht] Nacht
нòщна мàсичка [noschtna maßitschka] Nachttisch
нощу̀вка [noschtufka] Übernachtung
нудѝст/ка [nudißt/ka] FKKler/in
нудѝстки плаж [nudißtki plasch] FKK-Strand
нуждàя се [nu<u>sch</u>daja ße] brauchen
ня̀кои [njakoi] einige
ня̀кой [njakoj] jemand
ня̀колко [njakolko] ein paar
ням [njam] stumm

O

обàждам се [obaschdam ße] anrufen
обàждане [obaschdane] Anruf
обед [obet] Mittag; по ~ [po obet] mittags
обектѝв [obektif] Objektiv
обецѝ [obizi] Ohrringe
обя̀д [objat] Mittagessen
обезщетèние [obeßschtetenie] Ersatz
обикновèно [obiknoweno] normalerweise
òбир [obir] Diebstahl
òбласт [oblaßt] Gebiet
òблачно [oblatschno] bewölkt
облѝчам (се) [oblitscham (ße)] (s.) anziehen
обмя̀на (на валу̀та) [obmjana (na waluta)] (Geld)Wechsel
образовàние [obrasowanie] Schulausbildung
òбрив [obrif] Ausschlag
обръ̀щам [obrəschtam] umkehren
обсерватòрия [opßerwatorija] Sternwarte
обслу̀жване [opßluschwane] Bedienung
обу̀вка [obufka] Schuh
обучèние [obutschenie] Ausbildung
òбед [obet] Mittag
обезболя̀ващи [obesboljawaschti] Schmerztabletten
обикновèн [obiknowen] gewöhnlich
обикòлка [obikolka] Rundfahrt, Führung, Tour
обичàен [obitschaen] üblich
обѝчам [obitscham] lieben
òблак [oblak] Wolke
òбласт [oblaßt] Region
облеклò [obleklo] Kleidung
обрàтно [obratno] zurück
обущàр [obuschtar] Schuhmacher
общèствен [obschteßtwen] öffentlich
объ̀рквам [obərkwam] verwechseln
обя̀д [objat] Mittagessen
овдовя̀л/а [owdowjal/a] verwitwet
овèсени я̀дки [oweßeni jatki] Haferflocken
òвнешко [oweschko] Hammelfleisch
огледàло [ogledalo] Spiegel; ~ за обрàтно вѝждане [ogledalo sa obratno wischdane] Rückspiegel
òгън [ogən] Feuer
одеколòн [odekolon] Rasierwasser
одея̀ло [odejalo] Decke; въ̀лнено одея̀ло [wəlneno odejalo] Wolldecke
ожèнвам се [oschenwam ße] (Mann) heiraten
оживèн [oschiwen] lebhaft
окòлна средà [okolna ßreda] Umwelt
окòлност [okolnoßt] Umgebung
òколо [okolo] etwa, gegen, um
окончàтелен [okontschatelen] endgültig
октòмври [oktomwri] Oktober
òлио [olio] Speiseöl
олтàр [oltar] Altar
омъ̀жвам се [oməschwam ße] (Frau) heiraten
омъ̀жена [oməschena] (Frau) verheiratet
òнзи [onsi] jener

опакòвам [opakowam] einpacken
опакòвка [opakofka] Verpackung
опàсен [opaßen] gefährlich
опàсност [opaßnoßt] Gefahr
опасỳвам се [opaßjawam ße] befürchten
опàшка [opaschka] Schlange чàкам на ~ [tschukam na opaschka] Schlange stehen
òпера [opera] Oper
операция [operazija] Operation
оперèта [opereta] Operette
опѝсвам [opißwam] beschreiben
опѝтвам [opitwam] versuchen
оплàквам се [oplakwam ße] s. beklagen, s. beschweren
определèн [opredelen] bestimmt
òптика [optika] Optiker
орàнжев [oranschef] orange
òрден [orden] Orden
òрех [orech] Nuss; кокосов ~ [kokoßof orech] Kokosnuss
оригинàл [original] Original
орѝз [oriß] Reis
оркèстър [orkeßtər] Orchester, (Blas)Kapelle
осведомявам се [oßwedomjawam ße] s. informieren
освèн [oßwen] außer; ~ това [oßwen towa] außerdem
осигурòвка [oßigurofka] Versicherung
оснòвен [oßnowen] hauptsächlich; оснòвно ястие [oßnowno jaßtie] Hauptspeise
оскърблèние [oßkərblenie] Beleidigung
осòбено [oßobeno] besonders
остàвам [oßtawam] (übrig) bleiben
остàвям [oßtawjam] hinterlegen
òстров [oßtrof] Insel
òстър [oßtər] scharf
от [ot] ab, aus, seit, von; ~ врèме на врèме [ot wreme na wreme] gelegentlich
отбелязвам [otbeljaswam] (ver)merken, feststellen
отбѝвка от магистрàла [otbifka ot magißtrala] Abfahrt
отбòр [otbor] Mannschaft
отварàчка [otwaratschka], ~ за бутѝлки [otwaratschka sa butilki] Flaschenöffner; ~ за консèрви [otwaratschka sa konßerwi] Dosenöffner
отвàрям [otwarjam] öffnen
отвòрен [otworen] geöffnet, offen
отвòрено [otworeno] auf
отвън [otwən] außen
отговàрям [otgowarjam] antworten; ~ на [otgowarjam na] beantworten
отговòрен [otgoworen] verantwortlich
отзàд [otsat] hinten
отѝвам [otiwam] passen
откàзвам [otkaswam] ablehnen
открѝвам [otkriwam] entdecken
отлàгам [otlagam] *(zeitlich)* verschieben
òтлив [otlif] Ebbe
отлѝчен [otlitschen] ausgezeichnet
отòк [otok] Schwellung
отоплèние [otoplenie] Heizung
отпàдък [otpadək] Abfall
отпрèд [otpret] vorn
òтпуск [otpußk] Urlaub

отрàвяне [otrawjane] Vergiftung; хранѝтелно ~ [chranitelno otrawjane] Lebensmittelvergiftung

отрицàтелен [otrizatelen] negativ

отрòва [otrowa] Gift

отрòвен [otrowen] giftig

отстъ̀пка [otßtəpka] Rabatt

отсъ̀ствам [otßəßtwam] abwesend sein, fehlen

официàлен [ofizialen] offiziell

оцветя̀вам [ozwetjawam] färben

оцèт [ozet] Essig

очаровàтелен [otscharowatelen] entzückend

очѝ [otschi] Augen

очилà [otschila] Brille; водолазни ~ [wodolasni otschila] Taucherbrille

òще [oschte] noch

П

пàдам [padam] fallen, stürzen

пàднал [padnal] gefallen

пазàр [pasar] Markt

пак [pak] wieder

пакèт [paket] Paket

пакèтче [pakettsche] Päckchen

палàтка [palatka] Zelt; на ~ съм [na palatka ßəm] zelten

палтò [palto] Mantel

пàлуба [paluba] Deck

пàметник [pametnik] Denkmal; надгрòбен ~ [nadgroben pametnik] Grabmal

Пампòрово [pamporowo] Pamporovo

памỳк [pamuk] Watte

панаѝр [panair] Jahrmarkt, Messe

пансиòн [panßion] Pension; полу~ [polupanßion] Halbpension; пъ̀лен ~ [pəlen panßion] Vollpension

панталòн [pantalon] Hose

папийòнка [papijonka] Smokingschleife

парàклис [parakliß] Kapelle

парàлиза [paralisa] Lähmung

парапланèр [paraplaner] Gleitschirm

парахòд [parachot] Dampfer

парашỳт [paraschut] Fallschirm

парѝ [pari] Geld; ~ в брой [pari w broj] Bargeld

парк [park] Park; увеселѝтелен ~ [uweßelitelen park] Freizeitpark; лòвен ~ [lowen park] Wildpark

паркèт [parket] Parkett

пàркинг [parkink] Parkplatz; ~ за инвалѝди [parkink sa inwalidi] Behindertenparkplatz

паркѝрам [parkiram] parken

пàртер [parter] Erdgeschoss

пàрти [parti] Party

парфю̀м [parfjum] Parfüm

парфюмèрия [parfjumerija] Parfümerie

парцàл [parzal] Waschlappen

паспòрт [paßport] (Reise)Pass

пàста [paßta] Pasta; ~ за зъ̀би [paßta sa səbi] Zahnpasta

пастèт [paßtet] Leberpastete

пàтерица [pateriza] Krücke

патладжàн [patlad_sch_an] Aubergine

пàуза [pausa] Pause

певèц/певѝца [pewez/pewiza] Sänger/in

педàл [pedal] Pedal; ~ за газтà [pedal sa gaßta] (Gas)Pedal

пейзàж [pejsasch] Landschaft

пейка [pejka] (Sitz)Bank
пейсмейкър [pejßmejkər] Herzschrittmacher
пекарна [pekarna] Bäckerei
пелени [peleni] Windeln
пепелник [pepelnik] Aschenbecher
пера [pera] *(Wäsche)* waschen
пералня [peralnja] Wäscherei, Waschmaschine
перила [perila] Handlauf
перла [perla] Perle
перон [peron] Bahnsteig
перука [peruka] Perücke
перфоратор [perforator] Fahrscheinentwerter
перфорирам [perforiram] entwerten
песен [peßen] Lied
Петдесетница [petdeßetniza] Pfingsten
петно [petno] Fleck
петрол [petrol] Erdöl
петък [petək] Freitag
печалба [petschalba] Gewinn
печат [petschat] Stempel
печеля [petschelja] gewinnen
печен [petschen] gebraten
печка [petschka] Herd, Ofen
пешеходец [peschechodez] Fußgänger/in
пешеходна зона [peschechodna sona] Fußgängerzone
пещера [peschtera] Höhle
пея [peja] singen
пиеса [pießa] (Theater)Stück
пиле [pile] Hähnchen
пилот [pilot] Pilot/in
(пин)код [(pin)kot] Geheimzahl
пинцета [pinzeta] Pinzette
пипер [piper] Pfeffer; мелничка за ~ [melnitschka sa piper] Pfeffermühle
Пирин [pirin] Pirin

писмено [pißmeno] schriftlich
писмо [pißmo] Brief; ~ с бърза поща [pißmo ß bərsa poschta] Eilbrief
писоар [pißoar] Stehklosett
писта [pißta] Rennbahn, Piste
питам [pitam] fragen
питомен заек [pitomen saek] Kaninchen
пиша [pischa] schreiben
пищял [pischtjal] Schienbein
пия [pija] trinken
пиян [pjan] betrunken
плавам [plawam] segeln
плавници [plawnizi] Schwimmflossen
плаж [plasch] Strand
плакат [plakat] Plakat
планина [planina] Berg, Gebirge
пластика [plaßtika] Plastil
пластир [plaßtir] Pflaster
пластмаса [plaßtmaßa] *(Kunststoff)* Plastik
платноходка [platnochotka] Segelboot
плах [plach] schüchtern
плача [platscha] weinen
плащам [plaschtam] zahlen
плащане [plaschtane] Zahlung
Плевен [plewen] Pleven
плик [plik] Tüte, ~ за отпадъци [plik sa otpadəzi] Abfallbeutel; ~ за писма [plik sa pißma] Briefumschlag
Плиска [plißka] Pliska
Пловдив [plowdif] Plovdiv
плодове [plodowe] Obst
пломба [plomba] Plombe
площ [ploscht] Fläche; тревна ~ [trewna ploscht] Anlage
плувам [pluwam] schwimmen
плувец/плувкиня [pluwez/plufkinja] Schwimmer/in
по [po] aus

по̀вече [powetsche] mehr; ~ от [powetsche ot] mehr als
поврѐждам [powre_sch_dam] beschädigen
повта̀рям [poftarjam] wiederholen
поглѐждам [pogle_sch_dam] ansehen
под [pot] unter(halb)
под [pot] Fußboden
пода̀рък [podarək] Geschenk
подаря̀вам [podarjawam] schenken
пода̀тел [podatel] Absender
по̀длез [podleß] Unterführung
подмѐтка [podmetka] Sohle
подо̀бен [podoben] ähnlich
по̀дпис [potpiß] Unterschrift
подпѝсвам [potpißwam] unterschreiben
подпра̀вка [potprafka] Gewürz
подпра̀вям [potprawjam] würzen
подпра̀вяне [potprawjane] Dressing
подсло̀н [potßlon] Unterkunft
поду̀т [podut] geschwollen
подходя̀щ [potchodjascht] geeignet
подхо̀ждам [potcho_sch_dam] passen
пожа̀р [poschar] Feuer; пожа̀рна кома̀нда [po_sch_arna komanda] Feuerwehr
пожарогасѝтел [po_sch_arogaßitel] Feuerlöscher
поздравя̀вам [posdrawjawam] (be)grüßen, gratulieren
позна̀вам [posnawam] kennen
позна̀нство [posnanßtwo] Bekanntschaft

позна̀т [posnat] bekannt
позна̀т/а [posnat/a] Bekannte/r
пока̀звам [pokaswam] zeigen
поква̀рен [pokwaren] *(sittlich)* verdorben
покра̀й [pokraj] *(räumlich)* vorüber
по̀крив [pokrif] Dach
покрѝвка [pokrifka] Decke, Tischtuch
пола̀ [pola] Rock
полѐ [pole] Fled
полѐдица [polediza] Glatteis
по̀лет [polet] Flug; въ̀трешен ~ [wətreschen polet] Inlandsflug
полица̀й/ка [polizaj/ka] Polizist/in
полицѐйска кола̀ [polizejßka kola] Polizeiwagen
полѝция [polizija] Polizei
половѝн [polowin] halb
половѝна [polowina] Hälfte
положѐние [polo_sch_enie] Lage
полу̀пансио̀н [polupanßion] Halbpension
получа̀вам [polutschawam] bekommen
получа̀тел [polutschatel] Empfänger
поля̀на [poljana] Wiese
пома̀гам [pomagam] helfen
Помо̀рие [pomorie] Pomorie
по̀мощ [pomoscht] Hilfe
по̀мпа [pompa] Pumpe; ~ за бензин [pompa sa bensin] Benzinpumpe
понѐ [pone] wenigstens
понедѐлник [ponedelnik] Montag
по̀ни [poni] Poni
поня̀кога [ponjakoga] manchmal

попра́вям [poprawjam] reparieren
по́рта [porta] Tor
порта́л [portal] Portal
портие́р [portier] Portier
портмоне́ [portmone] Geldbeutel
по́рто [porto] Porto
портока́л [portokal] Orange
портре́т [portret] Porträt
портфе́йл [portfejl] Brieftasche
порцела́н [porzelan] Porzellan
по́рция [porzija] Portion
поръ́чка [porətschka] Bestellung
посеща́вам [poßeschtawam] besuchen
посеще́ние [poßeschtenie] Besuch, Besichtigung
после́ден [poßleden] letzter
посо́ка [poßoka] Richtung; ~ на вя́търа [poßoka na wjatərа] Windrichtung
посо́лство [poßolßtwo] Botschaft
посре́щам [poßreschtam] empfangen
постано́вка [poßtanofka] Inszenierung
по́стя [poßtja] fasten
потвържда́вам [potwərschdawam] bestätigen
по́тник [potnik] *(armellos)* Unterhemd
потребле́ние [potreblenie] Verbrauch
потя́ се [potja ße] schwitzen
похо́дка [pochotka] Gang
по́черк [potscherk] (Hand)Schrift
почи́вам си [potschiwam ßi] s. ausruhen
почи́вен дом [potschiwen dom] Ferienhaus
почи́ствам [potschißtwam] reinigen
почи́стване [potschißtwane] Reinigung
почти́ [potschti] fast, kaum
по́ща [poschta] Post(amt); възду́шна ~ [wəsduschna poschta] Luftpost
по́щенски [poschtenßki], по́щенска ма́рка [poschtenßka marka] Briefmarke; ~ код [poschtenßki kot] Postleitzahl
почита́тел [potschitatel] Anhänger
прав [praf] gerade
пра́вилен [prawilen] regelmäßig, richtig
прави́телство [prawitelßtwo] Regierung
пра́вя [prawja] machen, tun
праг [prak] (Tür)Schwelle
праз [praß] Lauch
пра́зен [prasen] leer; ~ ход [prasen chot] Leerlauf
пра́зник [prasnik] Fest
практи́чен [praktitschen] praktisch
пра́скови [praßkowi] Pfirsiche
пра́тка [pratka] Sendung
прах [prach] Staub; ~ за пране́ [prach sa prane] Waschmittel
преби́вам [prebiwam] zusammenschlagen
превéждам [preweschdam] übersetzen
пре́вод [prewot] Überweisung
превръ́зка [prewrəßka] Binde, Verband; да́мски превръ́зки [damßki prewrəßki] Damenbinden
превъ́рзвам [prewərswam] verbinden
пред [pret] *(räumlich)* vor

предаване [predawane] *(Radio, Fernsehen)* Sendung
предварително [predwaritelno] im Voraus
предградие [predgradie] Vorort
преди [predi] *(zeitlich)* (be)vor, vorher; ~ обяд [predi objat] am Vormittag
предимство [predimßtwo] Vorteil
предлагам [predlagam] (an)bieten
предложение [predloschenie] Vorschlag
предмет [predmet] Gegenstand
предобед [predobet] Vormittag
предпазител [pretpasitel] Sicherung
предпазлив [pretpaslif] vorsichtig
предпазни мерки [pretpasni merki] Verhütungsmittel
предписание [pretpißanie] Vorschrift
предписвам [pretpißwam] verschreiben
предпоследен [pretpoßleden] vorletzter
представа [pretßtawa] *(Begriff)* Vorstellung
представление [pretßtawlenie] Aufführung
предястие [predjaßtie] Vorspeise
през [preß] durch, über; ~ нощта [preß noschta] nachts
презерватив [preserwatif] Kondom
прекрасен [prekraßen] wunderbar
прекъсвам [prekæßwam] unterbrechen

преливане [preliwane] Infusion
премествам [premeßtwam] verschieben
преместване [premeßtwane] Umzug
премиера [premiera] Premiere
пренощувам [prenoschtuwam] übernachten
преобличам се [preoblitscham ße] s. umziehen
препарат [preparat] Mittel, дезинфекционен ~ [desinfekzionen preparat] Desinfektionsmittel
препечен [prepetschen] geröstet
преподавам [prepodawam] unterrichten
препоръчано писмо [preporætschano pißmo] Eilbrief
препоръчвам [preporætschwam] empfehlen
препращам [prepraschtam] nachsenden
Преслав [preßlaf] Preslav
престaвам [preßtawam] aufhören
престой [preßtoj] Aufenthalt
престъпление [preßtæplenie] Verbrechen
преход [prechot] Übergang
прехрана [prechrana] Verpflegung
преча [pretscha] hindern
при [pri] bei, an
прибори [pribori] Besteck
пригоден [prigoden] geeignet; ~ за инвалиди [prigoden sa inwalidi] behindertengerecht
приготвен [prigotwen] vorbereiten

приго̀твям [prigotwjam] zubereiten
придружа̀вам [pridruschawam] begleiten
придружѝтел [pridruschitel] Begleitperson
приѐмам [priemam] annehmen, zusagen
приѐмно врѐме [priemno wreme] Sprechstunde
прѝлив [prilif] Flut
приложѐние към писмо̀ [priloschenie kəm pißmo] Anlage
пр̀имер [primer] Beispiel
принадлежа̀ [prinadlescha] gehören
приро̀да [priroda] Natur
приспива̀телни [prißpiwatelni] Schlaftabletten
приспособя̀вам се [prißpoßobjawam ße] s. akklimatisieren
приста̀нище [prißtanischte] Hafen
пристѝгам [prißtjagam] ankommen
пристѝгане [prißtigane] Ankunft; ден на ~ [den na prißtigane] Anreisetag
причѐска [pritscheßka] Frisur
причѝна [pritschina] Grund
причиня̀вам [pritschinjawam] verursachen
прия̀тел/ка [prijatel/ka] Freund/in; ~ съм с [prijatel/ka ßəm ß] befreundet sein mit
прия̀тен [prijaten] angenehm
про̀ба [proba] Probe
проблѐм [problem] Problem; проблѐми със сърцѐто [problemi ßəß ßərzeto] Herzbeschwerden

прогно̀за за врѐмето [prognosa sa wremeto] Wettervorhersage
програ̀ма [programa] Programm(heft)
прода̀вам [prodawam] verkaufen
проду̀кт [proekt] Produkt
продължа̀вам [prodəlschawam] dauern
прозо̀рец [prosorez] Fenster
произвѐждам [proisweschdam] herstellen
произна̀сям [proisnaßjam] aussprechen
про̀лет [prolet] Frühling
промѐнлив [promenlif] wechselhaft
про̀паст [propaßt] Schlucht
прост [proßt] einfach
простра̀нство [proßtranßtwo] Raum
протѐза [protesa] Prothese
протѝв [protif] gegen
противозача̀тъчни [protiwosatschatətschni] Antibabypillen
противопоказа̀ния [protiwopokasanija] Gegenanzeigen
противополо̀жен [protiwopoloschen] entgegengesetzt
противополо̀жност [protiwopoloschnoßt] Gegenteil
професия [profeßija] Beruf
прохла̀ден [prochladen] kühl
процѐнт [prozent] Prozent
процѐсия [prozeßija] Prozession
проявя̀вам [projawjawam] entwickeln

пръст [prəßt] Finger, Zehe
пръстен [prəßten] Ring
птица [ptiza] Vogel
пушен [puschen] geräuchert
пудра [pudra] Puder
пуловер [pulower] Pullover
пулс [pulß] Puls
пура [pura] Zigarre
пурета [pureta] Zigarette
пуша [puscha] rauchen
пушач [puschatsch] Raucher
пчела [ptschela] Biene
пълен [pəlen] voll
пълнен [pəlnen] gefüllt
първи [pərwi] erster
първо [pərwo] zuerst
пържен [pərschen] gebraten
пържола [pərschola] Kotelett
пърхот [pərchot] Schuppen
път [pət] Weg, Scheitel; пряк ~ [prjak pət] Abkürzung; заобиколен ~ [saobikolen pət] Umweg; по пътя [po pətja] unterwegs
пътеводител [pətewoditel] Reiseführer
пътека [pəteka] Pfad
пътепоказател [pətepokasatel] Wegweiser
пътник [pətnik] Fahrgast, Passagier
пътувам [pətuwam] fahren, reisen
пътуване [pətuwane] Fahrt, Reise; ~ за дома [pətuwane sa doma] Heimreise
пяна [pjana] Schaum; ~ за коса [pjana sa koßa] Haarfestiger; ~ за бръснене [pjana sa brəßnene] Rasierschaum
пясък [pjaßək] Sand
пясъчник [pjaßətschnik] Sandkasten

Р

работа [rabota] Arbeit
работилница [rabotilniza] Werkstatt
работя [rabotja] arbeiten
равен [rawen] flach
равнина [rawnina] Ebene
радвам се [radwam ße] s. freuen
радиатор [radiator] Kühler
радио [radio] Radio
радостен [radoßten] froh
разбира се [rasbira ße] natürlich
разбирам [rasbiram] verstehen
разболявам се [rasboljawam ße] krank werden
развален [raswalen] *(faul)* verdorben
развалини [raswalina] Überreste, Ruinen
разглеждам [rasgleschdam] besichtigen
разговарям [rasgowarjam] s. unterhalten
разговор [rasgowor] Gespräch, Unterhaltung
разказ [raßkaß] Erzählung
разказвам [raßkaswam] erzählen
разкопки [raßkopki] Ausgrabungen
различен [raslitschen] anders
Разлог [raslok] Raslog
размер [rasmer] (Kleidungs)Größe
разноски [rasnoßki] Unkosten
разочарован [rasotscharowan] enttäuscht
Разпети петък [raßpeti petək] Karfreitag
разписание [raßpißanie] Fahrplan

разпродàжба [raßproda<u>sch</u>ba] Ausverkauf
разрешѝтелно за риболòв [rasreschitelno sa ribolof] Angelschein
разслабѝтелно [raßßlabitelno] Abführmittel
разслèдване [raßßledwane] Untersuchung
разстоянѝе [raßtojanie] Entfernung
разтя̀гане на сухожѝлие [raßtjagane na ßucho<u>sch</u>ilie] Zerrung
ра̀зходи [raßchodi] Kosten
разхòдка [raßchotka] Spaziergang
разчѝтам [raßtschitam] sich verlassen
райòн [rajon] Gegend
рак [rak] (See)Krebs
ракèта [raketa] Schläger
ра̀мо [ramo] Schulter
ра̀мпа [rampa] Rampe
ра̀на [rana] Wunde; **~ от порязване** [rana ot porjaswane] Schnittwunde
ранèн(а) [ranen(a)] der/die Verletzte
ра̀ница [raniza] Rücksack
ра̀но [rano] früh; **по-~** [po-rano] früher
растèние [raßtenie] Pflanze
ревматѝзъм [rewmatisəm] Rheuma
регистра̀ция [regißtrazija] Anmeldung
регистрѝрам се [regißtriram ße] s. anmelden, einschecken
режисỳра [re<u>sch</u>ißura] Regie
рèзен [resen] Scheibe
резерва̀т [reserwat] Naturschutzgebiet
резерва̀ция [reserwazija] Buchung, Reservierung
резервѝрам [reserwiram] buchen
резервоа̀р [reserwoar] Tank
резулта̀т [resultat] Ergebnis; **ра̀вен ~** [rewen resultat] *(Sport)* unentschieden
река̀ [reka] Fluss
рекла̀ма [reklama] Werbung
реклам́ирам [reklamiram] reklamieren
релѝгия [religija] Religion
ренеса̀нс [reneßanß] Renaissance
рèнтгенова снѝмка [rengenowa ßnimka] Röntgenaufnahme
рèсто [reßto] Wechselgeld
рестора̀нт [reßtorant] Restaurant
рецèпта [rezepta] Rezept
рецèпция [rezepzija] Rezeption
рèша се [rescha ße] s. kämmen
реша̀вам [reschawam] entscheiden
рѝба [riba] Fisch; **~ меч** [riba metsch] Schwertfisch
рѝза [risa] Hemd
Рѝлски манастѝр [rilßki manaßtir] Rila-Kloster
рисỳвам [rißuwam] malen, zeichnen
рисỳнка [rißunka] Bild, Zeichnung
рòден [roden] leiblich
родèн [roden] geboren
родѝна [rodina] Heimat
родѝтели [roditeli] Eltern
роднѝна [rodnina] verwandt
Родòпи [rodopi] Rhodopen
рождèн ден [ro<u>sch</u>den den] Geburtstag
Рòженски манастѝр [ro<u>sch</u>enßki manaßtir] Roshen-Kloster

ро̀за [rosa] Rose
розѐ [rose] Rosé
ро̀змарин [rosmarin] Rosmarin
ро̀зов [rosof] rosa
Ро̀зова долина̀ [rosowa dolina] Rosental
ро̀кля [roklja] Kleid
ро̀лери [roleri] Inliner
ро̀лки (за коса̀) [rolki (sa koβa)] Lockenwickler
рома̀н [roman] Roman
рубео̀ла [rubeola] Röteln
рус [ruß] blond
руса̀лка [rußalka] Paddelboot
Ру̀се [ruße] Russe
ръ̀ка [rəka] Arm, Hand
ръка̀в [rəkaf] Ärmel
ръкавѝци [rəkawizi] Handschuhe
ръководѝтел/ка [rəkowoditel/ka] Leiter/in
ръ̀чна израбо̀тка [rətschna israbotka] habdgemacht
ря̀дък [rjadək] selten

С

с [ß] mit
сала̀м [ßalam] Salami, Wurst
сала̀та [ßalata] Salat
салфѐтка [ßalfetka] Serviette
сам [ßam] allein, selbst
са̀мо [ßamo] nur
самобръсна̀чка [ßamobrəßnatschka] Rasierapparat
Са̀моков [ßamokof] Samokov
самолѐт [ßamolet] Flugzeug
самообслу̀жване [ßamooopßlu_sch_wane] Selbstbedienung
самоснима̀чка [ßamoßnimatschka] Selbstauslöser
само̀тен [ßamoten] einsam

санда̀ли [ßandali] Sandalen
са̀ндвич [ßandwitsch] belegtes Brötchen
санита̀р [ßanitar] Krankenpfleger
сантимѐтър [ßantimetər] Zentimeter
сапу̀н [ßapun] Seife
са̀уна [ßauna] Sauna
сблъ̀сък [ßbləßək] Zusammenstoß
сбогу̀вам се [ßboguwam ße] s. verabschieden
сварѐн [ßwaren] gekocht
сва̀тба [ßwatba] Hochzeit
свеж [ßwesch] frisch
светка̀вица [ßwetkawiza] Blitz; автоматѝчна ~ [aftomatitschna ßwetkawiza] Blitzgerät
светлина̀ [ßwetlina] Licht; дъ̀лги светлинѝ [dəlgi ßwetlini] Fernlicht; за̀дни светлинѝ [sadni ßwetlini] Rücklicht; габарѝтни светлинѝ [gabaritni ßwetlini] Standlicht
светломѐр [ßwetlomer] Belichtungsmesser
световъртѐж [ßwetowərtesch] Schwindel
светофа̀р [ßwetofar] Ampel
свѐтъл [ßwetəl] hell
свещ [ßwescht] Kerze; запалѝтелна ~ [sapalitelna ßwescht] Zündkerze
свещѐник [ßweschtenik] Priester
свещѝчка [ßweschtitschka] Zäpfchen
свидѐтел/ка [ßwidetel/ka] Zeuge/Zeugin
свѝкнал съм с [ßwiknal ßəm ß] gewohnt sein

свѝждане [ßwi_sch_dane] Besuchsziet
Свѝленград [ßwilengrat] Swilengrad
свѝнско [ßwinßko] Schweinefleisch
свобо̀ден [ßwoboden] frei
свод [ßwot] Gewölbe
свят [ßwjat] heilig
свят [ßwjat] Welt
сгра̀да [sgrada] Gebäude
сгъ̀вам [sgəwam] (zusammen)klappen, falten
сѐвер [ßewer] Norden
сѐверно от [ßewerno ot] nördlich von
Сѐверно морѐ [ßewerno more] Nordsee
сега̀ [ßega] jetzt, gleich
седа̀лище [ßedalischte] (Firma) Sitz
седа̀лка [ßedalka] Sitz; **дѐтска ~** [detßka ßedalka] Kindersitz
сѐдмица [ßedmiza] Woche
сѐдмичен [ßedmitschen] wöchentlich; **сѐдмична ~** [ßedmitschna karta] Wochenkarte
седя̀ [ßedja] sitzen
сезо̀н [ßeson] Saison, Jahresziet
сѐйф [ßejf] Safe
сексуа̀лен [ßekßualen] sexuell; **~ тормо̀з** [ßekßualen tormoß] sexuelle Belästigung
секу̀нда [ßekunda] Sekunde
сѐлище [ßelischte] Dorf, Ortschaft
сѐло [ßelo] Dorf
сѐлски [ßelßki] Bauern-, Land-; **~ турѝзъм** [ßelßki turisəm] Urlaub auf dem Bauernhof
семѐйство [ßemejßtwo] Familie
семина̀р [ßeminar] Seminar
сѐпия [ßepija] Tintenfisch
септѐмври [ßeptemwri] September
сервѝз [ßerwiß] Werkstatt
сервѝрам [ßerwiram] servieren
серио̀зен [ßerjosen] ernst
сестра̀ [ßeßtra] Schwester; **медицѝнска ~** [medizinßka ßeßtra] Krankenschwester
сешоа̀р [ßeschoar] Föhn
сив [ßif] grau
си ди [ßi di] CD
си ди плѐйър [ßi di plejər] CD-Spieler
сѝгурно [ßigurno] wahrscheinlich
сѝлен [ßilen] stark
симпатѝчен [ßimpatitschen] sympatisch
син [ßin] blau
син [ßin] Sohn
синджѝр [ßindschir] Kette
сѝрене [ßirene] weißer Käse; **о̀вче ~** [oftsche ßirene] Schafskäse; **кра̀ве ~** [krawe ßirene] Kuhkäse; **ко̀зе ~** [kose ßirene] Ziegenkäse
сиро̀п [ßirop] Sirup; **~ за ка̀шлица** [ßirop sa kaschliza] Hustensaft
систѐма за аварѝйни светлинѝ [ßißtema sa awarijni ßwetlini] Warnblinkanlage
сит [ßit] satt
сифо̀н [ßifon] Wasserspülung
скала̀ [ßkala] Fles
ска̀ра [ßkara] Grill
скарѝда [ßkarida] Garnele
ска̀чам [ßkatscham] springen
скѐйтбо̀рд [ßkejtbort] Skateboard
ски [ßki] Ski; **ка̀рам ~** [karam ßki] Ski laufen; **во̀дни ~** [wodni ßki] Wasserski

WÖRTERBUCH BULGARISCH–DEUTSCH

235

ски автомàти [ßki aftomati] Skibindung
ски обỳвки [ßki obufki] Skistiefel
ски очилà [ßki otschila] Skibrille
скиòрски [ßkiorßki], ~ **панталòни** [ßkiorßki pantaloni] Skihose; ~ **курс** [ßkiorßki kurß] Skikurs
ски учѝтел/ка [ßki utschitel/ka] Skilehrer/in
скѝтник [ßkitnik] Trödler
скѝца [ßkiza] Zeichnung
скицѝрам [ßkiziram] zeichnen
склон [ßklon] Steigung
скòро [ßkoro] bald
скòрост [ßkoroßt] Geschwindigkeit
скòростна кутѝя [ßkoroßtna kutija] Getriebe
скоростомèр [ßkoroßtomer] Tachometer
скỳлптор/ка [ßkulptor/ka] Bildhauer/in
скỳлптура [ßkulptura] Skulptur
скумрѝя [ßkumrija] Makrele
скỳчен [ßkutschen] langweilig
скъп [ßkəp] teuer
скъпи/скъпа [ßkəpi/ßkəpa] *(Kosewort)* Liebling
слаб [ßlap] dünn, schlank, schwach
слàгам [ßlagam] legen
сладкàрница [ßlatkarniza] Konditorei
слàдки [ßlatki] Gebäck, Kekse
сладкѝш [ßlatkisch] Kuchen
слàдък [ßladək] süß
след [ßlet] nach; ~ **товà** [ßlet towa] danach
слèдвам [ßledwam] studieren
слèдващ [ßledwascht] nächste(r, s)

следòбед [ßledobet] Nachmittag
слепèц [ßlepez] Blinde/r
слѝва [ßliwa] Pflaume
слѝвици [ßliwizi] Mandeln
слѝзам от колà [ßlisam ot kola] aussteigen
слип [ßlip] *(Herren)* Slip
слỳжба [ßlu*sch*ba] Amt; **социàлна** ~ [ßozialna ßlu*sch*ba] Sozialstation
слух [ßluch] Gehör; **с увреден** ~ [ß uwreden ßluch] hörgeschädigt
слушàлка [ßluschalka] (Kopf)Hörer
слỳшам [ßluscham] (zu)hören
слънце [ßlənze] Sonne
слънчев [ßləntschef] sonnig
Слънчев бряг [ßləntschef brjak] Sonnenstrand
сляп [ßljap] blind
смèням [ßmenjam] umtauschen; ~ **дàта на билèт** [ßmenjam data na bilet] umbuchen
смèсен [ßmeßen] gemischt
смет [ßmet] Müll
сметàна [ßmetana] (Schlag)Sahne; **квàсена** ~ [kwaßena ßmetana] saure Sahne
смèтка [ßmetka] Rechnung, Konto
смèшен [ßmeschen] lustig, lächerlich
смèя се [ßmeja ße] lachen
смокѝня [ßmokinja] Feigen
Смòлян [ßmoljan] Smoljan
смяна [ßmjana] Wechsel; ~ **на маслòто** [ßmjana na maßloto] Ölwechsel
смятам [ßmjatam] rechnen, meinen
снахà [ßnacha] Schwägerin

снѝмам [ßnimam] fotografieren
снѝмка [ßnimka] Foto(grafie); момента̀лна ~ [momentalna ßnimka] Schnappschuss
сняг [ßnjak] Schnee
со̀бствен [ßopßtwen] eigen
со̀бственик/со̀бственичка [ßopßtwenik/ßopßtwenitschka] (Haus)Besitzer/in
Созо̀пол [ßosopol] Sosopol
сок [ßok] Saft; портока̀лов ~ [portokalof ßok] Orangensaft
сол [ßol] Salz
сола̀риум [ßolarium] Solarium
солѝст/ка [ßolißt/ka] Solist/in
солнѝца [ßolniza] Salzstreuer
сос [ßoß] Soße
со̀чен [ßotschen] saftig
Со̀фия [ßofija] Sofia
спа̀звам [ßpaswam] beachten
спа̀зъм [ßpasəm] Krampf
спа̀лня [ßpalnja] Schlafzimmer
спана̀к [ßpanak] Spinat
спасѝтел [ßpaßitel] Bademeister
спасѝтелен [ßpaßitelen], ~ по̀яс [ßpaßitelen pojaß] Rettungsring; спасѝтелна жилѐтка [ßpaßitelna schiletka] Schwimmweste
спесто̀вна кнѝжка [ßpeßtowna knischka] Sparbuch
специа̀лен [ßpezialen] speziell
специалѝст/ка [ßpezialißt/ka] Facharzt/ärztin
специалитѐт [ßpezialitet] Spezialität
спѐшен [ßpeschen] dringend; ~ слу̀чай [ßpeschen ßlutschaj] Norfall
спѝрам [ßpiram] anhalten, stehen bleiben

спира̀чка [ßpiratschka] Bremse; ръ̀чна ~ [rətschna ßpiratschka] Handbremse; авари̇йна ~ [awarijna ßpiratschka] Notbremse
спѝрка [ßpirka] Haltestelle
спирт [ßpirt] Spiritus
списа̀ние [ßpißanie] Zeitschrift
споко̀ен [ßpokoen] ruhig
споко̀йствие [ßpokojßtwie] Ruhe
споразумя̀вам се [ßporasumjawam ße] s. einigen, vereinbaren
спорт [ßport] Sport
спортѝст/ка [ßportißt/ka] Sportler/in
спринцо̀вка [ßprinzofka] Spritze
спу̀кана гу̀ма [ßpukana guma] Platten
спя [ßpja] schlafen
сребро̀ [ßrebro] Silber
срѐбърен [ßrebəren] silbern
среда̀ [ßreda] Mitte
Средизѐмно морѐ [ßredisemno more] Mittelmeer
Срѐдна гора̀ [ßredna gora] Mittelgebirge
срѐдно [ßredno] durchschnittlich
средновеко̀вие [ßrednowekowie] Mittelalter
срѐдство [ßretßtwo] Mittel; лечѐбно ~ [letschebno ßretßtwo] Heilmittel; ~ срещу̀ насеко̀ми [ßretßtwo ßreschtu naßekomi] Insektenmittel
срѐща [ßreschta] Verabredung
срѐщам [ßreschtam] treffen
срещу̀ [ßreschtu] gegenüber
срок [ßrok] Frist
сря̀да [ßrjada] Mittwoch
ста̀ва [ßtawa] Gelenk

ста̀вам [ßtawam] aufstehen, werden
стадио̀н [ßtadion] Stadion
ста̀нция [ßtanzija] Station
стар [ßtar] alt; ста̀рият град [ßtarijat grat] Altstadt
Ста̀ра Заго̀ра [ßtara sagora] Stara Sagora
Ста̀ра планина̀ [ßtara planina] Balkangebirge
стара̀я се [ßtaraja ße] s. bemühen
ста̀ртер [ßtarter] Anlasser
статѝв [ßtatif] Stativ
ста̀туя [ßtatuja] Statue
ста̀я [ßtaja] Zimmer
стена̀ [ßtena] Mauer, Wand
стик [ßtik] (Golf)Schläger
стил [ßtil] Stil
сто̀йност [ßtojnoßt] Wert
сто̀ки [ßtoki] Waren
стол [ßtol] Stuhl
сто̀лица [ßtoliza] Hauptstadt
столова̀ [ßtolowa] Speisesaal
стома̀х [ßtomach] Magen
стоп! [ßtop!] halt!
сто̀пове [ßtopowe] Bremslichter
стотѝнка [ßtotinka] Stotinka
стоя̀ [ßtoja] stehen
страна̀ [ßtrana] Seite
стра̀ница [ßtraniza] (Buch)Seite
страху̀вам се [ßtrachuwam ße] s. fürchten
стра̀шен [ßtraschen] fürchterlich
стрѝди [ßtridi] Austern
строѐж [ßtroesch] Baustelle
стру̀вам [ßtruwam] kosten
стръ̀мен [ßtrəmen] steil
студѐн [ßtuden] kalt; студѐна вода̀ [ßtudena woda] kaltes Wasser

сту̀дио [ßtudio] Studio
стъкло̀ [ßtəklo] Glas; прѐдно ~ [predno ßtəklo] Windschutzscheibe
стъклопѝс [ßtəklopiß] Glasmalerei
стълб [ßtəlp] Mast; гръбна̀чен ~ [grəbnatschen ßtəlp] Wirbelsäule
стъ̀лба [ßtəlba] Treppe
стъ̀лбище [ßtəlbischte] (im Freien) Treppe
стъпа̀ло [ßtəpalo] Stufe
стю̀ард/стюардѐса [ßtjuart/ßtjuardeßa] Steward/ess
сувенѝр [ßuwenir] Souvenir
су̀ма [ßuma] Summe
су̀па [ßupa] Suppe
су̀перма̀ркет [ßupermarket] Supermarkt
суро̀в [ßurof] roh
сутиѐн [ßutien] BH
су̀трин [ßutrin] Morgen
сух [ßuch] trocken
су̀ша [ßuscha] Festland
суша̀ [ßuscha] trocknen
сушѝлня [ßuschilnja] Wäschetrockner
счу̀пване [ßtschupwane] Knochenbruch
счу̀пен [ßtschupen] gebrochen, kaputt
събѝрам [ßəbiram] sammeln
съблека̀лня [ßəblekalnja] Umkleidekabine
събо̀р [ßəbor] Kirmes
съ̀бота [ßəbota] Samstag
събу̀ждам [ßəbuschdam] wecken; ~ се [ßəbuschdam ße] aufwachen
съвѐт [ßəwet] Tipp
съгла̀сен съм [ßəglaßen ßəm] dafür sein

съд [ßət] Behälter, Gefäß
съд [ßət] Gericht
съдия̀ [ßədja] Richter
съдове [ßədowe] Geschirr
съдържа̀ние [ßədər<u>sch</u>anie] Inhalt
съединѐние [ßəedinenie] Verbindung
съединѝтел [ßəedinitel] Kupplung
съжалѐние [ßə<u>sch</u>alenie] Mitleid; за ~ [sa ßə<u>sch</u>alenie] leider
съжаля̀вам [ßə<u>sch</u>aljawam] bedauern
съкращѐние [ßəkraschtenie] Abkürzung
съм [ßəm] sein
сън [ßən] Traum
сънаро̀дник/сънаро̀дничка [ßənarodnik/ ßənarodnitschka] Landsmann
съобщѐние [ßəopschtenie] Mitteilung
съпру̀г [ßəpruk] (Ehe)Mann
съпру̀га [ßəpruga] Ehefrau
сърбя̀ [ßərbja] jucken
сърдѐчен [ßərdetschen] herzlich; ~ прѝстъп [ßərdetschen prißtəp] Herzanfall
сърдѝт [ßərdit] wütend
сърф [ßərf] Surfbrett; ка̀рам ~ [karam ßərf] surfen
сърцѐ [ßərze] Herz
съсѐд/ка [ßəßet/ka] Nachbar/in
състав̀ [ßəßtaf] Zusammensetzung
състеза̀ние [ßəßtesanie] Wettkampf
състоя̀ се [ßəßija ße] bestehen, stattfinden
съхраня̀вам [ßəchranjawam] aufbewahren
съ̀що [ßəschto] auch
съ̀щото [ßəschtoto] dasselbe
съю̀з [ßəjuß] Verein; ~ на инвалѝдите [ßəjuß na inwalidite] Behindertenverband
ся̀нка [ßjanka] Schatten

T

таба̀к [tabak] Tabak
табѐла [tabela] Schild
таблѐтка [tabletka] Tablette
тава̀н [tawan] Dachboden
така̀ [taka] also
та̀кса [takßa] Gebühr; мѝтническа ~ [mitnitscheßka takßa] Zollgebühren
таксу̀вам [takßuwam] frankieren
тало̀н [talon] Gutschein
там [tam] da, dort
тампо̀ни [tamponi] Tampons
танцу̀вам [tanzuwam] tanzen
танцьо̀р/ка [tanzjor/ka] Tänzer/in
твой [twoj] dein
твърд [twərt] fest, hart
твърдя̀ [twərdja] behaupten
те [te] sie
теа̀тър [tjatər] Theater
тѐб(е) [teb(e)] dich
тѐгля на буксѝр [teglja na bukßir] abschleppen
тѐжест [te<u>sch</u>eßt] Gewicht
тѐжък [te<u>sch</u>ək] schwer
тел [tel] Draht
телевѝзор [telewisor] Fernseher
телегра̀ма [telegrama] Telegramm
тѐлекс [telekß] Telex
тѐлеобектѝв [teleobektif] Teleobjektiv

телефо̀н [telefon] Telefon; мобѝлен ~ [mobilen telefon] Mobiltelefon
телефо̀нен секрета̀р [telefonen ßekretar] Anrufbeantworter
телефонѝрам [telefoniram] telefonieren
тѐлешко [teleschko] Kalbfleisch
температу̀ра [temperatura] Fieber, Temperatur
тѐнис [teniß] Tennis; ракѐта за ~ [raketa sa teniß] Tennisschläger; ~ на ма̀са [teniß na maßa] Tischtennis
тѐниска [tenißka] T-Shirt
терако̀та [terakota] Terrakotta
тера̀са [teraßa] Terrasse
терѐн [teren] Gelände
термомѐтър [termometər] Fieberthermometer
тѐрмос [termoß] Thermosflasche®
тѐсен [teßen] eng, schmal
тѐтанус [tetanuß] Tetanus
тѐчен [tetschen] flüssig
тѐчност [tetschnoßt] Flüssigkeit; спира̀чна ~ [ßpiratschna tetschnoßt] Bremsflüssigkeit; охладѝтелна ~ [ochladitelna tetschnoßt] Kühlwasser
ти [ti] du
тѝква [tikwa] Kürbis
типѝчно [tipitschno] tüpisch
тирбушо̀н [tirbuschon] Korkenzieher
тиф [tif] Typhus
тѝчам [titscham] laufen, joggen
тих [tich] leise, still
тишина̀ [tischina] Stille
тлъст [tləßt] fett
тоалѐтна [toaletna] Toilette; ~ за инвалѝди [toaletna sa inwalidi] Behindertentoilette
тога̀ва [togawa] damals, dann
то̀зи [tosi] dieser
той [toj] er
ток [tok] Absatz
току̀-щ̀о [toku-schto] gerade, soeben
тон [ton] Ton, Tonne; рѝба ~ [riba ton] Thunfisch
то̀пка [topka] Ball
то̀пъл [topəl] warm; то̀пла вода̀ [topla woda] warmes Wasser
торбѝчка [torbitschka] (Plastik)Beutel
то̀стер [toßter] Toaster
то̀чен [totschen] genau, pünktlich
трагѐдия [tragedija] Tragödie
тра̀ен [traen] haltbar
транзѝт [transit] auf der Durchreise
транспо̀рт [tranßport] Verkehr
тра̀я [traja] dauern
трева̀ [trewa] Rasen
трезв [tresw] nüchtern
трѐска [treßka] Schüttelfrost
трѐти [treti] dritter
трѝлър [trilər] Thriller
Троя̀нски манастѝр [trojanßki manaßtir] Trojan-Kloster
тру̀ден [truden] schwierig
тру̀па [trupa] Theatergruppe
тръ̀гвам [trəgwam] weggehen; ~ (от) [trəgwam (ot)] abfahren (von)
тря̀бва [trjabwa] sollen
Тря̀вна [trjawna] Trjavna
ту̀ба [tuba] Kanister; ~ за бензѝн [tuba sa bensin] Benzinkanister
тук [tuk] da, hier
тунѐл [tunel] Tunnel
турѝст [turißt] Tourist/in

туристѝческа агѐнция
 [turißtitscheßka agenzija]
 Reisebüro
тъ̀жен [təschen] traurig
тъй катò [təj kato] da, weil
тъ̀мен [təmen] dunkel
тъмнозелѐн [təmnoselen]
 dunkelgrün
тъмносѝн [təmnoßin]
 dunkelblau
тъ̀нък [tənək] dünn, fein
тъпанчѐ [təpantsche]
 Trommelfell
търгòвец [tərgowez] Handler
тъ̀рся [tərßja] suchen
тюркоа̀зен [tjurkoasen]
 türkisfarben
тя̀ло [tjalo] Körper

У

уведомя̀вам [uwedomjawam]
 benachrichtigen
у̀дар [udar] Schlag;
 апоплектѝчен ~
 [apoplektitschen udar]
 Schlaganfall; слъ̀нчев ~
 [ßləntschef udar] Sonnenstich
удòбен [udoben] bequem
удовòлствие [udowolßtwie]
 Spaß, Vergnüren; с ~
 [ß udowolßtwie] gern
удостоверѐние
 [udoßtowerenie]
 Bescheinigung
удостоверя̀вам
 [udoßtowerjawam]
 bescheinigen
удължа̀вам [udəlschawam]
 verlängern
удължѝтел [udəlschitel]
 Verlängerungsschnur
уѐстърн [ueßtərn] Western
ужа̀сен [uschaßen] schrecklich
узря̀л [usrjal] reif
уѝкенд [uikend] Wochenende

указа̀ние [ukasanie] Angabe
у̀лица [uliza] Straße;
 странѝчна ~ [ßtranitschna
 uliza] Nebenstraße
у̀личка [ulitschka] Gasse
у̀мен [umen] klug
уморѐн [umoren] müde
универса̀лен магазѝн
 [uniwerßalen magasin]
 Kaufhaus
университѐт [uniwerßitet]
 Universität
упòйка [upojka] Narkose
упражня̀вам се
 [upraschnjawam ße] üben
урѝна [urina] Urin
усѐщам [ußeschtam] spüren
успѐх [ußpech] Erfolg
успокоѝтелно [ußpokoitelno]
 Beruhigungsmittel
успокоя̀вам се
 [ußpokojawam ße]
 s. beruhigen
уста̀ [ußta] Mund
устиѐ [ußtie] *(Fluss)* Mündung
у̀стни [ußni] Lippen
у̀тре [utre] morgen
ухò [ucho] Ohr
у̀ча [utscha] lernen
уча̀ствам [utschaßtwam]
 teilnehmen
уча̀стие [utschaßtie] Teilnahme
ученѝк [utschenik] Schüler
учѝлище [utschilischte] Schule
учтѝв [utschtif] höflich
ую̀тен [ujuten] gemütlich

Ф

фа̀брика [fabrika] Fabrik
факс [fakß] Fax(gerät)
фа̀ктор [faktor] Faktor;
 защѝтен ~ [saschtiten faktor]
 Lichtschutzfaktor
фамѝлия [familija]
 Familienname

фар [far] Leuchtturm
фàрове [farowe] Scheibenwischer
фасàда [faßada] Fassade
фасỳл [faßul] Bohnen
февруàри [fewruari] Februar
фèдербал [federbal] Federball
фèрибот [feribot] Fähre
фестивàл [feßtiwal] Festival
фѝби [fibi] Haarklammern
фѝгурно пързàляне [figurno pərsaljane] Eislauf
филм [film] Film; анимациòнен ~ [animazionen film] Zeichentrickfilm; чèрно-бял ~ [tscherno-bjal film] Schwarzweißfilm
фѝрма [firma] Firma
фѝтнес цèнтър [fitneß zentər] Fitnesscenter
флакòн за газ [flakon sa gaß] Gaskartusche
фòйерверки [fojerwerki] Feuerwerk
фолклòр [folklor] Folklore
фòнокàрта [fonokarta] Telefonkarte
фòрма [forma] Form
формàт [format] Format
формулỳр [formuljar] Formular
фòтоапарàт [fotoaparat] Fotoapparat; ~ за моментàлни снѝмки [fotoaparat sa momentalni ßnimki] Sofortbildkamera
фòто(ателиè) [foto(atelie)] Fotogeschäft
фрактỳра [fraktura] Knochenbruch
Фрàнция [franzija] Frankreich
францỳзин [franzusin] Franzose
французòйка [franzusojka] Französin
фрèнски [frenßki] französisch
фризѝрам [frisiram] frisieren
фризьòр [frisjor] Friseur
фронтòн [fronton] Giebel
функционѝрам [funkzioniram] funktionieren
фунт [funt] Pfund
фурмѝ [furmi] Datteln
фỳтбол [futbol] Fußball

X

хавлѝя [chawlija] Bademantel
хàндбал [chandbal] Handball
хàпче [chaptsche] Tablette, Pille
хàпя [chapja] beißen
харèсвам [chareßwam] mögen
Хàрманли [charmanli] Harmanli
хартѝя [chartija] Papier; тоалèтна ~ [toaletna chartija] Toilettenpapier
хàрча [chartscha] ausgeben
Хàсково [chaßkowo] Haskovo
хващам [chwaschtam] fangen
хèринга [cheringa] *(Fisch)* Hering
хèрния [chernija] Leistenbruch
хѝжа [chischa] Hütte
химикàлка [chimikalka] Kugelschreiber
хирỳрг [chirurk] Chirurg/in
хлàден [chladen] kühl
хладѝлник [chladilnik] Kühlschrank
хлèбче [chleptsche] Brötchen
хляб [chljap] Brot; препечен ~ [prepetschen chljap] Toast
хòдя [chodja] gehen
хòкей [chokej] Hockey
хол [chol] Wohnzimmer
холèра [cholera] Cholera
хор [chor] Chor
хòра [chora] Leute

храм [chram] Tempel
хранà [chrana] Nahrung, Essen
хранѝтелни стòки [chranitelni ßtoki] Lebensmittelgeschäft
храст [chraßt] Busch
хрèма [chrema] Schnupfen; сèнна ~ [ßenna chrema] Heuschnupfen
хранопровòд [chranoprowot] Speiseröhre
храносмѝлане [chranoßmilane] Verdauung
християнство [chrißtijanßtwo] Christentum
хỳбав [chubaf] hübsch
худòжник/худòжничка [chudoschnik/chudoschnitschka] Maler/in
хълм [chəlm] Hügel
хъркам [chərkam] schnarchen

ц

Цàревец [zarewez] Zarevez
цàревица [zarewiza] Mais
цвèте [zwete] Blume
цвèтен [zweten] farbig; ~ молѝв [zweten molif] Farbstift
цел [zel] Ziel
цèлина [zelina] Sellerie
целỳвам [zeluwam] küssen
целỳвка [zelufka] Kuss
ценà [zena] (Fahr)Preis
централен [zentralen], централна гàра [zentralna gara] Hauptbahnhof; централна пòща [zentralna poschta] Hauptpostamt
цèнтър [zentər] (Stadt)Zentrum
цигàра [zigara] Zigarette
цирк [zirk] Zirkus
цъ̀рква [zərkwa] Kirche
цял [zjal] ganz

ч

чадъ̀р [tschadər] Schirm
чай [tschaj] Tee; ~ от лайка [tschaj ot lajka] Kamillentee; градѝнски ~ [gradinßki tschaj] Salbei; пакèтче ~ [pakettsche tschaj] Teebeutel
чакàлня [tschakalnja] Wartezimmer
чàкам [tschakam] warten
чàнта [tschanta] Tasche; дàмска ~ [damßka tschanta] Handtasche; пътническа ~ [pətnitscheßka tschanta] Reisetasche; хладѝлна ~ [chladilna tschanta] Kühltasche
час [tschaß] Uhr, (Unterrichts)Stunde; ~ на трь̀гване [tschaß na trəgwane] Abfahrtszeit; ~ на пристѝгане [tschaß na prißtigane] Ankunftszeit
часòвник [tschaßownik] Uhr; ръчен ~ [rətschen tschaßownik] Armbanduhr
часовникàр [tschaßownikar] Uhrmacher
чàша [tschascha] Glas, Tasse
че [tsche] dass
чèйнджбюрò [tschejndschbjuro] Wechselstube
чек [tschek] Scheck; пътнически ~ [pətnitscheßki tschek] Reisescheck
чèлюст [tscheljußt] Kiefer
чèрвей [tscherwej] Wurm
червèн [tscherwen] rot; ~ пипèр [tscherwen piper] Paprika; червèно вѝно [tscherweno wino] Rotwein
червѝло [tscherwilo] Lippenstift

червò [tscherwo] Darm
чèрен [tscheren] schwarz;
  ~ **дроб** [tscheren drop] Leber;
  ~ **хляб** [tscheren chljap] Schwarzbrot
черèша [tscherescha] Kirsche
Чèрно морè [tscherno more] Schwarzes Meer
част [tschaßt] Teil
чèстен [tscheßten] fair
чèсто [tscheßto] oft
чèсън [tscheßən] Knoblauch
четà [tscheta] lesen
четвъ̀ртък [tschetwərtək] Donnerstag
чèтка [tschetka] Bürste;
  ~ **за зъ̀би** [tschetka sa səbi] Zahnbürste; ~ **за бръ̀снене** [tschetka sa brəßnene] Rasierpinsel;
  ~ **за обу̀вки** [tschetka sa obufki] Schuhbürste; ~ **за чинѝи** [tschetka sa tschinii] Spülbürste
чинѝйка [tschinijka] Untertasse
чинѝя [tschinija] Teller
числò [tschißlo] Zahl
чист [tschißt] sauber
чистàчки [tschißtatschki] Scheibenwischer
чѝстя [tschißtja] putzen
чифт [tschift] Paar
човèк [tschowek] Mensch, Person
чорàпи [tschorapi] Schocken, Strümpfe
чорапогàщи [tschorapogaschti] Strumphose
чу̀вам [tschuwam] hören
чу̀вствам [tschußtwam] empfinden; ~ **се** [tschußtwam ße] s. fühlen
чувствѝтелност [tschußtwitelnoßt] Empfindlichkeit

чу̀вство [tschußtwo] Gefühl
чудèсен [tschudeßen] herrlich
чу̀до [tschudo] Wunder
чу̀дя се [tschudja ße] s. wundern
чужбѝна [tschuschbina] Ausland; **в** ~ [f tschuschbina] im/ins Ausland
чужд [schuscht] fremd
чужденèц [tschuschdenez] Ausländer
чужденкà [tschuschdenka] Ausländerin
чук [tschuk] Hammer
чу̀шка [tschuschka] Paprikaschote

Ш

шал [schal] Schal
шàлче [schaltsche] Halstuch
шампàнско [schampanßko] Champagner
шампоàн [schampoan] Shampoo
шàпка [schapka] Hut, Mütze;
  ~ **за плу̀ване** [schapka sa pluwane] Bademütze;
  слънчева ~ [ßləntschewa schapka] Sonnenhut
шàрен [scharen] bunt
швейцàрец/швейцàрка [schwejzarez/schwejzarka] Schweizer/in
Швейцàрия [schwejzarija] Schweiz
швейцàрски фрàнкове [schwejzarßki frankowe] Schweizer Franken
шегà [schega] Spaß
шейнà [schejna] Schlitten
шеф [schef] Chef
шивàч/ка [schiwatsch/ka] Schneider/in
шѝна [schina] Schiene
ширинà [schirina] Breite

широк [schirok] breit
Широка Лъка [schiroka ləka] Schiroka Laka
широчина [schirotschina] Breite
шия [schija] Hals
шия [schija] nähen
шкаф [schkaf] Schrank
шлифер [schlifer] Regenmantel
шнорхел [schnorchel] Schnorchel
шоколад [schokolat] Schokolade
шорти [schorti] Shorts
шосе [schoße] Landstraße
шоу [schou] Show
шофьор/ка [schofjor/ka] Fahrer/in
шофьорска книжка [schofjorßka knischka] Führerschein
шум [schum] Geräusch, Lärm
шумен [schumen] laut
шунка [schunka] Schinken

Щ

щастие [schtaßtie] Glück
щастлив [schtaßtlif] glücklich
щеки [schteki] Skistöcke
щепсел [schtepßel] Stecker
щипки (за пране) [schtipki (sa prane)] Wäscheklammern

Ъ

ъгъл [əgəl] Ecke

Ю

юг [juk] Süden
южно от [juschno ot] südlich von
юли [juli] Juli
юни [juni] Juni
ютия [jutija] Bügeleisen

Я

ябълка [jabəlka] Apfel
ягода [jagoda] Erdbeere
ядене [jadene] Essen
ядлив [jadlif] essbar
ядосан [jadoßan] verärgert
ядосвам се [jadoßwam ße] s. ärgern
язва [jaswa] Geschwür
яздя [jasdja] reiten
яйце [jajze] Ei
яке [jake] Jacke; кожено ~ [koscheno jake] Lederjacke
ям [jam] essen
януари [januari] Januar
ясен [jaßen] deutlich, klar
ястие [jaßtie] Gericht; ~ на тиган [jaßtie na tigan] Pfannengericht

Wörterbuch Deutsch–Bulgarisch

A

Aal змиорка [smiorka]
ab от [ot]
Abblendlicht къси светлини [kəßi ßwetlini]
Abend вечер [wetscher]
Abendessen вечеря [wetscherja]
Abendgarderobe вечерен тоалет [wetscheren toalet]
abends вечер [wetscher]
aber но [no]
abfahren (von) отпътувам (от) [otpətuwam (ot)]; *(Schiff)* отплувам (от) [otpluwam (ot)]
Abfahrt заминаване [saminawane]; *(Ski~)* спускане [ßpußkane]
Abfahrtszeit час на тръгване [tschaß na trəgwane]
Abfall отпадък [otpadək]; *(Küchen~)* боклук [bokluk]
Abfallbeutel плик за отпадъци [plik sa otpadəzi]
Abflug излитане [islitane]
Abführmittel разслабително [raßßlabitelno]
abgeben давам [dawam]
abholen взимам [wsimam]
Abkürzung съкращение [ßəkraschtenie]; (Weg) пряк път [prjak pət]
ablehnen отказвам [otkaswam]
abnehmen вдигам [wdigam]
abreisen (nach) заминавам (за) [saminawam (sa)]
Absatz ток [tok]
Abschleppdienst пътна помощ [pətna pomoscht]
abschleppen тегля на буксир [teglja na bukßir]
Abschleppseil влекачно въже [wlekatschno wəsche]
Abschleppwagen аварийна кола [awarijna kola]
abschließen затварям [satwarjam]
abseits встрани [fßtrani]
Absender подател [podatel]
Abszess абсцес [apßzeß]
Abtei абатство [abatßtwo]
Abteil купе [kupe]
Achtung внимание [wnimanie]; *(Vorsicht!)* внимавай! [wnimawaj!]
Actionfilm екшън [ekschən]
Adapter адаптер [adapter]
Adresse адрес [adreß]
Aerobic аеробика [aerobika]
Agentur агенция [agenzija]
ähnlich подобен [podoben]
akklimatisieren, s. ~ аклиматизирам се [aklimatisiram ße]
Akt акт [akt]; *(Kunst)* голо тяло [golo tjalo]
Aktzeichnen актова живопис [aktowa schiwopiß]
Alarmanlage алармена система [alarmena ßißtema]
alkoholfrei безалкохолен [besalkocholen]; **alkoholfreies Bier** безалкохолна бира [besalkocholna bira]
alle всички [fßitschki]
allein сам [ßam]
Allergie алергия [alergija]
alles всичко [fßitschko]
als *(zeitlich)* когато [kogato]; *(Vergleich)* като [kato]

also такà [taka]
alt стар [ßtar]
Altar олтàр [oltar]
Alter вèзраст [wəsraßt]
Altstadt стàрият град [ßtarijat grat]
Alufolie (алумѝниево) фòлио [(aluminiewo) folio]
am Sonntag в недèля [w nedelja]
am Vormittag предѝ обѝд [predi objat]
am Wochenende през уикенда [pres uikenda]
Ampel светофàр [ßwetofar]
Amphitheater амфитеàтър [amfitjatər]
Amt (Dienststelle) слỳжба [ßluschba]
amüsieren, s. ~ забавлявам се [sabawljawam ße]
an на [na]; **~ der Donau** на Дỳнава [na dunawa]
Ananas ананàс [ananaß]
andere, der/die/das ~ (verschieden) разлѝчен [raslitschen]; (folgend) друг [druk]
anders разлѝчно [raslitschno]
anderswo нÿкъде дрỳгаде [njakəde drugade]
Anfang начàло [natschalo]
anfangen запòчвам [sapotschwam]
Angabe свèдение [ßwedenie]; **~n machen** дàвам свèдение [dawam ßwedenie]; **nähere ~n** пò-подрòбни свèдения [po-podrobni ßwedenija]
Angel вèдица [wədiza]
angeln ловя̀ рѝба [lowja riba]
Angelschein разрешѝтелно за риболòв [rasreschitelno sa ribolof]

angenehm прѝятен [prijaten]
Angina ангѝна [angina]
anhalten спѝрам [ßpiram]
Anhänger медальòн [medaljon]; (Fans) почитàтел [potschitatel]
ankommen пристѝгам [prißtigam]
Ankunft пристѝгане [prißtigane]
Ankunftszeit час на пристѝгане [tschaß na prißtigane]
Anlage (Park~) трèвна площ [trewna ploscht]; (Brief) приложèние [priloschenie]
Anlasser стàртер [ßtarter]
anlegen in акостѝрам в [akoßtiram w]
anmelden, s. ~ регистрѝрам се [regißtriram ße]
Anmeldung регистрàция [regißtrazija]
Anorak анорàк [anorak]
Anreisetag ден на пристѝгане [den na prißtigane]
Anruf обàждане [obaschdane]
Anrufbeantworter телефòнен секретàр [telefonen ßekretar]
anrufen обàждам се [obaschdam ße]
Anschluss врèзка [wrəßka]
ansehen поглèждам [pogleschdam]
Ansichtskarte (пòщенска) кàртичка [(poschtenßka) kartischka]
anstatt вмèсто [wmeßto]
ansteckend зарàзен [sarasen]
anstrengend напрèгнат [napregnat]
Antibabypillen противозачàтъчни [protiwosatschatətschni]

WÖRTERBUCH DEUTSCH–BULGARISCH

247

Antibiotikum антибио̀тик [antibiotik]
antik антѝчен [antitschen]
Antiquitätengeschäft антиква̀рен магазѝн [antikwaren magasin]
antworten отгова̀рям [otgowarjam]
Anwendungsgebiete о̀бласти на приложѐние [oblaßti na prilo<u>sch</u>enie]
anzeigen пода̀вам жа̀лба [podawam <u>sch</u>alba]
anziehen, s. ~ облѝчам се [oblitscham ße]
Anzug костю̀м [koßtjum]
anzünden запа̀лвам [sapalwam]
Apartment апартамѐнт [apartament]
Apfel я̀бълка [jabəlka]
Apfelsinen портока̀ли [portokali]
Apotheke аптѐка [apteka]
Apparat апара̀т [aparat]; *(Foto~)* фо̀тоапара̀т [fotoaparat]; *(Fernseh~)* телевѝзор [telewisor]
Appetit апетѝт [apetit]
Aprikosen кайсѝи [kajßii]
April апрѝл [april]
Aquarell акварѐл [akwarel]
Aquarellmalen рису̀вам акварѐл [rißuwam akwarel]
Arbanassi Арбана̀си [arbanaßi]
Arbeit ра̀бота [rabota]
arbeiten рабо̀тя [rabotja]
arbeitslos безрабо̀тен [besraboten]
Archäologie археоло̀гия [archeologija]
Architekt архитѐкт [architekt]
Architektur архитекту̀ра [architektura]

Ardino А̀рдино [ardino]
Arena арѐна [arena]
ärgern, s. ~ *(über)* ядо̀свам се (на) [jadoßwam ße (na)]
Arm ръка̀ [rəka]
arm бѐден [beden]
Armband грѝвна [griwna]
Armbanduhr ръ̀чен часо̀вник [rətschen tschaßownik]
Ärmel ръка̀в [rəkaf]
Ärmelkanal Лама̀нш [lamansch]
Art вид [wit]
Artischocken артишо̀к [artischok]
Aschenbecher пепелнѝк [pepelnik]
Aspirin аспирѝн [aßpirin]
Assenovgrad Асѐновград [aßenofgrat]
Asthma а̀стма [aßma]
Atembeschwerden затруднѐно дѝшане [satrudneno dischane]
Atlantik Атлантѝчески океа̀н [atlantitscheßki okean]
atmen дѝшам [discham]
Atmen дѝшане [dischane]
Attest медицѝнско (удостоверѐние) [medizinßko (udoßtowerenie)]
Auberginen патладжа̀ни [patlad<u>sch</u>ani]
auch съ̀що [ßəschto]
auf на [na]; ~ **Bulgarisch** на бъ̀лгарски [na bəlgarßki]; *(offen)* отво̀рено [otworeno]
Auf-/Abfahrt ѝзход за магистра̀ла/отбѝвка от магистра̀ла [ißchot sa magißtrala/otbifka ot magißtrala]
aufbewahren съхраня̀вам [ßəchranjawam]

aufbrechen тръ̀гвам [trəgwam]
Aufenthalt престо̀й [preßtoj]
Aufenthaltsraum чака̀лня [tschakalnja]
Aufführung представлѐние [pretßtawlenie]
aufhalten, s. ~ намѝрам се [namiram ße]
aufhören преста̀вам [preßtawam]
aufpassen (auf) грѝжа се (за) [grischa ße (sa)]
Aufschnitt наря̀зани на филѝйки (месо̀, колба̀с или сѝрене) [narjasani na filijki (meßo, kolbaß ili ßirene)]
aufschreiben запѝсвам [sapißwam]
aufstehen ста̀вам [ßtawam]
aufwachen събу̀ждам се [ßəbuschdam ße]
aufwärts наго̀ре [nagore]
Aufzug асансьо̀р [aßanßjor]
Augen очѝ [otschi]
Augenblick момѐнт [moment]
Augentropfen ка̀пки за очѝ [kapki sa otschi]
August а̀вгуст [awgußt]
aus (Herkunft, Material) от [ot]; (Grund) по [po]
Ausbildung обучѐние [obutschenie]; (Schul~) образова̀ние [obrasowanie]
Ausdruck ѝзраз [israß]
ausdrücklich изрѝчно [isritschno]
Ausfahrt ѝзход [ißchot]
Ausflug ѝзлет [islet]
ausfüllen изпълня̀вам [ißpəlnjawam]
Ausgang ѝзход [ißchot]
ausgeben ха̀рча [chartscha]
ausgehen излѝзам [islisam]

ausgezeichnet отлѝчен [otlitschen]
Ausgrabungen разко̀пки [raßkopki]
Auskunft информа̀ция [informazija]
Ausland чужбѝна [tschuschbina]; im/ins ~ в чужбѝна [f tschuschbina]
Ausländer/in чужденѐц/чужденка̀ [tschuschdenez/tschuschdenka]
ausländisch междунаро̀ден [meschdunaroden]
Auslandsflug междунаро̀ден по̀лет [meschdunaroden polet]
Auslandsgespräch междунаро̀ден ра̀зговор [meschdunaroden rasgowor]
Auslöser причѝна [pritschina]
Auspuff а̀успух [außpuch]
Ausreise напу̀скане на страна̀та [napußkane na ßtranata]
Ausritt езда̀ [esda]
ausruhen, s. ~ почѝвам си [potschiwam ßi]
Ausschlag о̀брив [obrif]
außen, von ~ отвън [otwən]
außer освѐн [oßwen]
außerdem освѐн това̀ [oßwen towa]
außergewöhnlich изключѝтелен [ißkljutschitelen]
außerhalb извън [iswən]
äußerlich външно [wənschno]
Aussicht глѐдка [gletka]
Aussichtspunkt мя̀сто с ху̀бава глѐдка [mjaßto ß chubawa gletka]
aussprechen произна̀сям [proisnaßjam]

aussteigen слизам [ßlisam]
Ausstellung изложба [isloschba]
aussuchen избирам [isbiram]
austauschen сменям [ßmenjam]
Austern стриди [ßtridi]
Ausverkauf разпродажба [raßprodaschba]
Auswahl избор [isbor]
auszahlen изплащам [ißplaschtam]
Auto кола [kola]; ~ **fahren** карам кола [karam kola]
Autobahn магистрала [magißtrala]
Autobahnausfahrt изход за магистрала [ißchot sa magißtrala]
Autobahngebühr такса за пътуване по магистрала [takßa sa pətuwane po magißtrala]
Automat автомат [aftomat]
Automatik(getriebe) автоматик [aftomatik]
automatisch автоматичен [aftomatitschen], *automatische Türöffnung* автоматична врата [aftomatitschna wrata]
Autoradio автомобилно радио [aftomobilno radio]
Autoreisezug влак превозващ автомобили [wlak prewoswascht aftomobili]
Avocado авокадо [awokado]

B

Baby бебе [bebe]
Babyfon бейбифон [bejbifon]
Babynahrung храна за бебета [chrana sa bebeta]

Babyschale *(fürs Auto)* детска седалка [detßka ßedalka]
Babysitter детегледачка [detegledatschka]
Bäckerei пекарна [pekarna]
Badeanzug бански костюм [banßki koßtjum]
Badehose бански гащета [banßki gaschteta]
Bademantel хавлия [chawlija]
Bademeister спасител [ßpaßitel]
Bademütze шапка за плуване [schapka sa pluwane]
Badeort курорт с минерални бани [kurort ß mineralni bani]
Badeschuhe джапанки [dschapanki]
Badewanne вана [wana]
Badezimmer баня [banja]
Badminton бадминтон [badminton]
Bahnhof гара [gara]
Bahnsteig перон [peron]
bald скоро [ßkoro]; *so ~ wie möglich* възможно най-скоро [wəsmoschno naj-ßkoro]
Balkangebirge Стара планина [ßtara planina]
Balkon балкон [balkon]
Ball топка [topka]; *(Fest)* бал [bal]
Ballett балет [balet]
Baltschik Балчик [baltschik]
Bananen банани [banani]
Band *(aus Stoff)* лента [lenta]; *(Musikgruppe)* група [grupa]
Bänderriss скъсване на (ставна) връзка [ßkəßwane na (ßtawna) wrəßka]
Bank банка [banka]; *(Sitz~)* пейка [pejka]
Bankja Банкя [bankja]
Bansko Банско [banßko]

Bar бар [bar]
bar в брой [w broj]; ~ zahlen плащам в брой [plaschtam w broj]
Bargeld пари в брой [pari w broj]
Barock барок [barok]
barrierefrei без бариери [beß barjeri]
Barsch костур [koßtur]
Bart брада [brada]
Basilikum босилек [boßilek]
Basketball баскетбол [baßketbol]
Batak Батак [batak]
Batschkovo-Kloster Бачковски манастир [batschkofßki manaßtir]
Batterie батерия [baterija]
Bauch корем [korem]
Bauernhof селски имот [ßelßki imot]
Baum дърво [dərwo]
Baumwolle вълна [wəlna]
Baustelle строеж [ßtroesch]
Bauwerk сграда [sgrada]
beachten спазвам [ßpaswam]
Beach-Volleyball плажен волейбол [plaschen wolejbol]
beantworten отговарям на [otgowarjam na]
Bearbeitungsgebühr такса за обработване [takßa sa obrabotwane]
bedauern съжалявам [ßəschaljawam]
Bedeutung *(Sinn)* значение [snatschenie]
Bedienung обслужване [opßluschwane]
beeilen, s. ~ бързам [bərsam]
beeindruckend впечатляващ [fpetschatljawascht]

befinden, s. ~ намирам се [namiram ße]; *(sich fühlen)* чувствам се [tschufßtwam ße]
befreundet sein (mit) приятел съм (с) [prijatel ßəm (ß)]
befürchten опасявам се [opaßjawam ße]
begegnen срещам [ßreschtam]
begeistert sein (von) във възторг съм (от) [wəf wəßtork ßəm (ot)]
begleiten придружавам [pridruschawam]
Begleitperson придружител [pridruschitel]
begrüßen поздравявам [posdrawjawam]
behalten запазвам [sapaswam]
Behälter съд [ßət]
behandeln лекувам [lekuwam]
behaupten твърдя [twərdja]; *(Recht)* отстоявам [otßtojawam]
Behindertenausweis документ за инвалидност [dokument sa inwalidnoßt]
behindertengerecht пригоден за инвалиди [prigoden sa inwalidi]
Behindertenparkplatz паркинг за инвалиди [parkink sa inwalidi]
Behindertentoilette тоалетна за инвалиди [toaletna sa inwalidi]
Behindertenverband съюз на инвалидите [ßəjuß na inwalidite]
Behörde институция [inßtituzija]
bei *(örtlich)* при [pri]
beide *(Personen)* двамата [dwamata], двете [dwete];

(Dinge) двàта [dwata], двѐте [dwete]
Beifall аплодисмènти [aplodißmenti]
beige бèжов [be<u>sch</u>of]
Bein крак [krak]
Beispiel примèр [primer]; zum ~ напримèр [naprimer]
beißen хàпя [chapja]
bekannt познàт [posnat]; ~ machen запознàвам [saposnawam]
Bekannte, der/die ~ познàт/а [posnat/a]
Bekanntschaft познàнство [posnanßtwo]
beklagen, s. ~ (über) оплàквам се (от) [oplakwam ße (ot)]
bekommen получàвам [polutschawam]
belästigen досàждам [doßa<u>sch</u>dam]
belegtes Brötchen сàндвич [ßandwitsch]
Beleidigung оскърблèние [oßkərblenie]
Belgien Бèлгия [belgija]
Belgier/in белгѝец/белгѝйка [belgiez/belgijka]
Belichtungsmesser светломèр [ßwetlomer]
Belogradtschik Белогрàдчик [belograttschik]
Belohnung възнаграждèние [wəsnagra<u>sch</u>denie]
bemerken забелязвам [sabeljaswam]; *(sagen)* отбелязвам [otbeljaswam]
bemühen, s. ~ старàя се [ßtaraja ße]
benachrichtigen уведомявам [uwedomjawam]
benutzen използвам [ißpolswam]; *(Verkehrsmittel)* взимам [wsimam]

Benzinkanister тỳба за бензѝн [tuba sa bensin]
Benzinpumpe пòмпа за бензѝн [pompa sa bensin]
bequem удòбен [udoben]
berechnen изчислявам [ißtschißljawam]
bereits вèче [wetsche]
Berg планинà [planina]
Bergdorf планѝнско сèлище [planinßko ßelischte]
Bergstation планѝнска стàнция [planinßka ßtanzija]
Bergsteigen катèрене [katerene]
Beruf профèсия [profeßija]
beruhigen, s. ~ успокоявам се [ußpokojawam ße]
Beruhigungsmittel успокоително [ußpokoitelno]
berühmt извèстен [isweßten]
berühren докòсвам [dokoßwam]
beschädigen поврèждам [powre<u>sch</u>dam]
bescheinigen удостоверявам [udoßtowerjawam]
Bescheinigung удостоверèние [udoßtowerenie]
beschlagnahmen конфискỳвам [konfißkuwam]
beschließen решàвам [reschawam]
beschreiben опѝсвам [opißwam]
beschweren, s. ~ (über) оплàквам се (от) [oplakwam ße (ot)]
besetzt заèто [saeto]
besichtigen разглèждам [rasgle<u>sch</u>dam]
Besichtigung посещèние [poßeschtenie]

Besitzer/in сòственик/сòственичка [ßopßtwenik/ßopßtwenitschka]
besonders осòбено [oßobeno]
besorgen набàвям [nabawjam]
besser пò-дòбър [po-dəbər]
bestätigen потвърждàвам [potwərschdawam]
beste(r, s) нàй-дòбър [naj-dobər], нàй-добрò [naj-dobro], нàй-добрà [naj-dobra]
Besteck прѝбори [pribori]
bestehen auf настоя̀вам на [naßtojawam na]; ~ **aus** състоя̀ се от [ßəßtoja ße ot]
Bestellung поръ̀чка [porətschka]
bestimmt определèн [opredelen]
Besuch посещèние [poßeschtenie]
besuchen посещàвам [poßeschtawam]
Besuchszeit врèме за посещèния [wreme sa poßeschtenija], свѝждане [ßwischdane]
beten мòля се [molja ße]
Betrag сỳма [ßuma]
Betrug измàма [ismama]
betrunken пия̀н [pjan]
Bett леглò [leglo]; **zu ~ gehen** ля̀гам си [ljagam ßi]
Bettdecke завѝвка [sawifka]
Bettwäsche спàлно бельò [ßpalno beljo]
beunruhigen, s. ~ безпокоя̀ се [beßpokoja ße]
bevor предѝ [predi]
bewölkt òблачно [oblatschno]
bewusstlos в безсъзнàние [w beßßəsnanie]

bezahlen плàщам [plaschtam]
bezaubernd очаровàтелен [otscharowatelen]
BH сутиèн [ßutien]
Biene пчелà [ptschela]
Bier бѝра [bira]
bieten предлàгам [predlagam]
Bikini бикѝни [bikini]
Bild картѝна [kartina]; *(Abbildung)* илюстрàция [iljußtrazija]
Bildhauer/in скỳлптор/ка [ßkulptor/ka]
billig èвтин [eftin]
Bindfaden канàп [kanap]
Bioladen бѝомагазѝн [biomagasin]
Birnen крỳши [kruschi]
bis до [do]; ~ **jetzt** досегà [doßega]
bisschen, ein ~ мàлко [malko]
Bitte молбà [molba]
bitten, jdn um etw ~ мòля нкг за нщ [molja njakogo sa neschto]
bitter горчѝв [gortschif]
Blagoevgrad Благòевград [blagoewgrat]
Blähungen гàзове [gasowe]
Blase мехỳр [mechur]
Blaskapelle дỳхов оркèстър [duchof orkeßtər]
Blatt листò [lißto]; *(Papier)* лист [lißt]
blau син [ßin]
Blazer блèйзър [blejsər]
bleiben остàвам [oßtawam]
Blick пòглед [poglet]; *(Ausblick)* ѝзглед [isglet]
blind сляп [ßljap]
Blinddarmentzündung апендицѝт [apendizit]
Blinde/r слепèц [ßlepez]

Blindenhund кỳче-водàч [kutsche-wodatsch]
Blinker мигàч [migatsch]
Blitz мъ̀лния [məlnija]
Blitzgerät автоматѝчна светкàвица [aftomatitschna ßwetkawiza]
Block блок [blok]
blöd(e) глỳпав [glupaf]
blond рус [ruß]
Blues блус [bluß]
Blume цвѐте [zwete]
Blumengeschäft цветàрски магазѝн [zwetarßki magasin]
Blumenkohl карфиòл [karfjol]
Bluse блỳза [blusa]
Blut кръв [krəf]
Blutdruck, (hoher/niedriger) ~ (висòко/нѝско) кръ̀вно налỳгане [wißoko/nißko krəwno naljagane]
bluten кървỳ [kərwja]
Blutgruppe кръ̀вна грỳпа [krəwna grupa]
Blutung кървѐне [kərwene]
Blutvergiftung отрàвяне на кръвтà [otrawjane na krəfta]
Bö пòрив на вятъра [porif na wjatəra]
Boden земỳ [semja]; *(Fuß~)* под [pot]
Bodybuilding бòдибѝлдинг [bodibildink]
Bogen àрка [arka]
Bohnen боб [bop]
Bojana Боỳна [bojana]
Bonbon бонбòн [bonbon]
Bootsführerschein разрешѝтелно за кàране на лòдка [rasreschitelno sa karane na lotka]
Bordkarte бòрдна кàрта [bordna karta]

Bordrollstuhl бордовà инвалѝдна колѝчка [bordowa inwalidna kolitschka]
Borovez Бòровец [borowez]
böse лош [losch]; *(ungezogen)* непослỳшен [nepoßluschen]
Boshenzi Божѐнци [boschenzi]
Botanischer Garten ботанѝческа градѝна [botanitscheßka gradina]
Botschaft *(dipl. Vertretung)* посòлство [poßolßtwo]
Boutique бутѝк [butik]
Bowling бòулинг [boulink]
Braille Брàйлов шрифт [brailof schrift]
Brandsalbe мехлѐм протѝв изгàряне [mechlem protif isgarjane]
brauchen нуждàя се от [nuschdaja ße ot]; *(Zeit)* трỳбва [trjabwa]
braun кафỳв [kafjaf]
Brechreiz гàдене [gadene]
breit широ̀к [schirok]
Breite широчинà [schirotschina]
Bremse спирàчка [ßpiratschka]
Bremsflüssigkeit спирàчна тèчност [ßpiratschna tetschnoßt]
Bremslichter стòпове [ßtopowe]
Brennspiritus денатурѝран спирт [denaturiran ßpirt]
Brief писмò [pißmo]
Briefkasten пòщенска кутѝя [poschtenßka kutija]
Briefmarke пòщенска мàрка [poschtenßka marka]
Briefpapier хартѝя за писмà [chartija sa pißma]

Brieftasche портфѐйл [portfejl]
Briefumschlag плик за писмà [plik sa pißma]
bringen (her~) донàсям; [donaßjam] (weg~) отнàсям [otnaßjam]
Brombeeren къпини [kəpini]
Bronchien брòнхи [bronchi]
Bronchitis брòнхит [bronchit]
Bronze бронз [bronß]
Brosche брòшка [broschka]
Brot хляб [chljap]
Brötchen хлѐбче [chleptsche]
Bruch (Leisten~) хѐрния [chernija]; (Knochen~) счỳпване [ßtschupwane], фрактỳра [fraktura]
Brücke мост [moßt]
Bruder брат [brat]
Brunnen клàденец [kladenez]
Brust гърдѝ [gərdi]
Buch книга [kniga]
buchen (Platz) резервѝрам [reserwiram]
Buchhandlung книжàрница [knischarniza]
buchstabieren кàзвам бỳква по бỳква [kaswam bukwa po bukwa]
Bucht залив [salif]
Buchung резервàция [reserwazija]
bügeln глàдя [gladja]
Bungalow бунгàло [bungalo]
Bungeejumping бънджи [bəndschi]
bunt шàрен [scharen]
Burg крѐпост [krepoßt]
Burgas Бургàс [burgaß]
Büro бюрò [bjuro]
Bürste чѐтка [tschetka]
Bus автобỳс [aftobuß]
Busbahnhof àвтогàра [aftobuß]

Busch храст [chraßt]
Bußgeld глòба [globa]
Butter маслò [maßlo]
Buttermilch мътеница [məteniza]
Bypass бàйпàс [bajpaß]
byzantinisch византѝйски [wisantijßki]

C

Café кафенѐ [kafene]
Camcorder видеокàмера [wideokamera]
Camping къмпинг [kəmpink]
Campingführer кàрта на къмпингите [karta na kəmpingite]
Campingplatz къмпинг [kəmpink]
CD/Compactdisc си ди/компàктдиск [ßi di/kompaktdißk]
CD-Spieler си ди плѐйър [ßi di plejər]
Champagner шампàнско [schampanßko]
Chef шеф [schef]
chemisch reinigen химѝческо чѝстене [chimitscheßko tschißtene]
Chicoree цикòрия [zikorija]
Chipkarte кàрта с чип [karta ß tschip]
Chirurg/in хирỳрг [chirurg]
Cholera холѐра [cholera]
Chor хор [chor]
Christentum християнство [chrißtijanßtwo]
Clubhaus клуб [klup]
Cousin/e братовчѐд/ка [bratoftschet/ka]
Creme крем [krem]
Curling кърлинг [kərling]

WÖRTERBUCH DEUTSCH–BULGARISCH

255

D

da, dort там [tam]; *(Grund)* тъй като [təj kato]; *(anwesend)* тук [tuk]
Dach пòкрив [pokrif]
dafür sein съглàсен съм [ßəglaßen ßəm]
dagegen sein прòтив съм [protif ßəm]
daheim вкъщи [fkəschti]
damals тогàва [togawa]
Damen женѝ [scheni], Ж
Damenbinden дàмски превръзки [damßki prewrəßki]
Dampfer парахòд [parachot]
danach след товà [ßlet towa]
danken благодарà [blagodarja]
dann тогàва [togawa]
Darm червò [tscherwo]
dass че [tsche]
dasselbe същото [ßəschtoto]
Datteln фурмѝ [furmi]
Datum дàта [data]
dauern трàя [traja], продължàвам [prodəlschawam]
Dauerwelle трàйно къдрене [trajno kədrene]
Deck пàлуба [paluba]
Decke покрѝвка [pokrifka]
Defekt дефèкт [defekt]
Deich дѝга [diga]
dein твой [twoj]
denken an мѝсля за [mißlja sa]
Denkmal пàметник [pametnik]
Denkmalschutz опàзване пàметниците на културàта [opaswane pametnizite na kulturata]
denn защото [saschtoto]
Deo(dorant) дезодорàнт [desodorant]

deshalb затовà [satowa]
Desinfektionsmittel дезинфекциòнен препарàт [desinfektionen preparat]
desinfizieren дезинфекцѝрам [desinfekziram]
deutlich ясен [jaßen]
deutsch нèмски [nemßki]
Deutsche, der/die ~ гермàнец/гермàнка [germanez/germanka]
Deutschland Гермàния [germanija]
Devisen валута [waluta]
Devnja Дèвня [dewnja]
Dezember декèмври [dekemwri]
Diabetes диабèт [diabet]
Diabetiker/in диабетѝк/диабетѝчка [diabetik/diabetitschka]
Diagnose диагнòза [diagnosa]
Diät диèта [dieta]
dich тèб(е) [teb(e)]
dick дебèл [debel]
Dieb крадèц [kradez]
Diebstahl кràжба [kraschba], òбир [obir]
Dienstag втòрник [ftornik]
diese(r, s) тòзи [tosi], тàзи [tasi], товà [towa], *(pl)* тèзи [tesi]
Digitalkamera дигитàлна кàмера [digitalna kamera]
Ding нèщо [neschto]
Diphtherie дифтерѝт [difterit]
dir на тèб(е) [na teb(e)]
direkt *adj* пряк [prjak]; *adv* дирèктно [direktno]; *(sofort)* веднàга [wednaga]
Direktion дирèкция [direkzija]
Dirigent/in диригèнт/ка [dirigent/ka]
Diskothek дискотèка [dißkoteka]

256

Dobritsch Добрич [dobritsch]
Dobrudscha Добруджа [dobrud<u>sch</u>a]
doch, dennoch въпреки товà [wəpreki towa]; *(aber)* но [no]; *(als Antwort)* напрòтив [naprotif]
Dokumentarfilm документàлен филм [dokumentalen film]
Dom катедрàла [katedrala]
Donau Дỳнав [dunaf]
Donnerstag четвъ̀ртък [tschetwərtək]
Doppel *(Tennis)* двòйка [dwojka]
doppelt *adj* двòен [dwoen]; *adv* двòйно [dwojno]
Dorf сèло [ßelo]
dort там [tam]
Dose кутѝя [kutija]; *(Konserve)* консèрва [konßerwa]
Dosenöffner отварàчка за консèрви [otwaratschka sa konßerwi]
Dosierungsanleitung дозирòвка [dosirofka]
Drachenfliegen летèне с дèлтаплан [letene ß deltaplan]
Dragalevzi Драгалèвци [dragalefzi]
Draht тел [tel]
Drama дрàма [drama]
draußen навъ̀н [nawən]
Dreikönigstag Богоявлèние [bogojawlenie]
Dressing гарнѝране [garnirane]
drin, drinnen въ̀тре [wətre]
dringend *adj* спèшен [ßpeschen]; *adv* спèшно [ßpeschno]
dritte(r, s) трèти [treti], трèта [treta], трèто [treto]

Drjanovo-Kloster Дря̀новски манастѝр [drjanofßki manaßtir]
Drogerie дрогèрия [drogerija]
du ти [ti]
dumm глỳпав [glupaf]
dunkel тъ̀мно [təmno]
dunkelblau/dunkelgrün тъмносѝн/тъмнозелèн [təmnoßin/təmnoselen]
dünn тъ̀нък [tənək]; *(schlank)* слаб [ßlap]
Dupniza Дỳпница [dupniza]
durch през [preß]; *(Mittel)* посрèдством [poßretßtwom]
Durchfall диария [diarija]
durchgebraten добрè изпèчен [dobre ißpetschen]
Durchreise, auf der ~ транзѝт [transit]
durchschnittlich *adj* срèдностатистѝчески [ßrednoßtatißtischeßki]; *adv* срèдно [ßredno]
dürfen мòга [moga]
durstig sein жàден съм [<u>sch</u>aden ßəm]
Dusche душ [dusch]
Duschgel дỳшгел [duschgel]
Dynastie динàстия [dinaßtija]

E

Ebbe òтлив [otlif]
Ebene равнинà [rawnina]
echt ѝстински [ißtinßki]
Ecke ъ̀гъл [əgəl]
Ehefrau съпрỳга [ßəpruga]
Ehemann съпрỳг [ßəpruk]
Eier яйцà [jajza]
eigen сòбствен [ßopßtwen]
eigentlich всъ̀щност [fßəschtnoßt]

Eigentümer/in сòбственик/сòбственичка [ßopßtwenik/ßopßtwenitschka]

Eilbrief писмò с бърза пòща [pißmo ß bərsa poschta]

eilig бърз [bərß]; es ~ haben бързам [bərsam]

ein(e) едѝн [edin], еднà [edna], еднò [edno]

einchecken регистрѝрам се [regißtriram ße]

einfach прост [proßt]

Einfahrt вход [fchot]

einfarbig едноцвèтен [ednozweten]

Eingang вход [fchot]

einheimisch мèстен [meßten]

einige нÿкои [njakoi]

einkaufen пазарỳвам [pasaruwam]

einladen кàня [kanja]

einmal веднъж [wednəsch]

einpacken опакòвам [opakowam]

Einreise пристѝгане [prißtigane]

einsam (Mensch) самòтен [ßamoten]; (Haus) изостàвен [isoßtawen]

einschalten включвам [fkljutschwam]

Einschreibebrief препоръчано писмò [preporətschano pißmo]

einsteigen кàчвам се [katschwam ße]

Eintritt вход [fchot]

Eintrittskarte билèт [bilet]

Eintrittspreis ценà за вход [zena sa fchot]

Einwohner/in жѝтел/ка [schitel/ka]

Einzel единѝчна игрà [edinitschna igra]

einzig едѝнствен [edinßtwen]

Eis лед [let]

Eisbahn лèдена пързàлка [ledena pərsalka]

Eisenwarengeschäft железàрски магазѝн [schelesarßki magasin]

Eishockey хòкей на лед [chokej na let]

Eislauf фѝгурно пързàляне [pərsaljane]

Eiter гной [gnoj]

Elastikbinde лàстична превръзка [laßtitschna prewrəßka]

elektrisch електрѝчески [elektritscheßki]

Elektrohandlung магазѝн за електроỳреди [magasin sa elektrouredi]

Elektroherd електрѝческа готвàрска пèчка [elektritscheßka gotwarßka petschka]

Elektrorollstuhl електрѝческа инвалѝдна колѝчка [elektritscheßka inwalidna kolitschka]

Elena Елèна [elena]

Eltern родѝтели [roditeli]

empfangen посрèщам [poßreschtam]

Empfänger получàтел [polutschatel]

Empfangshalle рецèпция [rezepzija]

empfehlen препоръчвам [preporətschwam]

Ende край [kraj]

endgültig окончàтелен [okontschatelen]

endlich нàй-накрàя [naj-nakraja]

Endreinigung почѝстване (предѝ заминàване)

[potschißtwane (predi saminawane)]
Endstation послѐдна спѝрка [poßledna ßpirka]
eng тѐсен [teßen]
englisch англѝйски [anglijßki]; *(Zubereitung)* аланглѐ [alangle]
Enkel/in внук/внỳчка [wnuk/wnutschka]
entdecken открѝвам [otkriwam]
Entfernung разстоя̀ние [raßtojanie]
entgegengesetzt противополо̀жен [protiwopoloschen]
entscheiden реша̀вам [reschawam]
entschuldigen, s. ~ извиня̀вам се [iswinjawam ße]
Entschuldigung извинѐние [iswinenie]; Ich bitte um ~! Извинѐте! [iswinete!]
enttäuscht разочаро̀ван [rasotscharowan]
entweder … oder илѝ … илѝ [ili … ili]
entwerten перфорѝрам [perforiram]
entwickeln *(Film)* проявя̀вам [projawjawam]
entzückend очарова̀телен [otscharowatelen]
Entzündung възпалѐние [wäßpalenie]
Epilepsie епилѐпсия [epilepßija]
Epoche епо̀ха [epocha]
er той [toj]
Erbsen грах [grach]
Erdbeeren я̀годи [jagodi]
Erde земя̀ [semja]
Erdgeschoss па̀ртер [parter]
erfahren науча̀вам [nautschawam]
erfreut sein (über) ра̀двам се (за) [radwam ße (sa)]
Erfrischungen разхладѝтелни напѝтки [raßchladitelni napitki]
erhalten получа̀вам [polutschawam]
erholen, s. ~ възстановя̀вам се [wäßßtanowjawam ße]; *(sich ausruhen)* почѝвам си [potschiwam ßi]
erinnern, jdn an etw ~ напо̀мням на нкг за нщ [napomnjam na njakogo sa neschto]; s. ~ спо̀мням си [ßpomnjam ßi]
Erkältung настѝнка [naßtinka]
Ermäßigung намалѐние [namalenie]
ernst *adj* сериѐзен [ßerjosen]; *adv* сериѐзно [ßerjosno]
erreichen достѝгам [doßtigam]
Ersatz обезщетѐние [obeßschtetenie]
Ersatzrad резѐрвна гỳма [reserwna guma]
erschöpft изморѐн [ismoren]
erschrecken изпла̀швам [ißplaschwam]; *(erschrocken sein)* изпла̀шен съм [ißplaschen ßäm]
ersetzen замѐствам [sameßtwam]
erst *(zuerst)* пъ̀рво [pärwo]
erste(r, s) пъ̀рви [pärwi], пъ̀рва [pärwa], пъ̀рво [pärwo]
Erwachsene възрастнѝ [wäsraßtni]
Erwachsene(r) възра̀стен/възра̀стна [wäsraßten/wäsraßtna]

erwarten *(rechnen mit)* разчѝтам на [raßtschitam na]
erzählen разкàзвам [raßkaswam]
essbar ядлѝв [jadlif]
Essen ѝдене [jadene]; *(Nahrung)* хранà [chrana]
essen ям [jam]
Essig оцѐт [ozet]
Etage етàж [etasch]
Etagenbett двуетàжно леглò [dwuetaschno leglo]
Etara Етъра [etəra]
etwa òколо [okolo]
etwas нѐщо [neschto]; *(ein wenig)* мàлко [malko]
EU-Bürger гràжданин на ЕС [graschdanin na e ßə]
euch вас [waß]
euer ваш [wasch]
Euro èвро [ewro]
Europa Еврòпа [ewropa]
Europäer/in европèец/европèйка [ewropeez/ewropejka]
europäisch еврoпèйски [ewropejßki]
Exponat експонàт [ekßponat]
Expressionismus експресионѝзъм [ekßpreßionisəm]
extra èкстра [ekßtra]

F

Fabrik фàбрика [fabrika]
Facharzt/ärztin специалѝст/ка [ßpezialißt/ka]
Fahrdienst слỳжба за прѐвоз [ßluschba sa prewoß]
Fähreферибòт [feribot]
fahren *(mit dem Zug, Auto)* пътỳвам [pətuwam]; *(lenken)* кàрам [karam]

Fahrer/in шофьòр/ка [schofjor/ka]
Fahrgast пътник [pətnik]
Fahrkarte билèт [bilet]
Fahrkartenschalter (билèтно) гишè [(biletno) gische]
Fahrplan разписàние [raßpißanie]
Fahrpreis ценà [zena]
Fahrrad колелò [kolelo]
Fahrradhelm кàска [kaßka]
Fahrradweg колоездàчна пътèка [koloesdatschna pəteka]
Fahrschein билèт [bilet]
Fahrscheinentwerter перфорàтор [perforator], апарàт за самотаксỳване [aparat sa ßamotakßuwane]
Fahrstuhl асансьòр [aßanßjor]
Fahrt пътỳване [pətuwane]
fair чèстен [tscheßten]
fallen пàдам [padam]
falls акò [ako]
Fallschirmspringen скàчане с парашỳт [ßkatschane ß paraschut]
falsch грèшен [greschen]
Faltrollstuhl сгъвàема инвалѝдна колѝчка [ßgəwaema inwalidna kolitschka]
Familie семèйство [ßemejßtwo]
Familienname фамѝлия [familija]
fangen хвàщам [chwaschtam]
färben оцветявам [ozwetjawam]
farbig цвèтен [zweten]
Farbstift цвèтен мòлив [zweten molif]
Fassade фасàда [faßada]
fast почтѝ [potschti]

fasten пòстя [poßtja]
faul мързелѝв [mərselif]
faulenzen мързелỳвам [mərseluwam]
Fax(gerät) факс [fakß]
Februar февруàри [fewruari]
Federball фѐдербàл [federbal]
fehlen лѝпсвам [lipßwam]
Fehler *(den man macht)* грѐшка [greschka]; *(den man hat)* дефèкт [defekt]
Fehlgeburt спонтàнен абòрт [ßpontanen abort]
Feigen смокѝня [ßmokinja]
fein *(dünn)* тънък [tənək]
Feinkostgeschäft деликатèсен магазѝн [delikateßen magasin]
Feld полè [pole]
Fell кòзина [kosina]; *(Schafs~)* вълна [wəlna]
Fels скалà [ßkala]
Felswand отвѐсна скалà [otweßna ßkala]
Fenster прозòрец [prosorez]
Fensterplatz мя̀сто до прозòреца [mjaßto do prosoreza]
Ferien ваканция [wakanzija]
Ferienhaus почѝвен дом [potschiwen dom]
Ferngespräch междунарòден ра̀зговор [meschdunaroden rasgowor]
Fernlicht дълги светлинѝ [dəlgi ßwetlini]
Fernseher телевѝзор [telewisor]
Fernsehraum телевизиòнна за̀ла [telewisionna sala]
fertig *(bereit)* готòв [gotof]
fest твърд [twərt]; *(dauernd)* устòйчив [ußtojtschif]

Fest пра̀зник [prasnik]
Festival фестива̀л [feßtiwal]
Festland сỳша [ßuscha]
Festung крѐпост [krepoßt]
fett тлъст [tləßt], ма̀зен [masen]
fettarme Milch нискома̀слено мля̀ко [nißkomaßleno mljako]
feucht влàжен [wlaschen]
Feuer òгън [ogən]
feuergefährlich леснозапалѝм [leßnosapalim]
Feuerlöscher пожарогасѝтел [poscharogaßitel]
Feuermelder противопожа̀рна ала̀рма [protiwoposcharna alarma]
Feuerwehr пожа̀рна кома̀нда [poscharna komanda]
Feuerwerk фòйерверки [fojerwerki]
Fieber температỳра [temperatura]
Fieberthermometer (медицински) термомèтър [(medizinßki) termometər]
Film филм [film]
Filmempfindlichkeit чувствителност на лѐнтата [tschufßtwitelnoßt na lentata]
Filmschauspieler/in актьòр/актрѝса [aktjor/aktrißa]
finden намѝрам [namiram]
Finger пръст [prəßt]
Firma фѝрма [firma]
Fisch рѝба [riba]
Fischerort рибàрско сѐлище [ribarßko ßelischte]
Fischgeschäft риба̀рски магазѝн [ribarßki magasin]
Fischhändler тъ̀рговец на рѝба [tərgowez na riba]

fit в добра фòрма [w dobra forma]
Fitnesscenter фѝтнес цèнтър [fitneßzentər]
FKK-Strand нудѝстки плаж [nudißtki plasch]
flach ràвен [rawen]
Flasche бутѝлка [butilka]
Flaschenöffner отварàчка за бутѝлки [otwaratschka sa butilki]
Flaute застòй [saßtoj]
Fleck, Flecken петнò [petno], петнà [petna]
Fleisch месò [meßo]
Flickzeug превързòчен материàл [prewərsotschen materjal]
Fliege мухà [mucha]; *(Krawatte)* папийòнка [papionka]
fliegen летя̀ [letja]
Flohmarkt битàк [bitak]
Flug пòлет [polet]
Flügel крилò [krilo]
Fluggesellschaft àвиокомпàния [awiokompanija]
Flughafen летѝще [letischte]
Flughafenbus автобỳсен транспòрт до летѝщето [aftobußen tranßport do letischteto]
Flughafengebühr летѝщна тàкса [letischtna takßa]
Flugsteig ѝзход [ißchot]
Flugzeug самолèт [ßamolet]
Fluss рекà [reka]
flüssig тèчен [tetschen]
Flut прѝлив [prilif]
Föhn сешоàр [ßeschoar]
föhnen сушà със сешоàр [ßuscha ßəß ßeschoar]
Folklore фолклòр [folklor]

Folkloreabend фолклòрна вèчер [folklorna wetscher]
Form фòрма [forma]
Formular формуля̀р [formuljar]
fort, ~ sein *(weg)* отсъствам [otßəßtwam]; und so ~ *(weiter)* и такà натàтък [i taka natatək]
Foto снѝмка [ßnimka]
Fotoapparat фòтоапарàт [fotoaparat]
Fotogeschäft (фòто)ателиè [(foto)atelje]
Fotografie снѝмка [ßnimka]
fotografieren снѝмам [ßnimam]
Frage въпрòс [wəproß]
fragen пѝтам [pitam]
frankieren таксỳвам [takßuwam]
Frankreich Фрàнция [franzija]
Franzose францỳзин [franzusin]
Französin французòйка [franzusojka]
französisch фрèнски [frenßki]
Frau женà [schena]; *(Ehe~)* съпрỳга [ßəpruga]; *(Anrede)* Госпòжо [goßposcho]; *(vor Namen)* г-жа
Fräulein госпòжица [goßposchiza]
frei свобòден [ßwoboden]
Freilichtkino ля̀тно кѝно [ljatno kino]
Freitag пèтък [petək]
Freizeitpark увеселѝтелен парк [uweßelitelen park]
fremd чужд [tschuscht]
Fremde, der/die ~ непознàт/а [neposnat/a]
Fremdenführer/in екскурзовòд/ка [ekßkursowot/ka]

Fremdenverkehrsamt туристѝческо бюрò [turißtitscheßko bjuro]
freuen, s ~ рàдвам се [radwam ße]
Freund/in приѝтел/ка [prijatel/ka]
freundlich мил [mil]
Friedhof грòбище [grobischte]
frieren мръзна [mrəsna]
frisch свеж [ßwesch]; *(kühl)* прохлàден [prochladen]; *(Wäsche)* чист [tschißt]
Frischhaltefolie фòлио за съхранявaне на хранѝтелни продỳкти [folio sa ßəchranjawane na chranitelni produkti]
Friseur фризьòр [frisjor]
frisieren фризѝрам [frisiram]
Frisur причèска [pritscheßka]
froh рàдостен [radoßten]
Frost мраз [mraß]
Frostschutzmittel антифрѝз [antifriß]
früh рàно [rano]
früher пò-рàно [po-rano]
Frühling прòлет [prolet]
Frühstück закỳска [sakußka]
frühstücken закусвам [sakußwam]
Frühstücksbüfett закỳска на швèдска мàса [sakußka na schwetßka maßa]
Frühstücksraum столовà [ßtolowa]
fühlen *(spüren)* усèщам [ußeschtam]; *(empfinden)* чỳвствам [tschufßtwam]
Führer *(für Fremde)* екскурзовòд [ekßkursowot]
Führerschein шофьòрска кнѝжка [schofjorßka knischka]

Führung *(Besichtigung)* обикòлка [obikolka]
Fundbüro бюрò за загỳбени вèщи [bjuro sa sagubeni weschti]
Funde нахòдки [nachotki]
funktionieren функционѝрам [funkzioniram]
für за [sa]
fürchten, s. ~ **vor** страхỳвам се от [ßtrachuwam ße ot]
fürchterlich стрàшен [ßtraschen]
Fuß крак [krak]
Fußball *(Spiel)* фỳтбол [futbol]; *(Ball)* фỳтболна тòпка [futbolna topka]
Fußballplatz фỳтболно ѝгрище [futbolno igrischte]
Fußballspiel фỳтболен мач [futbolen matsch]
Fußgänger/in пешехòдец [peschechodez]
Fußgängerzone пешехòдна зòна [peschechodna sona]

G

Gabel вѝлица [wiliza]
Gabrovo Гàброво [gabrowo]
Galerie галèрия [galerija]
Gallenblase жлъчен мехỳр [schlətschen mechur]
Gang *(~art)* похòдка [pochotka]; *(Flur)* коридòр [koridor]; *(Essen)* блюдо [bljudo]
ganz *adj* цял [zjal]; *(vollständig)* цялостен [zjaloßten]; *adv* напълно [napəlno]
gar *(Speise)* сварèн [ßwaren], опèчен [opetschen]
Garage гарàж [garasch]
Garantie гарàнция [garanzija]

Garderobe гардероѐб [garderop]

Garnelen скарѝди [ßkaridi]

Garten градѝна [gradina]

Gasflasche гѝазова бутѝлка [gasowa butilka]

Gasherd готвѝарска гѝазова пѐчка [gotwarßka gasowa petschka]

Gaskartusche флакѝон за газ [flakon sa gaß]

Gaskocher гѝазов котлѝон [gasof kotlon]

Gaspedal педѝал за газтѝа [pedal sa gaßta]

Gasse ѝуличка [ulitschka]

Gast гост [goßt]

Gastfreundschaft гостоприѐмство [goßtopriemßtwo]

Gastgeber/in домакѝин/я [domakin/ja]

Gebäck слѝадки [ßlatki]

gebacken изпѐчен [ißpetschen]

Gebäude сгрѝада [sgrada]

geben дѝавам [dawam]

Gebirge планинѝа [planina]

geboren родѐн [roden]

gebraten пѝържен [pərschen]

gebräuchlich обичѝаен [obitschaen]

gebrochen счѝупен [ßtschupen]

Gebühren таксѝи [takßi]

Geburtsdatum дѝата на рѝаждане [data na raschdane]

Geburtsname ѝиме [ime]

Geburtsort мѝясто на рѝаждане [mjaßto na raschdane]

Geburtstag рождѐн ден [roschden den]

gedämpft задушѐн [saduschen]

Gedeck прѝибори [pribori]

Gedenkstätte мемориѝал [memorial]

Geduld търпѐние [tərpenie]

gedünstet задушѐн [saduschen]

Gefahr опѝасност [opaßnoßt]

gefährlich опѝасен [opaßen]

gefallen пѝаднал [padnal]

Gefängnis затвѝор [satwor]

Gefühl чѝувство [tschufßtwo]

gefüllt пѝълнен [pəlnen]

gegen прѝотив [protif]; *(zeitlich)* към [kəm], ѝоколо [okolo]

gegen Mittag към обѝяд [kəm objat]

Gegenanzeigen противопоказѝания [protiwopokasanija]

Gegend райѝон [rajon], ѝоколност [okolnoßt]

Gegenstand предмѐт [predmet]

Gegenteil противополѝожност [protiwopoloschnoßt]; im ~ напрѝотив [naprotif]

gegenüber срещѝу [ßreschtu]

Geheimzahl (пѝин)код [(pin)kot]

gehen хѝодя [chodja]; *(zu Fuß)* хѝодя пешѝа [chodja pescha]

Gehirn мѝозък [mosək]

Gehirnerschütterung мѝозъчно сътресѐние [mosətschno ßətreßenie]

Gehirnschlag мѝозъчен ѝудар [mosətschen udar]

Gehör слух [ßluch]

gehören принадлежѝа [prinadlescha]

gehörlos глух [gluch]

Gehörlose/r глух/глѝуха [gluch/glucha]

gekocht сварѐн [ßwaren]; **gekochter Schinken** варѐна шѝунка [warena schunka]

Gelände терѐн [teren]
gelb жълт [s̲c̲h̲əlt]
Geld парѝ [pari]
Geldanweisung (парѝчен) зàпис [(paritschen) sapiß]
Geldautomat банкомàт [bankomat]
Geldbeutel портмонѐ [portmone]
Geldschein банкнòта [banknota]
Geldwechsel обмя̀на на валу̀та [obmjana na waluta]
gelegentlich от врѐме на врѐме [ot wreme na wreme]
Gelenk стàва [ßtawa]
Gemälde картѝна [kartina]
gemeinsam зàедно [saedno]
gemischt смѐсен [ßmeßen]
Gemüse зеленчу̀ци [selentschuzi]
gemütlich ую̀тен [ujuten]
genau тòчен [totschen]
genauso ... wie тòчно такà ... кàкто [totschno taka ... kakto]
genießen наслаждàвам се [naßla̲s̲c̲hdawam ße]
genug достàтъчен [doßtatətschen]
geöffnet отвòрен [otworen]
Gepäck багàж [bagasch]
Gepäckabfertigung багàжна слу̀жба [baga̲s̲c̲hna ßlu̲s̲c̲hba]
Gepäckaufbewahrung гардерòб за багàж [garderop sa bagasch]
Gepäckausgabe гишѐ за получàване на багàж [gische sa polutschawane na bagasch]
Gepäckschalter багàжно отделѐние [baga̲s̲c̲hno otdelenie]
Gepäckwagen колѝчка за багàж [kolitschka sa bagasch]
gerade *adj* прав [praf]; *adv (soeben)* току̀-щò [toku-schto]; *(jetzt)* в момѐнта [w momenta]
geradeaus напрàво [naprawo]
geräuchert пу̀шен [puschen]
Geräusch шум [schum]
Gericht *(Speise)* я̀стие [jaßtie]; *(Behörde)* съд [ßət]
gern с удовòлствие [ß udowolßtwie]; nicht ~ с нежелàние [ß ne̲s̲c̲helanie]
geröstet *(Brot)* препѐчен [prepetschen]
Geruch миризмà [mirisma]
Geschenk подàрък [podarək]
Geschichte истòрия [ißtorija]; *(Erzählung)* рàзказ [raßkaß]
Geschirr съ̀дове [ßədowe]
Geschirrspülbecken мѝвка [mifka]
Geschirrspülmaschine миялна машѝна [mijalna maschina]
Geschirrtuch къ̀рпа за чинѝи [kərpa sa tschinii]
geschlossen затвòрен [satworen]
Geschmack вкус [fkuß]
geschmort задушѐн [saduschen]
Geschwindigkeit скòрост [ßkoroßt]
geschwollen подỳт [podut]
Geschwulst отòк [otok]
Geschwür я̀зва [jaswa]
Gesicht лицѐ [lize]
Gespräch рàзговор [rasgowor]
gestern вчѐра [ftschera]
gesund здрав [sdraf]
Getränk напѝтка [napitka], питиѐ [pitie]

Getriebe (Auto) скòростна кутѝя [ßkoroßtna kutija]
Gewicht тèжест [teschеßt]
Gewinn печàлба [petschalba]
gewinnen печèля [petschelja]
Gewitter бỳря [burja]
gewöhnlich обикновèн [obiknowen]
gewohnt, etw ~ sein свѝкнал съм с нщ [ßwiknal ßəm ß neschto]
Gewölbe свод [ßwot]
Gewürz подпрàвка [potprafka]
gibt, es ~ ѝма [ima]
Giebel фронтòн [fronton]
Gift отрòва [otrowa]
giftig отрòвен [otrowen]
Gipfel връх [wrəch]
Glas чàша [tschascha]
Glasmalerei стъклопѝс [ßtəklopiß]
Glatteis полèдица [polediza]
glauben вя̀рвам [wjarwam]
gleich сегà [ßega]; (sofort) веднàга [wednaga]
gleichzeitig едноврèменно [ednowremenno]
Gleis коловòз [kolowoß]
Gleitschirm параплàнер [paraplaner]
Glück щàстие [schtaßtie]; (Erfolg) успèх [ußpech]; ~ **gehabt** ѝмам късмèт [imam kəßmet]
glücklich щастлѝв [schtaßtlif]
Glückwunsch благопожелàние [blagoposchelanie]
Glühbirne крỳшка [kruschka]
Gold злàто [slato]
goldfarben златѝст [slatißt]
Goldschmiedekunst златàрство [slatarßtwo]
Goldstrand Златни пясъци [slatni pjaßəzi]

Golf голф [golf]
Golfclub голф клуб [golf klup]
Golfschläger стик [ßtik]
Gotik гòтика [gotika]
Gott бог [bok]
Gorna Orjahoviza Гòрна Оря̀ховица [gorna orjachowiza]
Grab гроб [grop]
Grabmal надгрòбен пàметник [nadgroben pametnik]
Grafik грàфика [grafika]
Gramm грам [gram]
Grapefruit грèйпфрут [grejpfrut]
Gräte рѝбена кост [ribena koßt]
gratis грàтис [gratiß]
gratulieren поздравя̀вам [posdrawjawam]
grau сив [ßif]
Grenze грàница [graniza]
Grenzübergang преминàване на грàницата [preminawane na granizata]
griechisch грèцки [grəzki]
Grill скàра [ßkara], грил [gril]
Grillkohle въглища за скàра [wəglischta sa ßkara]
Grippe грип [grip]
groß голя̀м [goljam], висòк [wißok]; (Statur) èдър [edər]; (bedeutend) велѝк [welik]
Größe величинà [welitschina]; (Kleidungs~) размèр [rasmer]; (Schuh~) нòмер [nomer]
Großmutter бàба [baba]
Großraumwagen вагòн без отдèлни купèта [wagon beß otdelni kupeta]
Großvater дя̀до [djado]
Grotte (мàлка) пещерà [(malka) peschtera]

grün зелѐн [selen]
Grund причи́на [pritschina]; *(Beweg~)* моти́в [motif]
grüne Bohnen (зелѐн) боб [(selen) bop]
grüne Versicherungskarte зелѐна (застрахова́телна) ка̀рта [selena (saßtrachowatelna) karta]
Gruppe гру́па [grupa]
grüßen поздрав́явам [posdrawjawam]
gültig вали́ден [waliden]
Gummistiefel гу̀мени боту̀ши [gumeni botuschi]
Gurke кра̀ставица [kraßtawiza]
Gürtel кола̀н [kolan]
gut *adj* добъ́р [dobər]; *adv* добрѐ [dobre]
Gutschein тало́н [talon]
Gymnastik гимна̀стика [gimaßtika]

H

Haar коса̀ [koßa]
Haarfestiger пя́на за коса̀ [pjana sa koßa]
Haargel гел за коса̀ [gel sa koßa]
Haargummi ла̀стик за коса̀ [laßtik sa koßa]
Haarklammern фи́би [fibi]
Haarwaschmittel шампоа́н [schampoan]
haben и́мам [imam]
Hackfleisch кайма̀ [kajma]
Hafen приста̀нище [prißtanischte]
Haferflocken овѐсени я́дки [oweßeni jatki]
Hähnchen пи́ле [pile]
Haken ку̀ка [kuka]; *(Kleider~)* закача̀лка [sakatschalka]
halb полови́н [polowin]
Halbpension полу̀пансио́н [polupanßion]
Hälfte полови́на [polowina]
Hals ши́я [schija]; *(Kehle)* гъ́рло [gərlo]
Halsschmerzen бо́лки в гъ́рлото [bolki w gərloto]
Halstabletten табле́тки за гъ́рло [tabletki sa gərlo]
Halstuch ша̀лче [schaltsche]
halt! сто́п! [ßtop!]
haltbar тра́ен [traen]
Haltegriff дръ́жка [drəschka]
halten държа̀ [dərscha]; *(stehen bleiben)* спи́рам [ßpiram]
Haltestelle спи́рка [ßpirka]
Hammelfleisch о́внешко (месо́) [owneschko (meßo)]
Hammer чук [tschuk]
Hand ръка̀ [rəka]
Handball ха̀ндбал [chandbal]
Handbremse ръ́чна спира̀чка [rətschna ßpiratschka]
Handcreme крем за ръцѐ [krem sa rəze]
Handgas *(Auto)* ръ́чно управлѐние за инвали́ди [rətschno uprawlenie sa inwalidi]
handgemacht ръ́чна изработ́ка [rətschna israbotka]
Handlauf перила̀ [perila]
Handschuhe ръкави́ци [rəkawizi]
Handtasche да̀мска ча̀нта [damßka tschanta]
Handtuch но́сна кърпи́чка [noßna kərpitschka]
Handwaschbecken ми́вка [mifka]
Handy джи́есем [dschießem],

мобѝлен телефòн [mobilen telefon]
Harmanli Хàрманли [charmanli]
hart твърд [twərt]
Haskovo Хàсково [chaßkowo]
hässlich грòзен [grosen]
häufig чèсто [tscheßto]
Hauptbahnhof центрàлна гàра [zentralna gara]
Hauptpostamt центрàлна пòща [zentralna poschta]
Hauptrolle глàвна рòля [glawna rolja]
hauptsächlich нàй-вàжен [naj-wa<u>sch</u>en]
Hauptsaison (актѝвен) сезòн [(aktiwen) ßeson]
Hauptspeise оснòвно ястие [oßnowno jaßtie]
Hauptstadt стòлица [ßtoliza]
Hauptstraße глàвна ỳлица [glawna uliza]
Haus къща [kəschta]
Hausbesitzer/in сòбственик/сòбственичка [ßopßtwenik/ßopßtwenitschka]
hausgemacht домàшно пригòтвен [domaschno prigotwen]
Haushaltswaren домàшни потрèби [domaschni potrebi]
Hausnummer нòмер на блок [nomer na blok]
Haustiere домàшни живòтни [domaschni <u>sch</u>iwotni]
Haut кòжа [ko<u>sch</u>a]
Heide полянà [poljana]
heilig свят [ßwjat]
Heiliger Abend Бъ̀дни вèчер [bədni wetscher]
Heimat рòдина [rodina]
Heimreise пътỳване за домà [pətuwane sa doma]

heiraten (Frau) омъ̀жвам се [omə<u>sch</u>wam ße]; (Mann) ожèнвам се [o<u>sch</u>enwam ße]
heiser дрèзгав [dresgaf]
heiß горèщ [goreschl]
heißen кàзвам се [kaswam ße]
Heißluftballon балòн [balon]
Heizung пàрно [parno], отоплèние [otoplenie]
helfen помàгам [pomagam]
hell свètъл [ßwetəl]
Hemd рѝза [risa]
Herbst èсен [eßen]
Herd пèчка [petschka]
herein! влèз! [wleß!]
hereinkommen влѝзам [wlisam]
Hering (Zeltpflock) кòлче за палàтка [koltsche sa palatka]; (Fisch) хèринга [cheringa]
Herr господѝн [goßpodin]; (vor Namen) г-н
Herren мъжè [mə<u>sch</u>e], M
herrlich чудèсен [tschudeßen]
Herz сърцè [ßərze]
Herzanfall сърдèчен прѝстъп [ßərdetschen prißtəp]
Herzbeschwerden проблèми със сърцèто [problemi ßəß ßərzeto]
Herzinfarkt инфàркт [infarkt]
herzlich сърдèчен [ßərdetschen]
Herzschrittmacher пèйсмейкър [pejßmejkər]
Heuschnupfen сèнна хрèма [ßenna chrema]
heute днес [dneß]; ~ Morgen/Abend днес сутринтà/довèчера [dneß ßutrinta/dowetschera]
Hexenschuss лумбàго [lumbago]

hier тук [tuk]
Hilfe пòмощ [pomoscht]
Himmel небè [nebe]
hindern прèча [pretscha]
hinlegen, s. ~ изтỳгам се [ißtjagam ße]; *(zu Bett gehen)* лỳгам си [ljagam ßi]
hinten отзàд [otsat]
hinter зад [sat]
hinterlegen остàвям [oßtawjam]
hinzufügen добàвям [dobawjam]
Hitze горещинà [goreschtina]
Hitzewelle горèща вълнà [goreschta wəlna]
hoch *adj* висòк [wißok]; *adv* висòко [wißoko]
Hochformat вертикàлен формàт [wertikalen format]
Hochspannung висòко напрежèние [wißoko napreschenie]
höchstens нàй-мнòго [naj-mnogo]
Hochzeit свàтба [ßwatba]
Hof двор [dwor]
hoffentlich данò [dano]
höflich учтѝв [utschtif]
Höhe височинà [wißotschina]
Höhepunkt връх [wrəch]
Höhle пещерà [peschtera]
Holz дървò [dərwo]
Holzschnitt дърворезбà [dərworesba]
Honig мед [met]
hören чỳвам [tschuwam]
Hörer слушàлка [ßluschalka]
hörgeschädigt с увредèн слух [ß uwreden ßluch]
Hose панталòн [pantalon]
hübsch хỳбав [chubaf]
Hüfte бедрò [bedro]

Hügel хълм [chəlm]
Hund кỳче [kutsche]
hungrig sein глàден съм [gladen ßəm]
Hupe клàксон [klakßon]
Husten кàшлица [kaschliza]
Hustensaft сирòп за кàшлица [ßirop sa kaschliza]
Hut шàпка [schapka]
Hütte хѝжа [chischa]

I

ich аз [aß]
Idee идèя [ideja]
ihr вѝе [wie]
Illustrierte списàние [ßpißanie]
Imbiss бърза закỳска [bərsa sakußka]
immer вѝнаги [winagi]
Impfpass имунизациòнен картòн [imunisazionen karton]
Impfung инжèкция [inschekzija]
Impressionismus импресионѝзъм [impreßionisəm]
in в [w], на [na]; ~ einer Woche след еднà сèдмица [ßlet edna ßedmiza]
inbegriffen вклỳчен [fkljutschen]
Infektion инфèкция [infekzija]
informieren, s. ~ осведомявам се [oßwedomjawam ße]
Infusion систèма [ßißtema], прелѝване [preliwane]
Inhalt съдържàние [ßədərschanie]
Inlandsflug вътрешен пòлет [wətreschen polet]
Inliner ròлери [roleri]

innen вътре [wətre]
Innenhof вътрешен двор [wətreschen dwor]
Inschrift (врязан) надпис [(wrjasan) natpiß]
Insekt насекомо [naßekomo]
Insektenmittel средство срещу насекоми [ßretßtwo ßreschtu naßekomi]
Insel остров [oßtrof]
Insulin инсулин [inßulin]
Inszenierung постановка [poßtanofka]
interessant интересен [intereßen]
interessieren, s. ~ (für) интересувам се (от) [intereßuwam ße (ot)]
international международен [meschdunaroden]
Irrtum грешка [greschka]
Ischias ишиас [ischiaß]
Iskar Искър [ißkər]

J

Jacke яке [jake]
Jahr година [godina]
Jahreszeit сезон [ßeson]
Jahrhundert век [wek]
jährlich годишен [godischen]
Jahrmarkt панаир [panair]
Jantra Янтра [jantra]
Januar януари [januari]
Jazz джаз [dschaß]
Jeans дънки [dənki]
jede(r, s) всеки [fßeki], всяка [fßjaka], всяко [fßjako]; ~ **beliebige** който и да е [kojto i da e]; ~ **einzelne** всеки един [fßeki edin]; ~**mann** всеки [fßeki]; jeden Tag всеки ден [fßeki den]
jemand някой [njakoj]

jene(r, s) онзи [onsi], онази [onasi], онова [onowa], *(pl)* онези [onesi]
jetzt сега [ßega]
Jod йод [jot]
joggen бягам [bjagam]
Jogginghose долнище на анцуг [dolnischte na anzuk]
Joghurt кисело мляко [kißelo mljako]
jucken сърбя [ßərbja]
Jugendliche(r) младеж [mladesch]
Jugendstil стил сецесион [ßtil ßezeßion]
Juli юли [juli]
jung млад [mlat]
Junge момче [momtsche]; *(bei Tieren)* малко [malko]
Junggeselle ерген [ergen]
Juni юни [juni]
Juwelier бижутер [bischuter]

K

Kabarett кабаре [kabare]
Kabarettist кабаретист [kabaretißt]
Kabine кабина [kabina]; *(Umkleide~)* съблекалня [ßəblekalnja]
Kaffee кафе [kafe]
Kaffeemaschine кафе-машина [kafe-maschina]
Kai кей [kej]
Kaiser/in император/ императрица [imperator/imperatriza]
Kalbfleisch телешко (месо) [teleschko (meßo)]
kalt студен [ßtuden]; kaltes Wasser студена вода [ßtudena woda]

Kamillentee чай от лàйка [tschaj ot lajka]

Kamm грèбен [greben]

kämmen, s.~ рèша се [rescha ße]

Kamtschija Кàмчия [kamtschija]

Kanal канàл [kanal]

Kaninchen (пѝтомен) зàек [(pitomen) saek]

Kanu канỳ [kanu]

Kapelle парàклис [parakliß]; (Blas~) оркèстър [orkeßtər]

Kapitän капитàн [kapitan]

kaputt счỳпен [ßtschupen]

Karaffe гарàфа [garafa]

Karfreitag Разпèти пèтък [raßpeti petək]

Karneval карнавàл [karnawal]

Kardschali Кърджали [kərd<u>sch</u>ali]

Karlovo Кàрлово [karlowo]

Karotten мòркови [morkowi]

Kartoffeln картòфи [kartofi]

Kasanlak Казанлък [kasanlək]

Käse кашкавàл [kaschkawal]; weißer ~ сѝрене [ßirene]

Kaspitschan Кàспичан [kaßpitschan]

Kasse кàса [kaßa]

Kassette касèта [kaßeta]

Kassettenrekorder касетофòн [kaßetofon]

Kathedrale катедрàла [katedrala]

Katze кòтка [kotka]

kaufen купỳвам [kupuwam]

Kaufhaus универсàлен магазѝн [uniwerßalen magasin]

Kaugummi дъвка [dəfka]

kaum почтѝ [potschti], едвà [edwa]

Kaution гарàнция [garanzija]

Kegeln кèгли [kegli]

kein, keine нѝкой [nikoj], нѝкоя [nikoja], нѝкое [nioke], (pl) нѝкои [nikoi]

Kekse слàдки [ßlatki]

Kellner/in кèлнер/ка [kelner/ka]

kennen познàвам [posnawam]; jdn ~ lernen запознàвам се с нкг [saposnawam ße ß njakogo]

Keramik керàмика [keramika]

Kerzen свèщи [ßweschti]

Ketschup кèтчуп [kettschup]

Kette синджѝр [ßind<u>sch</u>ir]

Keuchhusten магàрешка кàшлица [magareschka kaschliza]

Kichererbsen нахỳт [nachut]

Kiefer чèлюст [tscheljußt]; (Baum) бор [bor]

Kilogramm килогрàм [kilogram]

Kilometer киломèтър [kilometər]

Kilometerpreis ценà на километър прòбег [zena na kilometər probek]

Kind детè [dete]; (pl) децà [deza]

Kinderarzt/ärztin дèтски лèкар/дèтска лèкарка [detßki lekar/detßka lekarka]

Kinderbecken дèтско корѝтце [detßko koritze]

Kinderbetreuung грѝжа за децàта [gri<u>sch</u>a sa dezata]

Kinderbett дèтско леглò [detßko leglo]

Kinderermäßigung намалèние за децà [namalenie sa deza]

Kinderfahrkarte дèтски билèт [detßki bilet]

Kinderkleidung дѐтски дрѐхи [detβki drechi]

Kinderkrankheit дѐтска бо̀лест [detβka boleβt]

Kinderlähmung дѐтски пара̀лич [detβki paralitsch]

Kindersitz дѐтска седа̀лка [detβka βedalka]

Kindersitzkissen *(fürs Auto)* дѐтска възгла̀вничка [detβka wəsglawnitschka]

Kinderteller дѐтска чинѝя [detβka tschinija]

Kino кѝно [kino]

Kirche църква [zərkwa]

Kirchturm църко̀вна камбана̀рия [zərkowna kambanarija]

Kirmes събо̀р [βəbor]

Kirschen черѐши [tschereschi]

Kiste кашо̀н [kaschon]

kitschig натру̀фен [natrufen]

Kjustendil Кюстендѝл [kjuβtendil]

klar я̀сен [jaβen]

Klasse клас [klaβ]

Klassik кла̀сика [klaβika]

Klassiker класѝк [klaβik]

Klassizismus класицѝзъм [klaβizisəm]

Kleid ро̀кля [roklja]

Kleiderbügel ютѝя [jutija]

Kleidung облекло̀ [obleklo]

klein ма̀лък [malək]

Kleingeld дрѐбни [drebni]

Kleinkinder ма̀лки деца̀ [malki deza]

Kleinkunstbühne кабарѐ [kabare]

Klima клѝмат [klimat]

Klimaanlage климатѝк [klimatik]

Klingel звънѐц [swənez]

Kloster манастѝр [manaβtir]

klug у̀мен [umen]

Kneipe кръ̀чма [krətschma]

Knie коля̀но [koljano]

Knoblauch чѐсън [tscheβən]

Knöchel *(Fuß~)* глѐзен [glesen]; *(Finger~)* ко̀калче [kokaltsche]

Knochen ко̀кал [kokal]

Knochenbruch фракту̀ра [fraktura]

Koch готва̀ч [gotwatsch]

Kochbuch готва̀рска кнѝга [gotwarβka kniga]

kochen го̀твя [gotwja]; *(Kaffee, Tee, Wasser)* варя̀ [warja]

Kocher котло̀н [kotlon]

Kochnische ку̀хненска нѝша [kuchnenβka nischa]

Koffer ку̀фар [kufar]

Kofferraum бага̀жник [bagaschnik]

Kohl зѐле [sele]

Kokosnuss коко̀сов о̀рех [kokoβof orech]

Kolik ко̀лика [kolika]

Kollege/Kollegin колѐга/колѐжка [kolega/koleschka]

kommen ѝдвам [idwam]

Komödie комѐдия [komedija]

Kompass компа̀с [kompaβ]

Komponist/in композѝтор/ка [kompositor/ka]

Konditorei сладка̀рница [βlatkarniza]

Kondom презерватѝв [preserwatif]

König/in крал/кралѝца [kral/kraliza]

können мо̀га [moga]

Konserven консѐрви [konβerwi]

Konsulat ко̀нсулство [konβulβtwo]

Kontakt конта̀кт [kontakt]

Konto смѐтка [ßmetka]
Kontrolleur контрольо̀р [kontroljor]
kontrollieren контолѝрам [kontroliram]
Konzert концѐрт [konzert]
Kopf глава̀ [glawa]
Kopfhörer слуша̀лки [ßluschalki]
Kopfkissen възгла̀вница [wəsglawniza]
Kopfsalat мару̀ля [marulja]
Kopfschmerzen главобо̀лие [glawobolie]
Kopfschmerztabletten ха̀пчета срещу̀ главобо̀лие [chaptscheta ßreschtu glawobolie]
Kopie ко̀пие [kopie]
Koprivschtiza Копрѝвщица [koprifschtiza]
Korb ко̀шница [koschniza]
Korkenzieher тирбушо̀н [tirbuschon]
Körper тя̀ло [tjalo]
Körperbehinderung инвалѝдност [inwalidnoßt]
Kosloduj Козоду̀й [kosloduj]
kosten стру̀вам [ßtawam]
kostenlos безпла̀тен [beßplaten]
Kostüm костю̀м [koßtjum]
Kotel Ко̀тел [kotel]
Kotelett пържо̀ла [pərschola]
Koteletten бакенба̀рди [bakenbardi]
Krabben мо̀рски ра̀ци [morßki razi]
Krampf спа̀зъм [ßpasəm]
krank бо̀лен [bolen];
~ **werden** разболя̀вам се [rasboljawam ße]
Krankenhaus бо̀лница [bolniza]
Krankenkasse здра̀вна ка̀са [sdrawna kaßa]
Krankenpfleger санита̀р [ßanitar]
Krankenschein медицѝнско свидѐтелство [medizinßko ßwidetelßtwo]
Krankenschwester медицѝнска сестра̀ [medizinßka ßeßtra]
Krankenwagen линѐйка [linejka]
Krankheit бо̀лест [boleßt]
Kräuter бѝлки [bilki]
Krawatte вратовръ̀зка [wratowrəßka]
kreativ изобрета̀телен [isobretatelen]
Krebs рак [rak]
Kreditkarte крѐдитна ка̀рта [kreditna karta]
Kreislaufmittel срѐдство за стимулѝране на кръвообращѐнието [ßrettßtwo sa ßtimulirane na krəwoobraschtenieto]
Kreislaufstörung смущѐние в кръвообращѐнието [ßmuschtenie f krəwoobraschtenieto]
Kreuz кръст [krəßt]
Kreuzfahrt круѝз [kruiß]
Kreuzung кръсто̀вище [krəßtowischte]
Kristall криста̀л [krißtal]
Krone коро̀на [korona]
Krücke па̀терица [pateriza]
Küche ку̀хня [kuchnja]
Kuchen сладкѝш [ßlatkisch]
Kugelschreiber химика̀лка [chimikalka]
kühl хла̀ден [chladen]
Kühlelement охладѝтелен елемѐнт [ochladitelen element]

Kühler радиа̀тор [radiator]
Kühlschrank хлади̇лник [chladilnik]
Kühltasche хлади̇лна ча̀нта [chladilna tschanta]
Kühlwasser охлади̇телна тѐчност [ochladitelna tetschnoßt]
Kulata Кỳлата [kulata]
Kultur култу̀ра [kultura]
Kümmel кимио̀н [kimion]
kümmern, s. ~ um гри̇жа се за [grischa ße sa]
Kunde/Kundin клиѐнт/ка [klient/ka]
Kunst изкỳство [ißkußtwo]
Kunstgewerbe худо̀жествени занаяти [chudoscheßtweni sanajati]
Kunsthändler търго̀вец на худо̀жествени произведѐния [tərgowez na chudoscheßtweni proiswedenija]
Kuppel кубѐ [kube]
Kupplung съедини̇тел [ßəedinitel]
Kürbis ти̇ква [tikwa]
Kurs курс [kurß]
Kurve завой [sawoj]
kurz *(räumlich)* къс [kəß]; *(zeitlich)* кра̀тък [kratək]
Kurzfilm късометра̀жен филм [kəßometraschen film]
kurzfristig краткосро̀чен [kratkoßrotschen]
kürzlich наско̀ро [naßkoro]
Kurzschluss къ̀со съединѐние [kəßo ßəedinenie]
Kuss целỳвка [zelufka]
küssen целỳвам [zeluwam]
Küste бряг [brjak]

L

lachen смѐя се [ßmeja ße]
lächerlich смѐшен [ßmeschen]
Ladegerät заря̀дно (устро̀йство) [sarjadno (ußtrojßtwo)]
Lage положѐние [poloschenie]; *(eines Ortes)* местоположѐние [meßtopoloschenie]
Lähmung пара̀лиза [paralisa]
Lammfleisch а̀гнешко (месо̀) [agneschko (meßo)]
Lampe ла̀мпа [lampa]
Land земя̀ [semja]; *(Festland)* сỳша [ßuscha]
Landausflug сли̇зане на сỳшата [ßlisane na ßuschata]
Landgut сѐлски имо̀т [ßelßki imot]
Landkarte геогра̀фска ка̀рта [geografßka karta]
Landschaft пейза̀ж [pejsasch]; *(Landstrich)* мѐстност [meßtnoßt]
Landsmann сънаро̀дник/сънаро̀дничка [ßənarodnik/ßənarodnitschka]
Landstraße шосѐ [schoße]
Landung ка̀цане [kazane]
lang дъ̀лъг [dələk]
Langlaufski ски за бя̀гане на дъ̀лги разстоя̀ния [ßki sa bjagane na dəlgi raßtojanija]
langsam *adj* ба̀вен [bawen]; *adv* ба̀вно [bawno]
langweilig скỳчен [ßkutschen]
Lärm шум [schum]
lästig доса̀ден [doßaden]
Lastwagen камио̀н [kamion]
Lauch праз [praß]
laufen *(rennen)* бя̀гам [bjagam]; *(gehen)* хо̀дя [chodja]; *(zu Fuß gehen)* върви̇ [wərwja]

laut сѝлен [ßilen]; *(Lärm)* шỳмен [schumen]
Lautsprecher висококоговорѝтел [wißokogoworitel]
leben живѐя [schiweja]
Leben живòт [schiwot]
Lebensmittelgeschäft (магазѝн за) хранѝтелни стòки [(magasin sa) chranitelni ßtoki]
Lebensmittelvergiftung хранѝтелно отрàвяне [chranitelno otrawjane]
Leber чѐрен дроб [tscheren drop]
Leberpastete пастѐт [paßtet]
lebhaft *(Mensch)* жѝзнен [schisnen]; *(Fantasie)* жив [schif]; *(Handel)* оживѐн [oschiwen]
lecker вкỳсен [fkußen]
Lederjacke кòжено якѐ [koscheno jake]
Lederwaren кòжени издѐлия [koscheni isdelija]
Lederwarengeschäft (магазѝн за) кòжени издѐлия [(magasin sa) koscheni isdelija]
ledig *(Mann)* неженèн [neschenen]; *(Frau)* неомъ̀жена [neoməschena]
leer прàзен [prasen]
Leerlauf прàзен ход [prasen chot]
Leerung изпрàзване [ißpraswane]
legen слàгам [ßlagam]
Leggins клин [klin]
leicht *(geringfügig)* лѐсен [leßen]; *(Gewicht)* лек [lek]
Leichtathletik лѐка атлѐтика [leka atletika]
leider за съжалѐние [sa ßəschalenie]
leihen, (jdm) etw ~ дàвам назàем нщ (на нкг) [dawam nasaem neschto (na njakogo)]; etw ~ (von jdm) взѝмам назàем нщ (от нкг) [wsimam nasaem neschto (ot njakogo)]
Leinen лѐнено платнò [leneno platno]
leise тих [tich]
Leistenbruch хѐрния [chernija]
Leiter/in ръководѝтел/ка [rəkowoditel/ka]
Lenkrad-Drehknopf *(Auto)* бутòн за управлѐние на волàна [buton sa uprawlenie na wolana]
lernen ỳча [utscha]
lesen четà [tscheta]
letzte(r, s) послѐден [poßleden], послѐдна [poßledna], послѐдно [poßledno]; letzten Montag мѝналия понедѐлник [minalija ponedelnik]
Leuchtturm фар [far]
Leute хòра [chora]
Lew лев [lef]
Licht светлѝна [ßwetlina]
Lichtmaschine генерàтор за осветлѐние [generator sa oßwetlenie]
Lichtschalter електрѝчески ключ [elektritscheßki kljutsch]
Lichtschutzfaktor защѝтен фàктор [saschtiten faktor]
lieb скъп [ßkəp]; jdn ~ haben обѝчам нкг [obitscham njakogo]
Liebe любòв [ljubof]
lieben обѝчам [obitscham]
liebenswürdig мил [mil]

Liebling любѝмец/любѝмка [ljubimez/ljubimka]; *(Kosewort)* скъпи/скъпа [ßkəpi/ßkəpa]

Lied пѐсен [peßen]

liegen лежа̀ [lescha]

Liegewagen кушѐт-ваго̀н [kuschet-wagon]

Liegewagenplatz мя̀сто в кушѐт-ваго̀н [mjaßto f kuschet-wagon]

Liegewiese поля̀на [poljana]

lila лила̀в [lilaf]

Limonade лимона̀да [limonada]

Linie лѝния [linija]

linke(r, s) ляв [ljaf], ля̀ва [ljawa], ля̀во [ljawo]

links вля̀во [wljawo]

Linse лѐща [leschta]

Linsen лѐщи [leschti]

Lippe у̀стна [ußtna]

Lippenstift червѝло [tscherwilo]

Liter лѝтър [litər]

Livemusik му̀зика на жѝво [musika na schiwo]

Loch ду̀пка [dupka]

Locken къдрѝци [kədrizi]

Lockenwickler ро̀лки (за коса̀) [rolki (sa koßa)]

Löffel лъжѝца [ləschiza]

Loge ло̀жа [loscha]

Loipe пѝста за ски бя̀гане [pißta sa ßki bjagane]

Lorbeer ла̀врово дърво̀ [lawrowo dərwo]

Luft въ̀здух [wəsduch]

Luftkissenboot ло̀дка върху̀ въздушна възгла̀вница [lotka wərchu wəsduschna wəsglawniza]

Luftmatratze надува̀ем дюшѐк [naduwaem djuschek]

Luftpumpe въздушна по̀мпа [wəsduschna pompa]

Lunge бял дроб [bjal drop]

Lungenentzündung бронхопневмо̀ния [bronchopnewmonija]

lustig заба̀вен [sabawen]; *(erheiternd)* вѐсел [weßel]

luxuriös луксо̀зен [lukßosen]

M

machen пра̀вя [prawja]; *(herstellen)* произвѐждам [proiswe schdam]

Madara Ма̀дара [madara]

Mädchen момѝче [momitsche]

Magen стома̀х [ßtomach]

Magenschmerzen стома̀шни бо̀лки [ßtomaschni bolki]

mager мъ̀ршав [mərschaf]

Mahlzeit, ~! добър апетѝт! [dobər apetit!]

Mai май [maj]

Mais ца̀ревица [zarewiza]

Makrele скумрѝя [ßkumrija]

Malbuch блок за рису̀ване [blok sa rißuwane]

malen рису̀вам [rißuwam]

Maler/in худо̀жник/ худо̀жничка [chudoschnik/ chudoschnitschka]

Malerei живопѝс [schiwopiß]

man, das tut ~ nicht така̀ не се пра̀ви [taka ne ße prawi]

manchmal поня̀кога [ponjakoga]

Mandarinen мандарѝни [mandarini]

Mandelentzündung възпалѐние на слѝвиците [wəßpalenie na ßliwizite]

Mandeln слѝвици [ßliwizi]; *(Nüsse)* бадѐми [bademi]

Mann мъж [məsch]; *(pl)* мъжѐ [məsche]; *(Ehe~)* съпру̀г [ßəpruk]
Mannschaft *(Sport)* отбо̀р [otbor]; *(Schiff)* екипа̀ж [ekipasch]
Mantel палто̀ [palto]
Margarine маргарѝн [margarin]
Mariza Марѝца [mariza]
Markt паза̀р [pasar]
Marmelade мармала̀д [marmalat]
März март [mart]
Maschine машѝна [maschina]
Masern мо̀рбили [morbili]
Massage маса̀ж [maßasch]
Material материа̀л [materjal]
Matratze матра̀к [matrak]
Mauer стена̀ [ßtena]
Mayonnaise майонѐза [majonesa]
Medikament медикамѐнт [medikament]
Meer морѐ [more]
Mehl брашно̀ [braschno]
mehr по̀вече [powetsche]; ~ als по̀вече от [powetsche ot]
Mehrfahrtenkarte ка̀рта за две и по̀вече пъту̀вания [karta sa dwe i powetsche pətuwanija]
mein мой [moj]
meinen мѝсля [mißlja]; *(behaupten)* твъ̀рдя [twərdja]
meinetwegen зарадѝ мен [saradi men]; *(von mir aus)* от мен да мѝне [ot men da mine]
Meinung мнѐние [mnenie]
Melnik Мѐлник [melnik]
Melone дѝня [dinja]
Mensch човѐк [tschowek]
Menstruation менструа̀ция [menßtruazija]

Menü меню̀ [menju]
merken, s. ~ отбелязвам си [otbeljaswam ßi]
Messe пана̀ир [panair]; *(rel)* литургѝя [liturgija]
Messer нож [nosch]
Meter мѐтър [metər]
Metzgerei меса̀рница [meßarniza]
mich мен [men]
Miesmuscheln чѐрни мѝди [tscherni midi]
Miete на̀ем [naem]
mieten наѐмам [naemam]
Migräne мигрѐна [migrena]
Mikrowelle микровълнова пѐчка [mikrowəlnowa petschka]
Milch мля̀ко [mljako]
Milchgeschäft магазѝн за млѐчни проду̀кти [magasin sa mletschni produkti]
Milchkännchen ка̀ничка за мля̀ко [kanitschka sa mljako]
mild мек [mek]
Millimeter милимѐтър [milimetər]
mindestens на̀й-ма̀лко [naj-malko]
Mineralwasser минера̀лна вода̀ [mineralna woda]
Minibar мѝниба̀р [minibar]
Minigolf мѝниго̀лф [minigolf]
Minute мину̀та [minuta]
mir (на) мен [(na) men]
Missverständnis недоразумѐние [nedorasumenie]
mit с [ß]; ~ Luftpost с възду̀шна по̀ща [ß wəduschna poschta]
mitbringen дона̀сям [donaßjam]

WÖRTERBUCH DEUTSCH–BULGARISCH

Mitbringsel подàръче [podarətsche]
mitnehmen взèмам [wsimam]
Mittag òбед [obet]
Mittagessen обя̀д [objat]
mittags по òбед [po obet]
Mitte средà [ßreda]
Mitteilung съобщèние [ßəopschtenie]
Mittel срèдство [ßretßtwo]; *(Heil~)* лечèбно срèдство [letschebno ßretßtwo]
Mittelalter средновекòвие [ßrednowekowie]
Mittelgebirge Срèдна горà [ßredna gora]
Mittelmeer Средизèмно морè [ßredisemno more]
Mittelohrentzündung възпалèние на срèдното ухò [wəßpalenie na ßrednoto ucho]
Mittwoch сря̀да [ßrjada]
Möbel мèбел [mebel]
Mobiltelefon мобèлен телефòн [mobilen telefon]
Mode мòда [moda]
Modell модèл [model]
modern модèрен [moderen]; *(zeitgemäß)* съврèменен [ßəwremenen]
Modeschmuck (мòдни) бижỳта [modni bischuta]
mögen *(gern haben)* харèсвам [chareßwam]; *(wünschen)* èскам [ißkam]
möglich възмòжен [wəsmoschen]
Mole вълнолòм [wəlnolom]
Monat мèсец [meßez]
monatlich мèсечен [meßetschen]
Mond лунà [luna]
Montag понедèлник [ponedelnik]

morgen ỳтре [utre]; ~ früh/Abend ỳтре сутринтà/вечертà [utre ßutrinta/wetscherta]
Morgen сỳтрин [ßutrin]
morgens сỳтрин [ßutrin]
Mosaik мозàйка [mosajka]
Motel мотèл [motel]
Motor мотòр [motor]
Motorboot мотòрница [motorniza]
Motorhaube капàк на двèгател [kapak na dwigatel]
Mountainbike планèнски бегàч [planinßki begatsch]
Möwe ля̀стовица [ljaßtowiza]
Mücke комàр [komar]
müde уморèн [umoren]
Müll боклỳк [bokluk]
Mullbinde бинт [bint]
Mülltonne кòфа за боклỳк [kofa sa bokluk]
Mumps заỳшка [sauschka]
Mund устà [ußta]
Mündung *(Fluss)* ỳстие [ußtie]
Münze монèта [moneta]
Muschel мèда [mida]
Museum музèй [musej]
Musical мюзèкъл [mjusikəl]
Musik мỳзика [musika]; ~ hören слỳшам мỳзика [ßluscham musika]
Musikgeschäft музикàлен магазèн [musikalen magasin]
musizieren музицèрам [musiziram]
Muskatnuss индèйско òрехче [indijßko orechtsche]
Muskel мỳскул [mußkul]
Müsli мю̀сли [mjußli]
Mutter мàйка [majka]
Mütze шàпка [schapka]

N

nach *(räumlich)* на [na], към [kəm]; ~ London за Лòндон [sa london]; *(zeitlich)* след [ßlet]; ~ dem Essen след ядене [ßlet jadene]
Nachbar/in съсèд/ка [ßəßet/ka]
Nachmittag следòбед [ßledobet]
nachmittags следòбед [ßledobet]
Nachricht новинà [nowina]
Nachsaison край на сезòна [kraj na ßesona]
nachsenden препращам [prepraschtam]
nächste(r, s) слèдващ [ßledwascht], слèдваща [ßledwaschta], слèдващо [ßledwaschto]; *(räumlich)* нàй-блѝзкият [naj-blißkijat]; ~ Jahr догодѝна [dogodina]
Nacht нощ [noscht]; heute ~ тàзи нощ [tasi noscht]
Nachtisch десèрт [deßert]
Nachtklub нòщен клуб [noschten klup]
nachts през нощтà [pres noschta]
Nachttisch нòщна мàсичка [noschtna maßitschka]
Nachttischlampe нòщна лàмпа [noschtna lampa]
nackt гол [gol]
Nadel иглà [igla]
Nagel нòкът [nokət]
Nagellack лак за нòкти [lak sa nokti]
Nagellackentferner лакочистѝтел [lakotschißtitel]
Nagelschere нòжичка за нòкти [noschitschka sa nokti]
nah блѝзък [blisək]
nahe блѝзо [bliso]; ~ bei блѝзо до [bliso do]
nähen шѝя [schija]
Nahverkehrszug влак за къси разстояния [wlak sa kəßi raßtojanija]
Name ѝме [ime]
Narbe бèлег [belek]
Narkose упòйка [upojka]
Nase нос [noß]
Nasenbluten кръвотечèние от носà [krəwotetschenie ot noßa]
nass мòкър [mokər]; *(durchnässt)* измòкрен [ismokren]
Natur прирòда [priroda]
natürlich разбѝра се [rasbiraße]
Naturschutzgebiet резервàт [reserwat]
Nebel мъглà [məgla]
neben до [do]
Nebenkosten допълнѝтелни рàзходи [dopəlnitelni raßchodi]
Nebenstraße странѝчна ỳлица [ßtranitschna uliza]
Nebenwirkungen странѝчни дèйствия [ßtranitschni dejßtwija]
negativ отрицàтелен [otrizatelen]
nehmen взѝмам [wsimam]
Nelken карамфѝли [karamfili]
Neoprenanzug водолàзен костюм [wodolasen koßtjum]
Nerv нерв [nerf]
nervös нèрвен [nerwen]
Nessebar Несèбър [neßebər]
nett мил [mil]
Netz мрèжа [mrescha]
neu нов [nof]

neugierig любопитен [ljubopiten]

Neujahr Нова година [nowa godina]

nicht не [ne]

Nichtraucher непушач [nepuschatsch]

Nichtraucherabteil купе за непушачи [kupe sa nepuschatschi]

nichts нищо [nischto]

nie никога [nikoga]

nieder, niedrig нисък [nißək]

niemand никой [nikoj]

Niere бъбрек [bəbrek]

Nierenentzündung възпаление на бъбреците [wəßpalenie na bəbrezite]

Nierenstein камък в бъбрека [kamək w bəbreka]

niesen кихам [kicham]

nirgends никъде [nikəde]

noch още [oschte]; ~ **nicht** още не [oschte ne]

Norden север [ßewer]

nördlich von северно от [ßewerno ot]

Nordsee, die ~ Северно море [ßewerno more]

normal нормален [normalen]

normalerweise обикновено [obiknoweno]

Notausgang авариен изход [ißchot]

Notbremse аварийна спирачка [ßpiratschka]

Notebook ноутбук [noutbuk], портативен компютър [portatiwen kompjutər]

Notfall спешен случай [ßpeschen ßlutschaj]

Notrufsäule телефонна колона [telefonna kolona]

notwendig необходим [neopchodim]

November ноември [noemwri]

nüchtern трезв [tresw]

Nudeln макарони [makaroni]

Nummer номер [nomer]

Nummernschild табелка с номер [tabelka ß nomer]

nur само [ßamo]

Nüsse орехи [orechi]

O

ob дали [dali]; **als** ~ като че ли [kato tsche li]

oben горе [gore]

Ober келнер [kelner]

Objektiv обектив [obektif]

Obst плодове [plodowe]

Obst- und Gemüsehändler плод и зеленчук [plot i selentschuk]

obwohl въпреки че [wəpreki tsche]

oder или [ili]

offen отворен [otworen]

öffentlich обществен [opschteßtwen]

offiziell официален [ofizialen]

öffnen отварям [otwarjam]

Öffnungszeit работно време [rabotno wreme]

oft често [tscheßto]

ohne без [beß]

Ohnmacht безсъзнание [beßßənie]

Ohr ухо [ucho]

Ohrentropfen капки за уши [kapki sa uschi]

Ohrringe обеци [obezi]

Oktober октомври [oktomwri]

Öl (Speise~) олио [olio]; (Sonnen~) масло [maßlo]; (Erd~) петрол [petrol]

Oliven маслѝни [maßlini]
Olivenöl зехтѝн [sechtin]
Ölmalerei рисỳване с мàслени боѝ [rißuwane ß maßleni boi]
Ölwechsel смя̀на на маслòто [ßmjana na maßloto]
Oper òпера [opera]
Operation оперàция [operazija]
Operette оперèта [opereta]
Optiker òптика [optika]
orange орàнжев [oran**sch**ef]
Orangensaft портокàлов сок [portokalof ßok]
Orchester оркèстър [orkeßtər]
Orden медàл [medal]; *(rel)* òрден [orden]
Original оригинàл [original]
Originalfassung оригинàлна вèрсия [originalna werßija]
Ort мя̀сто [mjaßto]
Ortschaft сèлище [ßelischte]
Ortsgespräch грàдски рàзговор [gratßki rasgowor]
Osten ѝзток [ißtok]
Ostermontag втòрият ден от Велѝкден [ftorijat den ot welikden]
Ostern Велѝкден [welikden]
Österreich Àвстрия [afßtrija]
Österreicher/in австрѝец/ австрѝйка [afßtriez/afßtrijka]
östlich von ѝзточно от [ißtotschno ot]

P

Paar чифт [tschift]; *(Ehe~)* двòйка [dwojka]
paar, ein ~ ня̀колко [njakolko]
Päckchen пакèтче [pakettsche]
Paddelboot русàлка [rußalka]
paddeln гребà [greba]
Paket пакèт [paket]
Palast дворèц [dworez]

Pamporovo Пампòрово [pamporowo]
Panne авàрия [awarija]; *(Reifen~)* спỳкана гỳма [ßpukana guma]
Pannendienst аварѝйна слỳжба [awarijna ßlu**sch**ba]
Papier хартѝя [chartija]
Papiere докумèнти [dokumenti]
Papierservietten (хартѝени) салфèтки [(chartieni) ßalfetki]
Papiertaschentücher (хартѝени) нòсни кърпѝчки [(chartieni) noßni kərpitschki]
Paprika червèн пипèр [tscherwen piper]; *(~schote)* чỳшка [tschuschka]
Parfüm парфю̀м [parfjum]
Parfümerie парфюмèрия [parfjumerija]
Park парк [park]
parken паркѝрам [parkiram]
Parkett паркèт [parket]
Parkplatz пàркинг [parkink]
Party пàрти [parti]
Partyservice агèнция организѝраща тържествà [agenizija organisiraschta tərscheßtwa]
Pass паспòрт [paßport]
Passagier пътник [pətnik]
passen подхòждам [potcho**sch**dam]; отѝвам [otiwam]; *(in Größe)* стàвам [ßtawam]; *(Sport)* подàвам [podawam]
Passkontrolle мѝтница [mitniza]
Pauschalpreis òбща ценà [opschta zena]
Pause пàуза [pausa]; *(Schul~)* междучàсие [me**sch**dutschaßie]

Pension пансио̀н [panßion]; Halb~/Voll~ полу̀пансио̀н/пъ̀лен пансио̀н [polupanßion/pəlen panßion]
Perle пѐрла [perla]
Person човѐк [tschowek]
Personalausweis лѝчна ка̀рта [litschna karta]
Personalien лѝчни свѐдения [litschni ßwedenja]
persönlich лѝчен [litschen]
Perücke перу̀ка [peruka]
Petersilie магдано̀з [magdanoß]
Petroleum нефт [neft]
Pfand зало̀г [salok]
Pfannengericht я̀стие на тига̀н [jaßtie na tigan]
Pfeffer пипѐр [piper]
Pfeffermühle мѐлничка за пипѐр [melnitschka sa piper]
Pferd кон [kon]
Pfingsten Петдесѐтница [petdeßetniza]
Pfirsiche пра̀скови [praßkowi]
Pflanze растѐние [raßtenie]
Pflaster пластѝр [plaßtir]
Pflaumen слѝви [ßliwi]
pflegebedürftig нужда̀ещ се от специа̀лни грѝжи [nuschdaescht ße ot ßpezialni grischi]
Pfund фунт [funt]
Pilot/in пило̀т [pilot]
Pilz гъ̀ба [gəba]
Pinzette пинцѐта [pinzeta]
Piringebirge Пѝрин [pirin]
Plakat плака̀т [plakat]
Planschbecken плѝтък басѐйн [plitək baßejn]
Plastik пла̀стика [plaßtika]; *(Kunststoff)* пла̀стмаса [plaßtmaßa]

Plastikbeutel (наело̀нов) плик [(naelonof) plik]
Platten спу̀кана гу̀ма [ßpukana guma]
Platz мя̀сто [mjaßto]
Platzkarte билѐт за запа̀зено мя̀сто [bilet sa sapaseno mjaßto]
Pleven Плѐвен [plewen]
Pliska Плѝска [plißka]
Plombe пло̀мба [plomba]
plötzlich изведнъ̀ж [iswednəsch]
Plovdiv Пло̀вдив [plowdif]
Polizei полѝция [polizija]
Polizeiwagen полицѐйска кола̀ [polizejßka kola]
Polizist/in полица̀й/ка [polizaj/ka]
Pony по̀ни [poni]
Pomorie Помо̀рие [pomorie]
Portal порта̀л [portal]
Portier портиѐр [portier]
Portion по̀рция [porzija]
Porto по̀рто [porto]
Porträt портрѐт [portret]
Porzellan порцела̀н [porzelan]
Postamt по̀ща [poschta]
Postkarte (по̀щенска) ка̀ртичка [(poschtenßka) kartitschka]
postlagernd до поѝскване [do poißkwane]
Postleitzahl по̀щенски код [poschtenßki kot]
Postsparbuch (по̀щенска) спесто̀вна кнѝжка [(poschtenßka) ßpeßtowna knischka]
praktisch практѝчен [praktitschen]
Präservativ презерватѝв [preserwatif]

Preis цена́ [zena]; *(Gewinn)* награ́да [nagrada]
Prellung конту́зия [kontusija]
Premiere премие́ра [premiera]
Preslav Пре́слав [preslaf]
Priester свеще́ник [ßweschtenik]
privat ли́чен [litschen]
Probe про́ба [proba]
Problem пробле́м [problem]
Produkt проду́кт [produkt]
Programm(heft) програ́ма [programa]
Promillegrenze грани́ца на алкохо́лното съдържа́ние в кръвта́ [graniza na alkocholnoto ßədərschanie f krəfta]
Prospekt проспе́кт [proßpekt]
Prothese проте́за [protesa]
provisorisch вре́менен [wremenen]
Prozent проце́нт [prozent]
Prozession проце́сия [prozeßija]
Puder пу́дра [pudra]
Pullover пуло́вер [pulower]
Puls пулс [pulß]
Pulverschnee пу́хкав сняг [puchkaf ßnjak]
pünktlich то́чен [totschen]
putzen чи́стя [tschißtja]

Q

Quadratmeter квадра́тен ме́тър [kwadraten metər]
Qualität ка́чество [katscheßtwo]
Quark извара [iswara]
Quelle и́звор [iswor]
quer durch напря́ко през [naprjako preß]
Querformat хоризонта́лен форма́т [chorisontalen format]
querschnittsgelähmt парализи́ран от гръбна́чния стълб надо́лу [paralisiran ot grəbnatschnija ßtəlp nadolu]
Quittung квита́нция [kwitanzija]

R

Rabatt отстъ́пка [otßtəpka]
Rad колело́ [kolelo]; ~ fahren ка́рам колело́ [karam kolelo]
Radarkontrolle ра́дарен контро́л [radaren kontrol]
Radierung гравю́ра [grawjura]
Radio ра́дио [radio]
Radsport колоезда́чен спорт [koloesdatschen ßport]
Radtour колоезда́чна обико́лка [koloesdatschna obikolka]
Rampe ра́мпа [rampa]
Rasen трева́ [trewa]
Rasierapparat самобръсна́чка [ßamobrəßnatschka]
Rasierklingen но́жчета за бръ́снене [noschtscheta sa brəßnene]
Rasierpinsel че́тка за бръ́снене [tschetka sa brəßnene]
Rasierschaum пя́на за бръ́снене [pjana sa brəßnene]
Rasierwasser лосио́н за след бръ́снене [loßion sa ßlet brəßnene]
Raslog Разло́г [raslok]
Rastplatz мя́сто за почи́вка [mjaßto sa potschifka]
Raststätte крайпъ́тен рестора́нт [krajpətən reßtorant]

Rathaus кмѐтство [kmetßtwo]
rauchen пу̀ша [puscha]
Raucher пуша̀ч [puschatsch]
Raucherabteil купѐ за пуша̀чи [kupe sa puschatschi]
Raum простра̀нство [proßtranßtwo]; *(Zimmer)* ста̀я [ßtaja]
Rechnung смѐтка [ßmetka]
rechte(r, s) дѐсен [deßen], дя̀сна [djaßna], дя̀сно [djaßno]
rechts вдя̀сно [wdjaßno]
Rechtsanwalt/anwältin адвока̀т/ка [adwokat/ka]
rechtzeitig наврѐме [nawreme]
reden гово̀ря [goworja]
regelmäßig пра̀вилен [prawilen]
Regen дъжд [dəscht]
Regenmantel шлѝфер [schlifer]
Regenschauer краткотра̀ен дъжд [kratkotraen dəscht]
Regie режису̀ра [reschißura]
Regierung правѝтелство [prawitelßtwo]
Region о̀бласт [oblaßt]
regnerisch дъждо̀вен [dəschdowen]
reich бога̀т [bogat]
reif узря̀л [usrjal]
Reifen гу̀ма [guma]
reinigen почѝствам [potschißtwam]
Reinigung химѝческо чѝстене [chimitscheßko tschißtene]
Reis орѝз [oriß]
Reise пъту̀ване [pətuwane]
Reisebüro туристѝческа агѐнция [turißtitscheßka agenzija]
Reiseführer/in екскурзовод̀/ка [ekßkursowot/ka]

reisen пъту̀вам [pətuwam]; ~ **nach** пъту̀вам за [pətuwam sa]
Reisepass паспо̀рт [paßport]
Reisescheck пъ̀тнически чек [pətnitscheßki tschek]
Reisetasche пъ̀тна ча̀нта [pətna tschanta]
reiten я̀здя [jasdja]
Reitschule шко̀ла за езда̀ [schkola sa esda]
reklamieren рекла̀мирам [reklamiram]
Religion релѝгия [religija]
Renaissance ренеса̀нс [reneßanß]
Rennen надбя̀гване [nadbjagwane]
Rennrad бега̀ч [begatsch]
reparieren попра̀вям [poprawjam]
reservieren запа̀звам [sapaswam]
Reservierung резерва̀ция [reserwazija]
Rettungsboot спасѝтелна ло̀дка [ßpaßitelna lotka]
Rettungsring спасѝтелен по̀яс [ßpaßitelen pojaß]
Rezept рецѐпта [rezepta]
Rezeption рецѐпция [rezepzija]
Rheuma ревматѝзъм [rewmatisəm]
Richter/in съдия̀ [ßədja]
richtig пра̀вилен [prawilen]; *(geeignet)* подхо̀дящ [potchodjascht]
Richtung посо̀ка [poßoka]
riechen мирѝша [mirischa]
Rindfleisch говѐждо (месо̀) [goweschdo (meßo)]
Ring пръ̀стен [prəßten]
Rock пола̀ [pola]

Rhodopen Родо̀пи [rodopi]
Rilagebirge Рѝла [rila]
Rila-Kloster Рѝлски манастѝр [rilßki manaßtir]
roh суро̀в [ßurof]
Roller моторолер [motoroler]
Rollschuhe лѐтни кънки [letni kənki]
Rollstuhl инвалѝдна колѝчка [inwalidna kolitschka]
Rollstuhlfahrer/in инвалѝд в колѝчка [inwalit f kolitschka]
rollstuhlgängiger Wagen *(Zug)* ваго̀н досто̀пен за инвалѝдни колѝчки [wagon doßtəpen sa inwalidni kolitschki]
rollstuhlgerecht пригодѐн за инвалѝдна колѝчка [prigoden sa inwalidna kolitschka]
Rollstuhlkabine *(Schiff)* кабѝна за инвалѝдна колѝчка [kabina sa inwalidna kolitschka]
Roman рома̀н [roman]
röntgen пра̀вя рѐнтгенова снѝмка [prawja rengenowa ßnimka]
Röntgenaufnahme рѐнтгенова снѝмка [rengenowa ßnimka]
rosa ро̀зов [rosof]
Rosé розѐ [rose]
Rosental Ро̀зова долина̀ [rosowa dolina]
Roshen-Kloster Ро̀женски манастѝр [roschenßki manaßtir]
Rosmarin ро̀змарин [rosmarin]
rot червѐн [tscherwen]
Röteln рубео̀ла [rubeola]
Rotwein червѐно вѝно [tscherweno wino]
Route маршру̀т [marschrut]

Rücken гръб [grəp]
Rückenschmerzen бо̀лки в гърба̀ [bolki f gərba]
Rückfahrkarte двупосо̀чен билѐт [dwupoßotschen bilet]
Rückfahrt връ̀щане [wrəschtane]
Rücklicht за̀дни светлинѝ [sadni ßwetlini]
Rucksack ра̀ница [raniza]
Rückspiegel огледа̀ло за обра̀тно вѝждане [ogledalo sa obratno wischdane]
rückwärts наза̀д [nasat]
Rückwärtsgang за̀ден ход [saden chot]
Ruder гребло̀ [greblo]
Ruderboot грѐбна ло̀дка [grebna lotka]
rudern греба̀ [greba]
Ruhe *(seelisch)* споко̀йствие [ßpokojßtwie]; *(Stille)* тишина̀ [tischina]
ruhig споко̀ен [ßpokoen]
Ruine развалина̀ [raswalina]
rund кръ̀гъл [krəgəl]
Rundfahrt обико̀лка [obikolka]
Russe Ру̀се [ruße]

S

Saal за̀ла [sala]
Sache нѐщо [neschto]; *(Angelegenheit)* въпро̀с [wəproß]
Safe сейф [ßejf]
saftig со̀чен [ßotschen]
sagen ка̀звам [kaswam]
Sahne смета̀на [ßmetana]; saure ~ ква̀сена смета̀на [kwaßena ßmetana]
Saison сезо̀н [ßeson]
Salami сала̀м [ßalam]

Salat салàта [ßalata]
Salatbüfett салàтен бар [ßalaten bar]
Salbe мехлèм [mechlem]
Salbei градѝнски чай [gradinßki tschaj]
Salz сол [ßol]
Salzstreuer солнѝца [ßolniza]
sammeln събѝрам [ßəbiram]
Samokov Сàмоков [ßamokof]
Samstag събота [ßəbota]
Sandalen сандàли [ßandali]
Sandburg пясъчна кỳла [pjaßətschna kula]
Sandkasten пясъчник [pjaßətschnik]
Sänger/in певèц/певѝца [pewez/pewiza]
Sanitäreinrichtungen санитàрни съоръжèния [ßanitarni ßəorəschenija]
satt сит [ßit]
Satz изречèние [isretschenie]
sauber чист [tschißt]
sauer кѝсел [kißel]
Sauerstoffgerät кислорòден апарàт [kißloroden aparat]
Sauger биберòн [biberon]
Saugflasche шишè с биберòн [schische ß biberon]
Säugling кърмàче [kərmatsche]
Säule колòна [kolona]
Sauna сàуна [ßauna]
S-Bahn грàдска желèзница [gratßka schelesniza]
schade жàлко [schalko]; Wie ~! кòлко жàлко! [kolko schalko!]
Schaden вредà [wreda]
Schaffner/in кондỳктор/ка [konduktor/ka]
Schafskäse òвче сѝрене [oftsche ßirene]
Schal шал [schal]

scharf òстър [oßtər]; *(Speise)* лют [ljut]
Schatten сянка [ßjanka]
schauen глèдам [gledam]
Schaufenster витрѝна [witrina]
Schauspieler/in актьòр/актрѝса [aktjor/aktrißa]
Scheibe рèзен [resen]
Scheibenwischer чистàчки [tschißtatschki]
Scheinwerfer фàрове [farowe]
Scheitel път [pət]
schenken подарявам [podarjawam]
Schere нòжица [noschiza]
schicken (из)прàщам [(iß)praschtam]
Schiebedach люк [ljuk]
Schienbein пищял [pischtjal]
Schiene шѝна [schina]
Schild табèла [tabela]
Schinken шỳнка [schunka]
Schirm чадър [tschadər]
Schiroka Laka Шѝрока Лъка [schiroka ləka]
Schlafcouch разтегàтелен дивàн [raßtegatelen diwan]
schlafen спя [ßpja]
Schlaflosigkeit безсъние [beßßənie]
Schlaftabletten приспивàтелни [prißpiwatelni]
Schlafwagen спàлен вагòн [ßpalen wagon]
Schlafzimmer спàлня [ßpalnja]
Schlaganfall апоплектѝчен удàр [apoplektitschen udar]
Schläger ракèта [raketa]; *(Golf~)* стик [ßtik]
Schlagsahne сметàна [ßmetana]

Schlange змия [smija];
~ stehen чàкам на опàшка [tschakam na opaschka]

schlank слаб [ßlap]

Schlauch маркỳч [markutsch]; *(Reifen)* вътрешна гỳма [wətreschna guma]

Schlauchboot надувàема лòдка [naduwaema lotka]

schlecht лош [losch]

Schlepplift ски влек [ßki wlek]

Schließfach клètка за багàж [kletka sa bagasch]

Schlitten шейнà [schejna]

Schlittschuhe, ~ laufen кàрам кънки [karam kənki]

Schloss зàмък [samək]; *(Tür)* ключàлка [kljutschalka]

Schlucht прòпаст [propaßt]

Schlüssel ключ [kljutsch]

Schlüsselbein ключѝца [kljutschiza]

schmal тèсен [teßen]; *(Mensch)* слаб [ßlap]

schmecken (nach) има вкус (на) [ima fkiß (na)]

Schmerzen бòлки [bolki]

Schmerztabletten обезболяващи [obesboljawaschti]

Schmuck бижỳ [bischu]

Schmuggel контрабàнда [kontrabanda]

schmutzig мрỳсен [mrəßen]

Schnappschuss моментàлна снѝмка [momentalna ßnimka]

schnarchen хъркам [chərkam]

Schnee сняг [ßnjak]

Schneider/in шивàч/ка [schiwatschka]

schnell бърз [bərß]

Schnellstraße магистрàла [magißtrala]

Schnittwunde рàна от порязване [rana ot porjaswane]

Schnitzerei дърворезбà [dərworesba]

Schnorchel шнòрхел [schnorchel]

schnorcheln плỳвам под водà с шнòрхел [pluwam pod woda ß schnorchel]

Schnuller биберòн [biberon]

Schnupfen хрèма [chrema]

Schnurrbart мустàк [mußtak]

Schnürsenkel връзки за обỳвки [wrəßki sa obufki]

Schokolade шоколàд [schokolat]

Schokoriegel блòкче шоколàд [bloktsche schokolat]

schon вèче [wetsche]

schön красѝв [kraßif]

Schonkost лèка хранà [leka chrana]

Schonzeit забранèн сезòн (за лов) [sabranen ßeson (sa lof)]

Schrank шкаф [schkaf]

Schraube болт [bolt]

schrecklich ужàсен [uschaßen]

schreiben пѝша [pischa]

Schreibtelefon телефòн за хòра с увредèн слух [telefon sa chora ß uwreden ßluch]

Schreibwaren принадлèжности за пѝсане [prinadleschnoßti sa pißane]

Schreibwarengeschäft книжàрница за канцелàрски стòки [knischarniza sa kanzelarßki ßtoki]

schreien крещя [kreschtja], вѝкам [wikam]

WÖRTERBUCH DEUTSCH–BULGARISCH

287

Schrift (Hand~) по̀черк [potscherk]
schriftlich пѝсмено [pißmeno]
schüchtern плах [plach]
Schuh обу̀вка [obufka]
Schuhbürste чѐтка за обу̀вки [tschetka sa obufki]
Schuhcreme крем за обу̀вки [krem sa obufki]
Schuhgeschäft магазѝн за обу̀вки [magasin sa obufki]
Schuhmacher обущѐр [obuschtar]
Schuld винà [wina]; (Geld) дълг [gəlk]
Schule учѝлище [utschilischte]
Schulkinder ученѝци [utschenizi]
Schulter ра̀мо [ramo]
Schuppen пърхот [pərchot]
Schüssel ку̀па [kupa]
Schüttelfrost трѐска [treßka]
Schutzhütte заслòн [saßlon]
schwach слаб [ßlap]
Schwager зет [set]
Schwägerin снахà [ßnacha]
Schwangerschaft брѐменност [bremennoßt]
schwarz чѐрен [tscheren]
Schwarzbrot чѐрен хляб [tscheren chljap]
Schwarzes Meer Чѐрно морѐ [tscherno more]
Schwarzweißfilm чѐрно-бял филм [tscherno-bjal film]
Schweinefleisch свѝнско (месò) [ßwinßko (meßo)]
Schweiz Швейца̀рия [schwejzarija]
Schweizer Franken швейца̀рски фра̀нкове [schwejzarßki frankowe]

Schweizer/in швейца̀рец/швейца̀рка [schwejzarez/schwejzarka]
Schwellung отòк [otok]
schwer (Krankheit) тѐжък [teschək]; (schwierig) тру̀ден [truden]
Schwerbehinderte/r инвалѝд [inwalit]
Schwertfisch рѝба-меч [riba-metsch]
Schwester сестра̀ [ßeßtra]
schwierig тру̀ден [truden]
schwimmen плу̀вам [pluwam]
Schwimmer/in плувѐц/плувкѝня [pluwez/plufkinja]
Schwimmflossen пла̀вници [plawnizi]
Schwimmkurs курс по плу̀ване [kurß po pluwane]
Schwimmring спасѝтелен по̀яс [ßpaßitelen pojaß]
Schwimmweste спасѝтелна жилѐтка [ßpaßitelna schiletka]
Schwindel световъртѐж [ßwetowərtesch]; (Betrug) измàма [ismama]
schwindlig, mir ist ~ вѝе ми се свят [wie mi ße ßwjat]
schwitzen потя̀ се [potja ße]
schwül заду̀шен [saduschen]
See ѐзеро [esero]; (Meer) морѐ [more]
Seegang мòрско вълнѐние [morßko wəlnenie]
seekrank sein стра̀дам от мòрска бòлест [ßtradam ot morßka boleßt]
Seezunge мòрски езѝк [morßki esik]
Segelboot платнохòдка [platnochotka]

Segelfliegen летѐне с безмотòрен самолѐт [letene ß besmotoren ßamolet]

segeln плàвам [plawam]

Segeltörn пътỳване по морѐ [pətuwane po more]

sehbehindert с увредѐно зрѐние [ß uwredeno srenie]

Sehbehinderte/r мъж *m*/женà *f* с увредѐно зрѐние [məsch/schena ß uwredeno srenie]

sehen вѝждам [wischdam]

Sehenswürdigkeiten забележителности [sabeleschitelnoßti]

sehr мнòго [mnogo]

Seide копрѝна [koprina]

Seidenmalerei рисỳване върхỳ копрѝна [rißuwane wərchu koprina]

Seife сапỳн [ßapun]

Seil въжѐ [wəsche]

Seilbahn въжен лифт [wəschen lift]

sein съм [ßəm]

seit от [ot]

Seite странà [ßtrana]; *(Buch)* странѝца [ßtraniza]

Sekunde секỳнда [ßekunda]

selbst, ich habe es ~ gemacht сам го напрàвих [ßam go naprawich]; ~ (wenn) дорѝ (акò) [dori (ako)]

Selbstauslöser самоснимàчка [ßamoßnimatschka]

Selbstbedienung на самообслỳжване [na ßamoopßluschwane]

Sellerie цѐлина [zelina]

selten рѝдък [rjadək]

Seminar семинàр [ßeminar]

Sendung прàтка [pratka]; *(Radio, Fernsehen)* предàване [predawane]

Senf горчѝца [gortschiza]

September септѐмври [ßeptemwri]

servieren сервѝрам [ßerwiram]

Serviette салфѐтка [ßalfetka]

Sessel креслò [kreßlo]

Sessellift седàлков лифт [ßedalkof lift]

sexuell сексуàлен [ßekßualen]; **sexuelle Belästigung** сексуàлен тормòз [ßekßualen tormoß]

Shampoo шампоàн [schampoan]

Sheravna Жѐравна [scherawna]

Shorts шòрти [schorti]

Show шòу [schou]

sicher *(gewiss)* сѝгурно [ßigurno]

Sicherheitsgurt предпàзен колàн [pretpasen kolan]

Sicherheitsnadel безопàсна иглà [besopaßna igla]

Sicherung предпàзител [pretpasitel]

Sie Вѝе [wie]

sie *(f)* тя [tja]; *(pl)* те [te]

Silber среброò [ßrebro]

silbern срѐбърен [ßrebəren]

Silvester Нòва годѝна [nowa godina]

Sinfoniekonzert симфонѝчен концèрт [ßimfonitschen konzert]

singen пѐя [peja]

Sitz *(Wohn~)* местожѝтелство [meßtoschitelßtwo]; *(von Firma)* седàлище [ßedalischte]

sitzen седя [ßedja]
Skateboard скейтборд [ßkejtbort]
Ski ски [ßki]; ~ laufen карам ски [karam ßki]
Skibindung ски автомати [ßki aftomati]
Skibrille ски очила [ßki otschila]
Skihose скиорски панталони [ßkiorßki pantaloni]
Skikurs скиорски курс [ßkiorßki kurß]
Skilehrer/in ски учител/ка [ßki utschitel/ka]
Skistiefel ски обувки [ßki obufki]
Skistöcke щеки [schteki]
Skulptur скулптура [ßkulptura]
Slip *(Herren)* слип [ßlip]; *(Damen)* бикини [bikini]
Slipeinlagen дамски превръзки за ежедневна употреба [damßki prewrưßki sa e<u>sch</u>ednewna upotreba]
Smoljan Смолян [ßmoljan]
Söckchen чорапки [tschorapki]
Socken чорапи [tschorapi]
Sodbrennen киселини [kißelini]
Sofia София [ßofija]
sofort веднага [wednaga]
Sofortbildkamera фотоапарат за моментални снимки [fotoaparat sa momentalni ßnimki]
Sohle подметка [podmetka]
Sohn син [ßin]
Solarium солариум [ßolarium]
Solist/in солист/ка [ßolißt/ka]
sollen трябва [trjabwa]
Sommer лято [ljato]

Sondermarke филателна марка [filatelna marka]
Sonne слънце [ßlənze]
Sonnenbrand слънчево изгаряне [ßlәntschewo isgarjane]
Sonnencreme крем против слънце [krem protif ßlənze]
Sonnenhut слънчева шапка [ßlәntschewa schapka]
Sonnenöl масло против слънце [maßlo protif ßlənze]
Sonnenschutz лосион против слънце [loßion protif ßlənze]
Sonnenstich слънчев удар [ßlәntschef udar]
Sonnenstrand Слънчев бряг [ßlәntschef brjak]
sonnig слънчев [ßlәntschef]
Sonntag неделя [nedelja]
sorgen, s. ~ um грижа се за [gri<u>sch</u>a ße sa]
Sorte вид [wit]; *(Zigaretten)* марка [marka]
Sosopol Созопол [ßosopol]
Soße сос [ßoß]
Souvenirladen сувенирен магазин [ßuweniren magasin]
Sozialstation социална служба [ßozialna ßlu<u>sch</u>ba]
Spanien Испания [ißpanija]
Spanier/in испанец/испанка [ißpanez/ißpanez]
spanisch испански [ißpanßki]
Spargel аспержи [aßper<u>sch</u>i]
Spaß *(Scherz)* шега [schega]; *(Vergnügen)* забавление [sabawlenie]
spät *adj* късен [kəßen]; *adv* късно [kəßno]
später *adj* по-късен [po-kəßen]; *adv* по-късно [po-kəßno]

spazieren gehen отѝвам на разхо̀дка [otiwam na raßchotka]
Spaziergang разхо̀дка [raßchotka]
Speisekarte меню̀ [menju]
Speiseröhre хранопрово̀д [chranoprowot]
Speisesaal столова̀ [ßtolowa]
Speisewagen ваго̀н-рестора̀нт [wagon-reßtorant]
Spezialität специалитѐт [ßpezialitet]
speziell специа̀лен [ßpezialen]
Spiegel огледа̀ло [ogledalo]
Spiel игра̀ [igra]
Spieldose музика̀лна кутѝя [musikalna kutija]
spielen игра̀я [igraja]
Spielkamerad прия̀тел в игрѝте [prijatel w igrite]
Spielkasino казѝно [kasino]
Spielplan репертоа̀р [repertoar]
Spielplatz игрѝще [igrischte]
Spielsachen игра̀чки [igratschki]
Spielwarengeschäft магазѝн за игра̀чки [magasin sa igratschki]
Spinat спана̀к [ßpanak]
Spirituosengeschäft магазѝн за алкохо̀л [magasin sa alkochol]
Sport спорт [ßport]
Sportartikel спо̀ртни сто̀ки [ßportni ßtoki]
Sportler/in спортѝст/ка [ßportißt/ka]
Sportplatz спо̀ртна площа̀дка [ßportna ploschtatka]
Sprache езѝк [esik]

Sprachkurs езѝков курс [esikof kurs]
sprechen говоря̀ [goworja]
Sprechstunde приѐмно врѐме [priemno wreme]
Spritze спринцо̀вка [ßprinzofka]
Spülbürste чѐтка за чинѝи [tschetka sa tschinii]
Spülmittel вѐро [wero]
Spültuch кърпа за чинѝи [kərpa sa tschinii]
Staat държа̀ва [dərschawa]
Staatsangehörigkeit гра̀жданство [graschdanßtwo]
Stadion стадио̀н [ßtadion]
Stadt град [grat]
Stadtbus гра̀дски автобу̀с [gratßki aftobuß]
Stadtmauer гра̀дска стена̀ [gratßka ßtena]
Stadtplan ка̀рта на града̀ [karta na grada]
Stadtrundfahrt туристѝческа обико̀лка [turißtitscheßka obikolka]
Stadtteil кварта̀л (на град) [kwartal (na grat)]
Stadtzentrum цѐнтър [zentər]
stammen (aus) ѝдвам (от) [idwam (ot)]
Standlicht габарѝтни светлинѝ [gabaritni ßwetlini]
Stara Sagora Ста̀ра Заго̀ра [ßtara sagora]
stark сѝлен [ßilen]
Starthilfekabel конта̀ктен ка̀бел за прехвъ̀рляне на ток [kontakten kabel sa prechwərljane na tok]
Station ста̀нция [ßtanzija]

Stativ статѝв [ßtatif]
stattfinden състоя̀ се [ßәßtoja ße]
Statue ста̀туя [ßtatuja]
Stau задръ̀стване [sadrәßtwane]
Staub прах [prach]
stechen бо̀цкам [bozkam]
Steckdose конта̀кт [kontakt]
Stecker щѐпсел [schtepßel]
stehen стоя̀ [ßtoja]
Stehklosett писоа̀р [pißoar]
stehlen крада̀ [krada]
Steigung склон [ßklon]
steil стръ̀мен [ßtrәmen]
Stein ка̀мък [kamәk]
steinig каменѝст [kameniẞt]
Stempel печа̀т [petschat]
Stern звезда̀ [swesda]
Sternwarte обсервато̀рия [opßerwatorija]
Steward/ess стю̀ард/стю̀ардѐса [ßtjuard/ßtjuardeßa]
Stickerei бродѐрия [broderija]
Stiefel боту̀ши [botuschi]
Stil стил [ßtil]
still *(ruhig)* тих [tich]; *(unbewegt)* неподвѝжен [nepodwischen]
Stillleben натюрмо̀рт [natjurmort]
stinken мирѝша [mirischa]
Stirnhöhlenentzündung (фронта̀лен) синузѝт [(frontalen) ßinusit]
Stock *(Stab)* пръ̀чка [prәtschka]
Stockwerk ета̀ж [etasch]
Stoff плат [plat]
stören прѐча [pretscha]
stornieren анулѝрам [anuliram]
Stoßstange бро̀ня [bronja]

Stotinka стотѝнка [ßtotinka]
Strafe наказа̀ние [nakasanie]; *(Geld~)* гло̀ба [globa]
Strafraum наказа̀телно полѐ [nakasatelno pole]
Strähne къ̀дрица [kәdriza]
Strand плаж [plasch]
Strandschuhe джа̀панки [dschapanki]
Straße у̀лица [uliza]; *(Land~)* път [pәt]
Straßenbahn трамва̀й [tramwaj]
Straßenkarte ка̀рта на пъ̀тищата [karta na pәtischtata]
Strauß *(Blumen)* букѐт [buket]
Streichholz кибрѝт [kibrit]
Strohhalm сла̀мка [ßlamka]
Strom *(el)* електрѝчество [elektritscheßtwo]
Stromanschluss електрѝчески конта̀кт [elektritscheßki kontakt]
Stromrechnung смѐтка за ток [ßmetka sa tok]
Strümpfe чора̀пи [tschorapi]
Strumpfhose чорапога̀щи [tschorapogaschti]
Stück *(Theater~)* пиѐса [pjeßa]
studieren слѐдвам [ßledwam]
Studio сту̀дио [ßtudio]
Stufe стъпа̀ло [ßtәpalo]
Stuhl стол [ßtol]
Stuhlgang хо̀дене по голя̀ма ну̀жда [chodene po goljama nuschda]
stumm ням [njam]; *(schweigsam)* мълчалѝв [mәltschalif]
Stunde час [tschaß]; *eine halbe ~* половѝн час [polowin tschaß]; *eine Viertel~* чѐтвърт час [tschewәrt tschaß]

stündlich на всѐки час [na ßeki tschaß]

Sturm бу̀ря [burja]

stürzen *(fallen)* па̀дам [padam]

Sturzhelm ка̀ска [kaßka]

suchen тъ̀рся [tərßja]

Sucher визьо̀р [wisjor]

Süden юг [juk]

südlich von южно от [juschno ot]

Summe су̀ма [ßuma]

Sumpf бла̀то [blato]

Supermarkt супермàркет [ßupermarket]

Suppe су̀па [ßupa]

Surfbrett сърф [ßərf]

surfen кàрам сърф [karam ßərf]

süß сла̀дък [ßladək]

Süßigkeiten ла̀комства [lakomßtwa]

Süßstoff захарѝн [sacharin]

Süßwarengeschäft магазѝн за за̀харни издѐлия [magasin sa sacharni isdelija]

Svilengrad Свѝленград [ßwilengrat]

Swimmingpool басѐйн [baßejn]

sympathisch симпатѝчен [ßimpatitschen]

T

Tabak таба̀к [tabak]

Tabakladen магазѝн за цига̀ри [magasin sa zigari]

Tablette таблѐтка [tabletka]

Tachometer скоростомѐр [ßkoroßtomer]

Tag ден [den]

Tagesausflug ѝзлет [islet]

Tagesgericht я̀стие за деня̀ [jaßtie sa denja]

Tageskarte целоднѐвна ка̀рта [zelodnewna karta]

Tagespass днѐвна ка̀рта [dnewna karta]

Tagestour днѐвен прѐход [dnewen prechot]

täglich всѐки ден [ßeki den]

tagsüber през деня̀ [pres denja]

Tal долина̀ [dolina]

Talstation нача̀лна ста̀нция на лифт [natschalna ßtanzija na lift]

Tampons тампо̀ни [tamponi]

Tank резервоа̀р [reserwoar]

tanken зарѐждам [sareschdam]

tanzen танцу̀вам [tanzuwam]

Tänzer/in танцьо̀р/ка [tanzjor/ka]

Tasche *(Hand~)* да̀мска ча̀нта [damßka tschanta]

Taschendieb джебчѝя [dscheptschija]

Taschenmesser джо̀бно но̀жче [dschobno noschtsche]

Taschenrechner джо̀бен калкула̀тор [dschoben kalkulator]

Tasse ча̀ша [tschascha]

Taststock басту̀н (за хо̀ра с уврѐдено зрѐние) [ßaßtun (sa chora ß uwredeno srenie)]

taub глух [gluch]

taubstumm глухоня̀м [gluchonjam]

Taubstumme(r) глухоня̀м/а [gluchonjam/a]

tauchen гму̀ркам се [gmurkam ße]

Taucherausrüstung водола̀зна екипиро̀вка [wodolasna ekipirofka]

Taucherbrille водолàзни очилà [wodolasni otschila]

täuschen, s. ~ заблуждàвам се [sabluschdawam ße]

Taxifahrer/in шофьòр на таксѝ [schofjor na takßi]

Taxistand стоянка за таксѝ [ßtojanka na takßi]

Tee чай [tschaj]

Teebeutel пакèтче чай [pakettsche tschaj]

Teelöffel чàена лъжѝчка [tschaena ləschitschka]

Teil част [tschaßt]

Teilkasko автокàско [aftokaßko]

teilnehmen (an) учàствам (в) [utschaßtwam (w)]

Telefon телефòн [telefon]

Telefonbuch телефòнна кнѝга [telefonna kniga]

telefonieren телефонѝрам [telefoniram]

Telefonkarte фòнокàрта [fonokarta]

Telefonnummer нòмер [nomer]

Telefonzelle телефòнна кабѝна [telefonna kabina]

telegrafische Überweisung телегрàфен (парѝчен) прèвод [telegrafen (paritschen) prewot]

Telegramm телегрàма [telegrama]

Teleobjektiv тèлеобектѝв [teleobektif]

Telex тèлекс [telekß]

Teller чинѝя [tschinija]

Tempel храм [chram]

Temperatur температỳра [temperatura]

Tennis тèнис [teniß]

Tennisschläger ракèта за тèнис [raketa sa teniß]

Termin дàта [data]; *(Frist)* срок [ßrok]

Terminal терминàл [terminal]

Terrakotta теракòта [terakota]

Terrasse терàса [teraßa]

Tetanus тèтанус [tetanuß]

teuer скъп [ßkəp]

Theater теàтър [tjatər]

Theatergruppe трỳпа [trupa]

Theaterstück пиèса [pjeßa]

Thermosflasche® тèрмос [termoß]

Thriller трѝлър [trilər]

Thunfisch рѝба тон [riba ton]

Thymian мàщерка [maschterka]

tief дълбòк [dəlbok]; *(niedrig)* нѝсък [nißək]

Tier живòтно [schiwotno]

Tintenfisch сèпия [ßepija]

Tipp съвèт [ßəwet]

Tisch мàса [maßa]

Tischtennis тèнис на мàса [teniß na maßa]

Tischtuch покрѝвка за мàса [pokrifka sa maßa]

Toast препèчен хляб [prepetschen chljap]; *(Trinkspruch)* наздрàвица [nasdrawiza]

Toaster тòстер [toßter]

Tochter дъщеря̀ [dəschterja]

Toiletten тоалèтна [toaletna]

Toilettenpapier тоалèтна хартѝя [toaletna chartija]

Tomaten домàти [domati]

Ton тон [ton]

tönen оцветявам [ozwetjawam]; *(Haare)* боядисвам [bojadißwam]

Töpferei грънчàрска работѝлница [grəntscharßka rabotilniza]

Töpferwaren грънчàрски издѐлия [grəntscharßki isdelija]

Tor пòрта [porta]; *(Sport)* гол [gol]

Torwart вратàр [wratar]

Tour обикòлка [obikolka]

Tourist/in турѝст [turißt]

Tracht *(Volkstracht)* носѝя [noßija]

tragbarer CD-Spieler пренесѝм си ди плѐйър [prenoßim ßi di plejər]

tragen нòся [noßja]

Tragflügelboot комѐта [kometa]

Tragödie трагѐдия [tragedija]

trampen пътỳвам на àвтостòп [pətuwam na aftoßtop]

Transferbus (фѝрмен) маршрỳтен автобỳс [(firmen) marschruten aftobuß]

Traubenzucker гликòза [glikosa]

Traum сън [ßən]

traurig тъжен [təschen]

treffen срѐщам [ßreschtam]

Trekkin прѐход [prechot]

Treppe стъ̀лба [ßtəlba]; *(im Freien)* стъ̀лбище [ßtəlbischte]

Tretboot вòдно колелò [wodno kolelo]

trinken пѝя [pija]

Trinkflasche шишѐ (за пѝене) [schische (sa piene)]

Trinkgeld бакшѝш [bakschisch]

Trinkwasser питѐйна водà [pitejna woda]

Trjavna Трѝвна [trjawna]

trocken сух [ßuch]; **trockenes Haar** сỳха косà [ßucha koßa]

trocknen сушà [ßuscha]

Trödler скѝтник [ßkitnik]

Trojan-Kloster Трòянски манастѝр [trojanßki manaßtir]

Trommelfell тъ̀панче [təpantsche]

Tropfen кàпка [kapka]

trotzdem въпрекѝ товà [wəpreki towa]

T-Shirt тѐниска [tenißka]

Tuch кърпà [kərpa]

tun прàвя [prawja]

Tunnel тунѐл [tunel]

Tür вратà [wrata]

Türbreite ширинà на вратàта [schirina na wratata]

Türcode код на вратàта [kod na wratata]

türkisfarben тюркоàзен [tjurkoasen]

Turm кỳла [kula]

Turnschuhe гỳменки [gumenki]

Türschwelle праг [prak]

Tüte плик [plik]

Typhus тиф [tif]

typisch (für) типѝчно (за) [tipitschno (sa)]

U

U-Bahn метрò [metro]
Übelkeit гàдене [gadene]
üben упражнявам [upraschnjawam]
über през [preß]; *(oberhalb)* над [nat]
überall навсякъде [nafßjakəde]
überbacken запѝчам [sapitscham]

Überfall нападѐние [napadenie]

Übergang *(Wechsel)* прѐход [prechot]

überholen изпрева̀рвам [ißprewarwam]

Überlandbus междуcѐлищен автобу̀с [meschdußelischten aftobuß]

übermorgen вдру̀гиден [wdrugiden]

übernachten пренощу̀вам [prenoschtuwam]

Übernachtung нощу̀вка [noschtufka]

Überreste развалинѝ [raswalini]

übersetzen превѐждам [preweschdam]

Überweisung прѐвод [prewot]

üblich обича̀ен [obitschaen]

übrig bleiben оста̀вам [oßtawam]

Ufer бряг [brjak]

Uhrmacher часовника̀р [tschaßownikar]

um о̀коло [okolo]; ~ diese Zeit по това̀ врѐме [po towa wreme]

umbuchen смѐням да̀та на билѐт [ßmenjam data na bilet]

Umgebung око̀лност [okolnoßt]

Umgehungsstraße обико̀лен път [obikolen pət]

umgekehrt нао̀паки [naopaki]

Umhängetasche ча̀нта (през ра̀мо) [tschanta (pres ramo)]

umkehren обръ̀щам [obrəschtam]

Umleitung обико̀лен път [obikolen pət]

umtauschen смѐням [ßmenjam]

Umweg заобико̀лен път [saobikolen pət]

Umwelt око̀лна среда̀ [okolna ßreda]

umziehen, s. ~ преоблѝчам се [preoblitscham ße]

Umzug премѐстване [premeßtwane]

unangenehm неприя̀тен [neprijaten]

unbedingt, ~! непремѐнно! [nepremenno!]

und и [i]

unentschieden *(Sport)* ра̀вен резулта̀т [rawen resultat]

unerträglich непоносѝм [neponoßim]

Unfall катастро̀фа [kataßtrofa]

ungeeignet неподходя̀щ [nepotchodjascht]

ungefähr приблизѝтелен [priblisitelen]

ungewöhnlich необича̀ен [neobitschaen]

unglaublich невероя̀тен [newerojaten]

Unglück *(Unfall)* злополу̀ка [slopoluka]

Universität университѐт [uniwerßitet]

Unkosten разно̀ски [rasnoßki]

unmöglich невъзмо̀жен [newəsmoschen]

uns нас [naß]

unser наш [nasch]

unten до̀лу [dolu]; dort ~ там до̀лу [tam dolu]

unter под [pot]; *(zwischen)* между̀ [meschdu]

unterbrechen прекъ̀свам [prekəßwam]

Unterführung по̀длез [podleß]

unterhalb под [pot]

unterhalten, s. ~ разговàрям [rasgowarjam]
Unterhaltung (*Gespräch*) ràзговор [rasgowor]; (*Vergnügen*) забавлèние [sabawlenie]
Unterhemd фланèлка [flanelka]; (*ärmellos*) пòтник [potnik]
Unterhose дòлни гàщи [dolni gaschti]
Unterkunft подслòн [potßlon]
Unterleib дòлната част на корèма [dolnata tschaßt na korema]
unterrichten (*Schule*) преподàвам [prepodawam]
unterschreiben подпѝсвам [potpißwam]
Unterschrift пòдпис [potpiß]
Untersuchung разслèдване [raßßledwane]
Untersuchungshaft слèдствен арèст [ßletßtwen areßt]
Untertasse чинѝйка [tschinijka]
Untertitel нàдписи [natpißi]
Unterwäsche бельò [beljo]
Unterwasserkamera кàмера за подвòдно снѝмане [kamera sa podwodno ßnimane]
unterwegs по пътя [po pətja]
unverbindlich незадължѝтелен [nesadəlschitelen]
unverschämt нахàлен [nachalen]
unwahrscheinlich невероятен [newerojaten]
unwichtig маловàжен [malowaschen]
Urin урѝна [urina]
Urlaub òтпуск [otpußk]

V

Varietee вариетè [wariete]
Varna Вàрна [warna]
Vase вàза [wasa]
Vater бащà [baschta]
vegetarisch вегетариàнски [wegetarianßki]
Veliko Tarnovo Велѝко Тъ̀рново [weliko tərnowo]
Velingrad Вèлинград [welingrat]
Ventilator вентилàтор [wentilator]
Verabredung срèща [ßreschta]
verabschieden, s. ~ сбогỳвам се [ßboguwam ße]
Veranstaltung мероприятие [meroprijatie]
verantwortlich отговòрен [otgoworen]
Verband превръ̀зка [prewrəßka]
verbinden превъ̀рзвам [prewərswam]
Verbindung съединèние [ßəedinenie]
verboten забранèн [sabranen]
Verbrechen престъплèние [preßtəplenie]
Verbrennung изгàряне [isgarjane]
Verdauung храносмѝлане [chranoßmilane]
Verdauungsstörung смущèния в храносмилàтелната систèма [ßmuschtenija f chranoßmilatelnata ßißtema]
verdorben (*faul*) развалèн [raswalen]; (*sittlich*) поквàрен [pokwaren]
Verein съюз [ßəjuß]

vereinbaren споразумявам се [ßporasumjawam ße]

Vergangenheit минало [minalo]

vergessen забравям [sabrawjam]

Vergewaltigung изнасилване [isnaßilwane]

Vergiftung отравяне [otrawjane]

Vergnügen забавление [sabawlenie]

Vergnügungspark увеселителен парк [uweßelitelen park]

verhaften арестувам [areßtuwam]

verheiratet (mit) *(Frau)* омъжена (за) [om**ə**schena (sa)]; *(Mann)* женен (за) [schenen (sa)]

Verhütungsmittel предпазни мерки [pretpasni merki]

verirren, s. ~ изгубвам се [isgubwam ße]

verkaufen продавам [prodawam]

Verkehr транспорт [tranßport]; *(Straßen~)* движение [dwischenie]

Verkehrsamt бюро за туристическа информация [bjuro sa turißtitscheßka informazija]

verlängern удължавам [ud**ə**lschawam]

Verlängerungsschnur удължител [ud**ə**lschitel]

verlassen напускам [napußkam]

verletzen наранявам [naranjawam]

Verletzte, der/die ~ ранен(а) [ranen(a)]

Verletzung нараняване [naranjawane]

verlieren губя [gubja]

Verlobte, der/die ~ годеник/годеница [godenik/godeniza]

vermieten давам под наем [dawam pod naem]

Verpackung опаковка [opakofka]

verpassen изпускам [ißpußkam]

Verpflegung прехрана [prechrana]

verrechnen, s. ~ смятам погрешно [ßmjatam pogreschno]

verreisen заминавам [saminawam]

verrückt луд [lut]

verschieben премествам [premeßtwam]; *(zeitlich)* отлагам [otlagam]

verschließen затварям [satwarjam]

verschreiben предписвам [pretpißwam]

Versicherung осигуровка [oßigurofka]

Verspätung закъснение [sak**ə**ßnenie]

verstaucht изкълчен [ißk**ə**ltschen]

verstehen разбирам [rasbiram]

Verstopfung запек [sapek]

versuchen опитвам [opitwam]

Vertrag договор [dogowor]

Vertrauen доверие [dowerie]

verunglücken претърпявам злополука [pret**ə**rpjawam slopoluka]

verursachen причинявам [pritschinjawam]

Verwaltung администрация [adminißtrazija]

verwandt роднина [rodnina]
verwechseln обърквам [obərkwam]
verwitwet овдовял/а [owdowjal/a]
Videofilm видео(филм) [wideo(film)]
Videokamera видеокамера [wideokamera]
Videokassette видеокасета [wideokaßeta]
Videorekorder видео [wideo]
viel много [mnogo]
vielleicht може би [mosche bi]
Villa вила [wila]
violett виолетов [wioletof]
Virus вирус [wiruß]
Visum виза [wisa]
Vitoscha Витоша [witoscha]
Vogel птица [ptiza]
Vogelschutzgebiet резерват за птици [reserwat sa ptizi]
Volk народ [narot]
Völkerkundemuseum етнографски музей [etnografßki musej]
Volksmusik народна музика [narodna musika]
voll пълен [pəlen]
Volleyball волейбол [wolejbol]
Vollkasko пълно автокаско [pəlno aftokaßko]
Vollpension пълен пансион [pəlen panßion]
vom Fass наливен [naliwen]
vom Grill на грил [na gril]
von от [ot]; ~ Zeit zu Zeit от време на време [ot wreme na wreme]
vor *(räumlich)* пред [pret]; *(zeitlich)* преди [predi]; ~ dem Essen преди ядене [predi jadene];
~ zehn Minuten преди десет минути [predi deßet minuti]
Voranmeldung предварителна поръчка [predwaritelna porətschka]
Voraus, im ~ предварително [predwaritelno]
vorbereiten приготвям [prigotwjam]
Vordruck формуляр [formuljar]
vorgestern завчера [saftschera]
vorher преди [predi]
vorletzte(r, s) предпоследен [pretpoßleden]
Vormittag предобед [predobet]
vormittags преди обед [predi obet]
vorn отпред [otpret]
Vorname малко име [malko ime]
vornehm изтънчен [ißtəntschen]
Vorort предградие [predgradie]
Vorrat запас [sapaß]
Vorsaison време преди настъпването на сезона [wreme predi naßtəpwaneto na ßesona]
Vorschlag предложение [predloschenie]
Vorschrift предписание [pretpißanie]
Vorsicht, ~! внимание! [wnimanie!]
vorsichtig внимателен [wnimatelen]
Vorspeise предястие [predjaßtie]
Vorstellung *(Begriff)* представа [pretßtawa]; *(Theater)* представление [pretßtawlenie]
Vorteil предимство [predimßtwo]

vorüber *(räumlich)* покрай [pokraj]; *(zeitlich)* минало [minalo]

Vorverkauf предварителна разпродажба [predwaritelna raßprodaschba]

Vorwahlnummer код [kot]

vorwärts напред [napret]

Vulkan вулкан [wulkan]

W

wach буден [buden]

Wachablösung смяна на караула [ßmjana na karaula]

Wagenheber крик [krik]

Wagennummer номер на колата [nomer na kolata]

wählen избирам [isbiram]; *(Politik)* гласувам [glaßuwam]; *(Telefon)* набирам [nabiram]

wahr истински [ißtinßki]

Wahrheit истина [ißtina]

während по време на [po wreme na]

wahrscheinlich сигурно [ßigurno]

Währung валута [waluta]

Wahrzeichen запазена марка [sapasena marka]

Wald гора [gora]

Wallfahrtsort свещено място [ßweschteno mjaßto]

Wand стена [ßtena]

Wanderkarte туристическа карта [turißtitscheßka karta]

wandern отивам на излет [otiwam na islet]

Wanderweg туристически маршрут [turißtitscheßki marschrut]

warm топъл [topəl]; warmes Wasser топла вода [topla woda]

Warnblinkanlage система за аварийни светлини [ßißtema sa awarijni ßwetlini]

Warndreieck авариен триъгълник [awarien triəgəlnik]

Warnung предупреждение [predupreschdenie]

warten (auf) чакам [tschakam]

Wartezimmer чакалня [tschakalnja]

was какво [kakwo]; ~ für ein/eine ...? какъв/каква ...? [kakəf/kakwa ...?]

Waschbecken мивка [mifka]

Wäsche бельо [beljo]

Wäscheklammern щипки за пране [schtipki sa prane]

Wäscheleine въже за простиране [wəsche sa proßtirane]

waschen мия [mija]; *(Wäsche)* пера [pera]

Wäscherei пералня [peralnja]

Wäschetrockner сушилня [ßuschilnja]

Waschlappen парцал (за миене) [parzal (sa miene)]

Waschmaschine пералня [peralnja]

Waschmittel прах за пране [prach sa prane]

Waschraum баня [banja]

Waschsalon обществена пералня [opschteßtwena peralnja]

Wasser вода [woda]

Wasserfall водопад [wodopat]

Wasserglas водна чаша [wodna tschascha]

Wasserhahn кран [kran]

Wasserkanister бидон [bidon]

Wasserski водни ски [wodni ßki]

Wasserspülung сифòн [ßifon]
Wasserverbrauch потреблèние на водà [potreblenie na woda]
Watte памỳк [pamuk]
Wattestäbchen клèчки за ушѝ [kletschki sa uschi]
WC тоалèтна [toaletna]
Wechsel смя̀на [ßmjana]; *(Geld)* обмя̀на [obmjana]
Wechselgeld рèсто [reßto]
wechselhaft промèнлив [promenlif]
Wechselkurs (валỳтен) курс [(waluten) kurß]
Wechselstube чèйнджбюрò [tschejndschbjuro]
Wechselwirkungen взаимодèйствия [wsaimodejßtwija]
wecken събỳждам [ßəbuschdam]
Wecker будѝлник [budilnik]
Weg *(Pfad)* пътèка [pəteka]; *(Straße)* път [pət]
weg *(verschwunden sein)* изчèзнал съм [ißtschesnal ßəm]; *(verloren sein)* изгỳбен съм [isguben ßəm]
wegen зарадѝ [saradi]
weggehen трỳгвам [trəgwam]
Wegweiser пътепоказател [pətepokasatel]
wehtun болѝ [boli]
weich мек [mek]
Weichkäse мèко сѝрене [meko ßirene]
Weihnachten Кòледа [koleda]
weil защòто [saschtoto]
Wein вѝно [wino]
Weinberg лòзе [lose]
weinen плàча [platscha]
Weinglas вѝнена чàша [winena tschascha]
Weinhandlung магазѝн за вѝно [magasin sa wino]
Weintrauben грòзде [grosde]
Weisheitszahn мъдрèц [mədrez]
weiß бял [bjal]
Weißbrot бял хляб [bjal chljap]
Weißwein бя̀ло вѝно [bjalo wino]
weit *(nicht eng)* ширòк [schirok]; *(Weg)* дъ̀лъг [dələk]; *(entfernt)* далèчен [daletschen]
Welt свят [ßwjat]
wenig ein ~ мàлко [malko]; ein ~ von ... мàлко от ... [malko ot ...]
wenigstens понè [pone]
wenn *(Bedingung)* акò [ako]; *(zeitlich)* когàто [kogato]
werden стàвам [ßtawam]
Werkstatt *(Auto~)* сервѝз [ßerwiß]
Werktag дèличен ден [delnitschen den]
Werkzeug инструмèнти [inßtrumenti]
Wertangabe обявèна стòйност [objawena ßtojnoßt]
wertlos без стòйност [beß ßtojnoßt]
Wertsachen цèнни вèщи [zenni weschti]
Wespe осà [oßa]
Weste жилèтка [schiletka]
Westen зàпад [sapat]
Western уèстърн [ueßtərn]
westlich von зàпадно от [sapadno ot]
Wetterbericht метеорологѝчен бюлетѝн [meteorologitschen bjuletin]
Wettervorhersage прогнòза за врèмето [prognosa sa wremeto]
Wettkampf състезàние [ßəßtesanie]

wichtig ва̀жен [wa<u>sch</u>en]
Wickeltisch ма̀са за повиване [maßa sa powiwane]
wie *(Frage)* как [kak]; *(Vergleich)* като̀ [kato]
wieder пак [pak]
wiederholen повта̀рям [poftarjam]
wiederkommen ѝдвам пак [idwam pak]
Wiese поля̀на [poljana]
wild див [dif]
Wildpark ло̀вен парк [lowen park]
Willkommen! добрѐ дошъ̀л! [dobre doschəl!]
Wimperntusche спира̀ла [ßpirala]
Wind вя̀тър [wjatər]
Windeln пеленѝ [peleni]
Windpocken варицѐла [warizela]
Windrichtung посо̀ка на вя̀търа [poßoka na wjatəra]
Windschutzscheibe прѐдно стъкло̀ [predno ßtəklo]
Windstärke сѝла на вя̀търа [ßila na wjatəra]
windsurfen ка̀рам сърф [karam ßərf]
Winter зѝма [sima]
Winterreifen зѝмни гу̀ми [simni gumi]
wir нѝе [nie]
Wirbelsäule гръбна̀чен стълб [grəbnatschen ßtəlp]
wirklich действѝтелен [dejßtwitelen]; *(echt)* ѝстински [ißtinßki]
Wirklichkeit действѝтелност [dejßtwitelnoßt]
wissen зна̀я [snaja]
Witz виц [wiz]

Woche сѐдмица [ßedmiza]
Wochenkarte сѐдмична ка̀рта [ßedmitschna karta]
Wochenpass ка̀рта за уѝкенда [karta sa uikenda]
wochentags в дѐличен ден [w delnitschen den]
wöchentlich сѐдмичен [ßedmitschen]
wohnen живѐя [<u>sch</u>iweja]
Wohnmobil карава̀на [karawana]
Wohnort местожѝтелство [meßto<u>sch</u>itelßtwo]
Wohnung жѝлище [<u>sch</u>ilischte], апартамѐнт [apartament]
Wohnwagen карава̀на [karawana]
Wohnzimmer хол [chol]
Wolke о̀блак [oblak]
Wolldecke въ̀лнено одея̀ло [wəlneno odejalo]
Wolle въ̀лна [wəlna]
Wort ду̀ма [duma]
Wörterbuch рѐчник [retschnik]
Wunde ра̀на [rana]
Wunder чу̀до [tschudo]
wunderbar прекра̀сен [prekraßen]
wundern, s. ~ (über) чу̀дя се (на) [tschudja ße na]
wünschen жела̀я [<u>sch</u>elaja]; s. etw ~ пожела̀вам си нщ [po<u>sch</u>elawam ßi neschto]
Wurm чѐрвей [tscherwej]
Wurst сала̀м [ßalam]
Würstchen наденѝчки [nadenitschki]
würzen подпра̀вям [potprawjam]
wütend сърдѝт [ßərdit]

Y

Yoga йòга [joga]
Yoghurt кѝсело мляко [kißelo mljako]

Z

zäh жѝлав [schilaf]
Zahl числò [tschißlo]
zahlen плàщам [plaschtam]; bar ~ плàщам в брой [plaschtam w broj]
zählen брòя [broja]
Zahlung плàщане [plaschtane]
Zahn зъб [səp]
Zahnbürste чèтка за зъби [tschetka sa səbi]
Zahnfleisch вèнци [wenzi]
Zahnpasta пàста за зъби [paßta sa səbi]
Zahnradbahn зъбчàта желèзница [səptschata schelesniza]
Zahnschmerzen зъбобòл [səbobol]
Zahnstocher клèчки за зъби [kletschki sa səbi]
Zäpfchen свещѝчка [ßweschtitschka]
Zarevez Цàревец [zarewez]
zart крèхък [krechək]; *(Haut)* нèжен [neschen]
zärtlich нèжен [neschen]
Zehe пръст (на кракà) [prəßt (na kraka)]
Zeichen знак [snak]
Zeichensprache езѝк на жèстовете [esik na scheßtowete]
Zeichentrickfilm анимациòнен филм [animazionen film]
zeichnen рисỳвам [rißuwam]
Zeichnung рисỳнка [rißunka]
zeigen покàзвам [pokaswam]
Zeit врèме [wreme]
Zeitschrift списàние [ßpißanie]
Zeitung вèстник [weßtnik]
Zeitungshändler вестникàр [weßtnikar]
Zelt палàтка [palatka]
zelten на палàтка съм [na palatka ßəm]
Zeltschnur въжè на палàтка [wəsche na palatka]
Zeltstange рèйка [rejka]
Zentimeter сантимèтър [ßantimetər]
zentral центрàлен [zentralen]
Zentralheizung центрàлно отоплèние [zentralno otoplenie]
Zentrum цèнтър [zentər]
zergehen, auf der Zunge ~ *(Eis)* разтопявам се [raßtopjawam se]
Zerrung разтягане на сухожѝлие [raßtjagane na ßuchoschilie]
Zeuge/Zeugin свидѝтел/ка [ßwidetel/ka]
Ziegenkäse кòзе сѝрене [kose ßirene]
ziehen дърпам [dərpam]
Ziel цел [zel]
ziemlich дòста [doßta]
Zigarette цигàра [zigara]
Zigarillo пурèта [pureta]
Zigarre пỳра [pura]
Zimmer стàя [ßtaja]
Zimmermädchen камериèрка [kamerjerka]
Zimmertelefon телефòн [telefon]
Zirkus цирк [zirk]
Zitronen лимòни [limoni]
Zoll *(Amt)* мѝтница [mitniza]; *(Gebühr)* митò [mito]

303

Zollerklärung мѝтническа деклара̀ция [mitnitscheßka deklarazija]
zollfrei безмѝтен [besmiten]
Zollgebühren мѝтническа та̀кса [mitnitscheßka takßa]
zollpflichtig подлежа̀щ на митò [podleschascht na mito]
Zoo зоологѝческа градѝна [soologitscheßka gradina]
zu *(Richtung)* към [kəm], на [na]; ~ **Hause** вкъщи [fkəschti]; *(geschlossen)* затвòрено [satworeno]
zubereiten приго̀твям [prigotwjam]
Zucker за̀хар [sachar]
zuerst първо [pərwo]
zufällig случа̀ен [ßlutschaen]
zufrieden довòлен [dowolen]
Zug влак [wlak]
Zugänglichkeit достъпност [doßtəpnoßt]
zuhören слу̀шам [ßluscham]
Zukunft бъдеще [bədeschte]
zukünftig бъдещ [bədescht]
zulässig допустѝм [dopußtim]
zuletzt на послѐдно мя̀сто [na poßledno mjaßto]
Zündkerze запалѝтелна свещ [sapalitelna ßwescht]
Zündschlüssel конта̀ктен ключ [kontakten kljutsch]
Zündung запа̀лване [sapalwane]
Zunge езѝк [esik]
zurück обра̀тно [obratno]

zurückbringen дона̀сям (обра̀тно) [donaßjam obratno]
zurückfahren връщам се [wrəschtam ße]
zurückgeben връщам [wrəschtam]
zurückkehren завръщам се [sawrəschtam ße]
zusagen *(Einladung)* приѐмам [priemam]
zusammen за̀едно [saedno]
zusammenschlagen пребѝвам [prebiwam]
Zusammensetzung съста̀в [ßəßtaf]
Zusammenstoß сблъ̀сък [ßbləßək]
zusätzlich допълнѝтелен [dopəlnitelen]
zuschauen глѐдам [gledam]
Zuschauer зрѝтел [sritel]
Zuschlag допла̀щане [doplaschtane]
zuständig отговòрен [otgoworen]
zweite(r, s) втòри [ftori], втòра [ftora], втòро [ftoro]
zweitens втòро [ftoro]
Zwiebel лук [luk]
zwischen междỳ [meschdu]
Zwischenfall инцидѐнт [inzident]
Zwischenlandung междѝнно ка̀цане [meschdinno kazane]
Zwischenstecker ада̀птер [adapter]